日本旧石器時代の起源と系譜

ORIGINS AND GENEALOGY OF THE JAPANESE PALEOLITHIC

AMBIRU Masao

安蒜政雄 著

雄山閣

はしがき

数年後の退職を前に、何か仕事に節目をつけておきたいと考えていたやさき、雄山閣から著書刊行の誘いを受けた。旧石器時代への思いの丈を三部作にまとめてみてはどうか、との話であった。二〇一一年一〇月のことである。快諾し、早速、プロット作りに取り掛った。だが、構想が二転・三転し、遅々として進まず、あっという間に三年半が過ぎ去った。編集者の忍耐強さに支えられ、ようやく最終プロットにこぎつけたのが、二〇一五年の三月。以後、直ちに執筆を開始し、二〇一六年の一二月に脱稿した次第である。

振り返ってみると、二〇〇〇年代に入って、日本列島の旧石器時代史を叙述したいという、強い思いにかられるようになった。捏造事件の発覚が、その動機の一つとなったように思う。捏造は、実に四半世紀もの長期にわたり、周辺大陸と接点のない、アジアから孤立した旧石器時代史を偽証しつづけたのである。当然、捏造の発覚後、そのアジアの中の日本という視点を欠いた、旧石器時代研究の在り方自体が厳しく問われることともなった。

そこで、まず、日本列島に大挙してやってきた新旧の移住民を軸に据えて、東アジアを舞台とする旧石器時代史の枠組み作りに努めた。これによって、旧移住民が日本列島内に旧石器古道を拓き、南方系と北方系の新移住民が環日本海旧石器文化回廊を巡るという、時代背景の構図を描くことができた。ついで、その旧移住民と新移住民の歴史を、石器作り・集団構成・イエ造り・ムラ構えの連動した変化でとらえようと試みた。その過程で、大規模な石器作りの開始と石器製作者集団の登場、それにイエの自立とムラの小形化といった、旧石器時代史上で起きた重要な出来事の数々が浮かび上がってきた。

それらを踏まえて、この度は、日本旧石器時代の起源と系譜に焦点を当てることとした。というのも、著者にとって未解決となっている課題の多くが、起源と系譜の問題に集約されてくるからである。例えば、日本列島の旧石器時代は、どこまで古く遡るのか。日本列島で発達した、ナイフ形石器作りおよび槍先形尖頭器作り、ならびに細石器作りの出自はどこか。などなど、いずれも本質的な問題ばかりだ。本書の上梓が、日本列島の旧石器時代史を解き明かす、その第一歩となれば幸いである。

二〇一七年　睦月

安蒜　政雄

日本旧石器時代の起源と系譜——目次

［図・表目次］

＊　＊　＊

第Ⅰ章　旧石器時代の研究

第一節　研究の始まり

（一）　地球の歴史と人類の歴史

地球の歴史は、堆積した地層に残る化石の違いを標準としてたどられ、冥王代、始生代、原生代、顕生代という順の四つの段階に大きく区分されている。その標準化石がたくさん発見されるようになる顕生代は、古生代から始まり、恐竜が絶滅する中生代へ、さらに哺乳動物が勃興する新生代へと向かう。最も新しい新生代は、約二六〇万年前に氷期に入った第四紀と氷期前の第三紀に分かれる。人間が活動しだす第四紀は、約一・二万年前の最終氷期の終わりを境とし、前半の更新世と現在に至る完新世に二分されている。この地球の歴史区分にしたがうと、現在は、顕生代の新生代にあって、第四紀の完新世に位置する。

一方、人類の歴史は、古い方から石器時代・青銅器時代・鉄器時代の順で叙述される場合が多い。この人類の歩みを三つの時代に分ける三時代区分法は、一九世紀の前半に登場した。一八三六年にデンマークのトムセン（Christian Jurgensen Thomsen 1788～1865）が、人類が用いた利器の原材料が石から青銅さらに鉄へと交替することに着目した時代の区分法である（Thomsen 1836）。その石器が更新世の標準化石を出土する地層中からみつかった瞬間に、旧石器時代研究の幕が開く。ヨーロッパはフランスでの出来事で、以来、旧石器時代の研究は、フランスを中心として進展することになる。

いまでは死に絶えて化石に姿をかえた動物と人類が石を打ち欠いて作った石器とが、一緒になって地中に埋もれている。この事実は、偶然の発見を端緒に好事家の収集対象となり、やがては地層中から意識して発掘する研究へとつづいて、裏付けがとられていく。フランスのペルト（Boucher de Perthes 1788～1868）は、その代表的な人物の一人であった。この間に、どの動物の化石と石器のどのかたちが一組になるかがわかり始める。と同時に、化石と石器の組み合わせが何通りもある点もはっきりしだし、組み合わせの新旧が認識されるようになる。

これを受けて、一八六一年、フランスのラルテ（Édouard Lartet 1801～1871）が、化石と石器の組み合わせに古さの序列を与え、世界最初の旧石器時代編年を打ち立てた（Leroi-Gourhan ほか 1966）。ラルテ編年は、標準化石の違いをもとに旧石器時代を四つの時代に分け、古い順に、「穴グマの時代（Age du Grand Ours des Cavernes）」・「ゾウとサイの時代（Age de l'Éléphant et du Rhinocéros）」・「トナカイの時代（Age du Renne）」・「祖ウシの時代（Age de l'Auroch）」と呼んだ。なお、この時点では、まだ旧石器時代という言葉はなかった。

それから四年が経過した一八六五年、イギリスのラボック（John Lubbock＝Lord Avebury 1834～1913）は、著書『先史時代（PRE-HISTORIC TIMES）』の中で、トムセンの区分した石器時代を新旧二つに分け、古い石器時代を旧石器時代（Palaeolithic）とし新しい石器時代を新石器時代（Neolithic）とする用語を提唱した（Lubbock 1865）。併せて、旧石器時代とは「人間が、マンモス・穴熊・毛犀、そして今日では絶滅しているような他の動物たちと、ヨーロッパを共有していたときの堆積物（地層）の時代」（杉原 一九六五）で、新石器時代とは旧石器時代のあとの磨製石器の時代だとする定義付けがおこなわれたのである（図1）。この旧石器時代の定義は、ラルテ編年と同様、地球の歴史を区分する標準化石にならったもので、石器とその文化にはふれていない。では、標準化石とともに、どんな石器が出土していたのか。

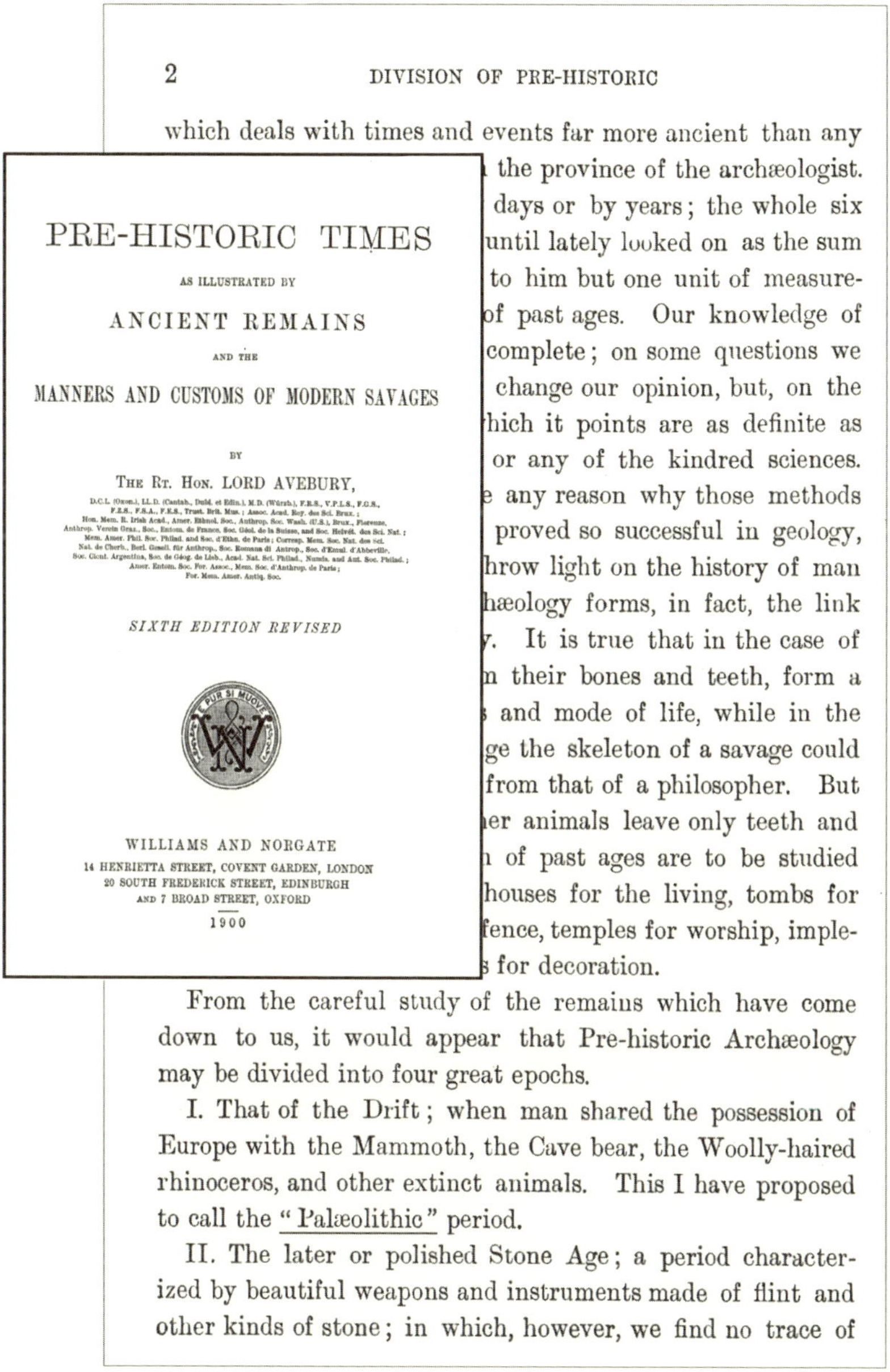

2　DIVISION OF PRE-HISTORIC

which deals with times and events far more ancient than any
the province of the archæologist.
days or by years; the whole six
until lately looked on as the sum
to him but one unit of measure-
of past ages. Our knowledge of
complete; on some questions we
change our opinion, but, on the
hich it points are as definite as
or any of the kindred sciences.
e any reason why those methods
proved so successful in geology,
hrow light on the history of man
hæology forms, in fact, the link
y. It is true that in the case of
n their bones and teeth, form a
s and mode of life, while in the
ge the skeleton of a savage could
from that of a philosopher. But
ier animals leave only teeth and
n of past ages are to be studied
houses for the living, tombs for
fence, temples for worship, imple-
s for decoration.

From the careful study of the remains which have come down to us, it would appear that Pre-historic Archæology may be divided into four great epochs.

I. That of the Drift; when man shared the possession of Europe with the Mammoth, the Cave bear, the Woolly-haired rhinoceros, and other extinct animals. This I have proposed to call the "Palæolithic" period.

II. The later or polished Stone Age; a period characterized by beautiful weapons and instruments made of flint and other kinds of stone; in which, however, we find no trace of

PRE-HISTORIC TIMES

AS ILLUSTRATED BY

ANCIENT REMAINS

AND THE

MANNERS AND CUSTOMS OF MODERN SAVAGES

BY

THE RT. HON. LORD AVEBURY,

D.C.L. (Oxon.), LL.D. (Cantab., Dubl. et Edin.), M.D. (Würzb.), F.R.S., V.P.L.S., F.G.S., F.Z.S., F.S.A., F.E.S., Trust. Brit. Mus.; Assoc. Acad. Roy. des Sci. Brux.; Hon. Mem. R. Irish Acad., Amer. Ethnol. Soc., Anthrop. Soc. Wash. (U.S.), Brux., Florenze, Anthrop. Verein Graz., Soc., Entom. de France, Soc. Géol. de la Suisse, and Soc. Helvét. des Sci. Nat.; Mem. Amer. Phil. Soc. Philad. and Soc. d'Ethn. de Paris; Corresp. Mem. Soc. Nat. des Sci. Nat. de Cherb., Berl. Gesell. für Anthrop., Soc. Romana di Antrop., Soc. d'Emul. d'Abbeville, Soc. Cient. Argentina, Soc. de Géog. de Lisb., Acad. Nat. Sci. Philad., Numis. and Ant. Soc. Philad.; Amer. Entom. Soc. For. Assoc., Mem. Soc. d'Anthrop. de Paris; For. Mem. Amer. Antiq. Soc.

SIXTH EDITION REVISED

WILLIAMS AND NORGATE
14 HENRIETTA STREET, COVENT GARDEN, LONDON
20 SOUTH FREDERICK STREET, EDINBURGH
AND 7 BROAD STREET, OXFORD

1900

図１　旧石器時代の定義（下線は安蒜）

（二）　旧石器時代の石器

ハンマーを用意して河川敷へ出掛け、河原石を割ってみよう。まず、河原石を一つ拾い片手で支えもち、もう一方の手に握ったハンマーで強く敲く。割れた河原石の破片が、細かな石屑と一緒に足元に飛び散るだろう。つぎに、割れ落ちた破片と手元に残った河原石の割れ口を合わせるとぴたりと重なり、ほぼ打ち割り前の状態に戻る。その互いに接合する割れ口を見比べると、凹面と凸面があり、双方に石の割れが引き起こした物理的な現象がネガとポジの関係に分かれて刻まれている状態がわかる（図2）。

この物理現象を凸面の割れ口で観察すると、ハンマーが当たった加撃点（Striking point＝ストライキングポイント、打点）の真下に瘤状の膨らみができている（Bulb＝バルブ、打瘤）。また、バルブを起点として割れがおよんだ同心円状の波跡が、割れ口の全面に拡がる（Rings＝リング、貝殻状裂痕）。さらに、時として、バルブの中央がはじけ飛んでいたり（Bulber scar＝バルバースカー、打瘤裂痕）、割れ口の縁からバルブに向かいリングと直交する細い亀裂が走ったりする（Fissures＝フィッシャー、放射状裂痕）。

そうした打ち割りを何回か繰り返すと、凹面の割れ口だけがいくつもある河原石が手元に残る。これを石核（Core）という。そして足元には、表に河原石の皮やいくつかの凹面があって、裏が一つの凸面でできた、大小の欠けらが溜まる。これらを、剝片（Flakes）という。人類は最初、石核を石器に仕上げ、のちに剝片から石器を作るようになった。前者を礫核石器といい、後者を剝片石器と呼んでいる（表1）。礫核石器作りは石核を利用し剝片を捨て、逆に剝片石器作りは剝片を利用して石核を捨て去る。双方の石器作りには、果実の食べ方にたとえると、皮を捨てて実を食べるのか実を捨てて皮を食べるのかに等しい、実に大きな違いがある。したがって、この発想の大転換を背景とする、礫核石器主体から剝片石器中心へと移行した石器作りの歴史に、人類進化の節目をみてとることができそうだ。そこで、アフリカに始まりヨーロッパで進展した石器作りの変遷を、より詳細に追ってみたい。

礫核石器作りは、河原石（礫石）の一端を打ち欠く行為から、より広い部分を加工する方向へと進んだ（図3）。この過程で、片刃や両刃の礫器と片面石器や両面石器の握斧が生まれた。礫器と握斧はどれもが鈍器的な石器で、敲打器と総称されてもいる（杉原 一九六五）。なお、最古の両面石器をハンドアックス（Hand axe）と呼び別ける場合も多い。これに対し、本格的な剝片石器作りは、細長い三角形の剝片を打ち剝がすルヴァロア技法（Levallois technique）から出発し、長さが幅の二倍以上ある長方形の剝片を剝がし取る刃器技法（Blade technique）へと転じて、素材用剝片の量産を進めながら、ヤリの穂先の改良を重ねた。

こうして、旧石器時代の石器作りは、礫核石器作りから剝片石器作りへと比重を移して、敲打器の文化とヤリの文化を招来したのである。その意味で、礫器と握斧それに一連のヤリの穂先は、標準化石にも匹敵して、人類文化の階梯を区分する標式の役割を担っているといってよい。ただし、礫核石器作りは、剝片石器作りと置き換わるように交代したわけではなく、しばしば併行しておこなわれた。剝片石器作りもまた、石器作りの開始当初から認められている。

以上の礫核石器と剝片石器は、狩猟と漁撈それに植物の採取など、旧石器時代の食糧採集経済下で盛んに作り使われた。いずれも、終始一貫した石の打ち割りと打ち欠きで仕上げられているところから、打製石器に分類される。一方、最終的に研磨して石器を完成させる磨製石器は、新石器時代に発達し、植物の栽培や動物の飼育を基盤とする食糧生産経済下で生活必需品の数々を担った。明らかなように、礫核石器と剝片石器、それに打製石器と磨製石器という区別とでは、分類の基準が異なる（表1）。前者は素材が石核か剝片かという原料の、後者は仕上げが打製か磨製かという製法の、それぞれの違いで分けられている。いいかえると、打製石器に礫核石器と剝片石器があるように、

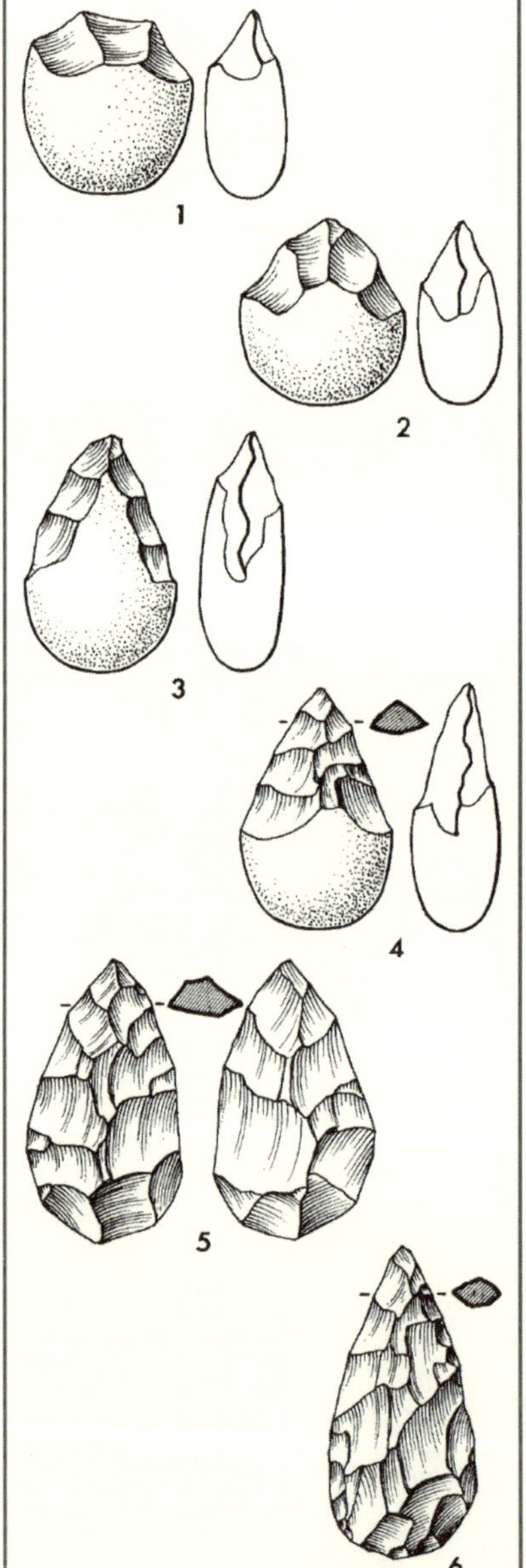

図３　礫器から握斧への進展

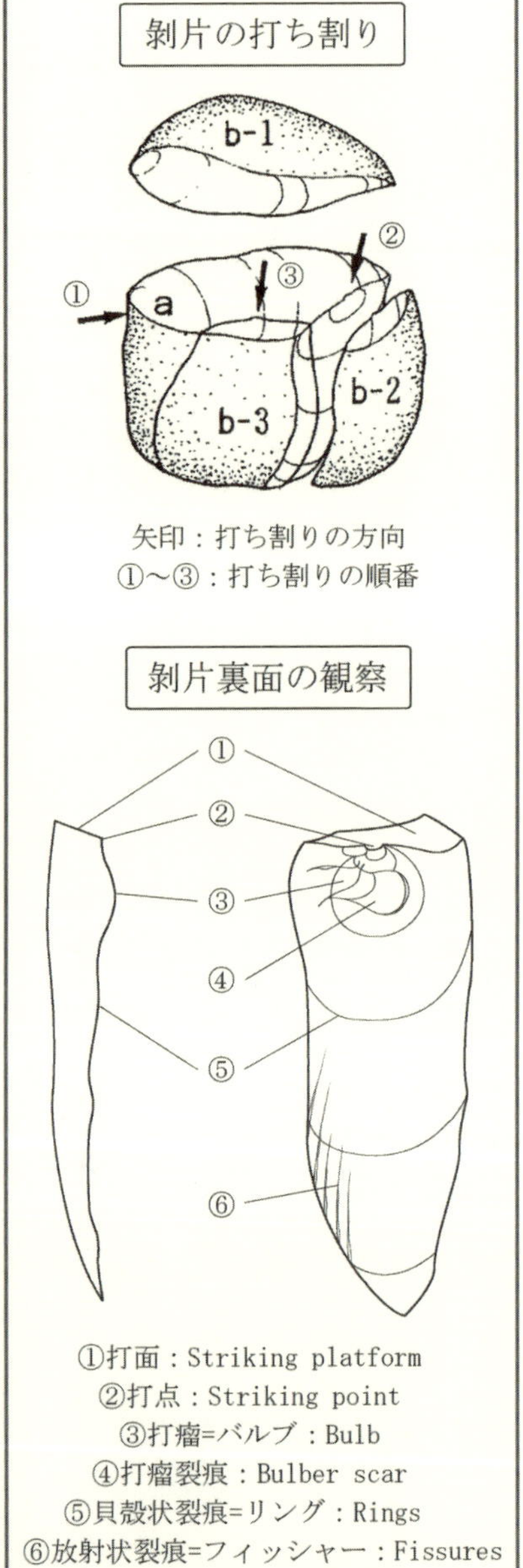

図２　石核（a）と剝片（b）

表１　石器の区分と石器作りの手順

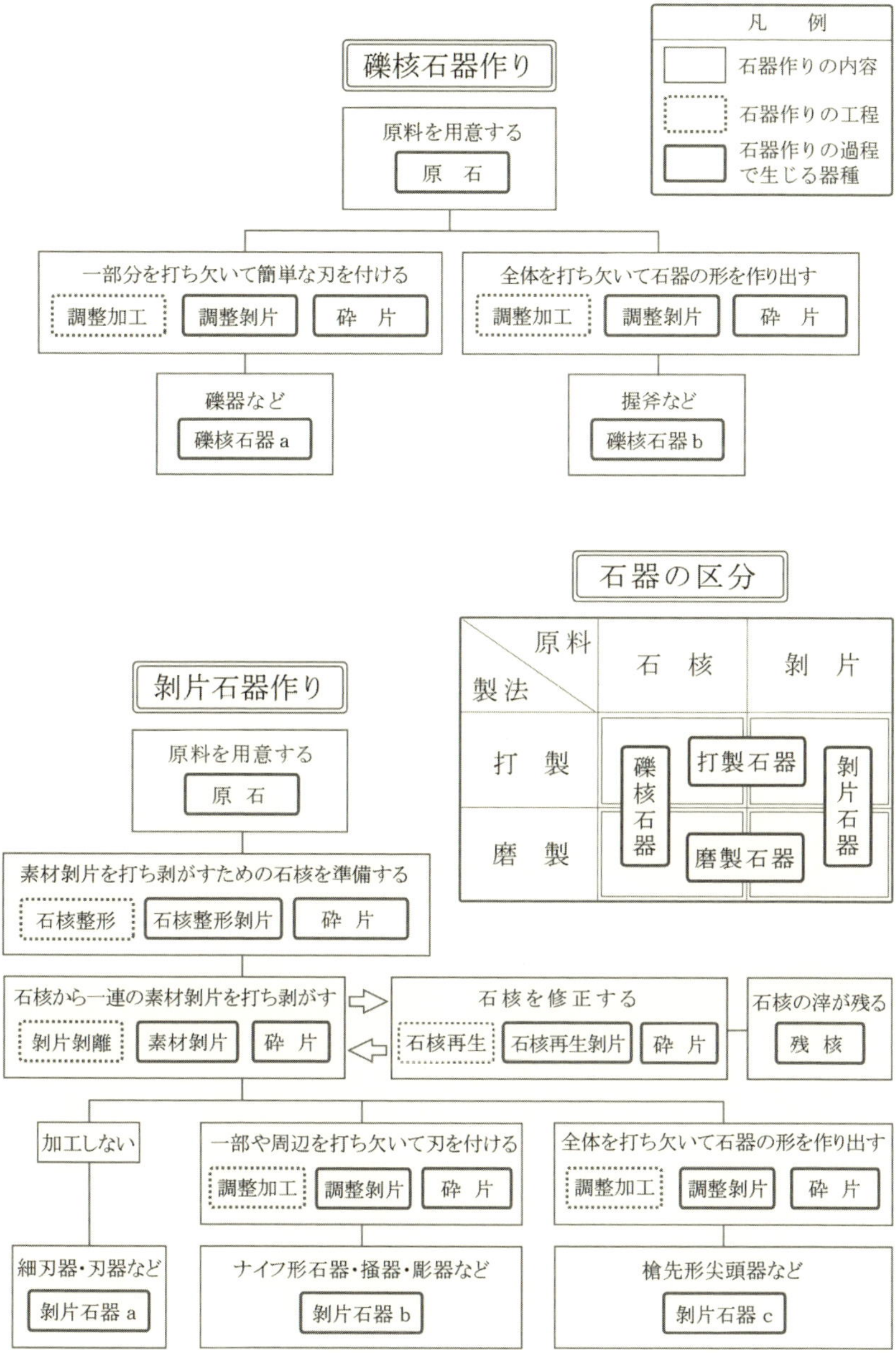

磨製石器にも礫核石器と剝片石器がある。同様にして、礫核石器に打製石器と磨製石器があり、剝片石器にも打製石器と磨製石器があるのである。しかも、ラボックの定義に反し、のちになって日本列島の旧石器時代ではその初頭から磨製石器が存在した事実が明らかとなる。

（三）　旧石器時代の編年

さて、ラボックが石器時代を新旧に二分して、両時代を定義付け双方の時代呼称法を提唱した後、旧石器時代の編年研究はどのような方向に向かったか。ラルテに始まった旧石器時代の編年は、フランスのモルチエ（Gabriel de Mortillet 1821～1898）の手によって一挙にかたちを整えていく。その経緯を、三つのモルチエ編年を対照しながら振り返っておきたい（Leroi-Gourhan ほか 1966）。モルチエは、まず一八六七年、ラルテ編年の四時代を、前半の「穴グマ期（Époque du Grand Ours）」と後半の「トナカイ期（Époque du Renne）」の二時期に組み直した。時代を時期に改めた背景には、二時期を合わせて一つの時代つまり旧石器時代に当るとする、ラボックの定義と用語の受け入れがあったと考えてよいだろう。とはいえ、標準化石を時期の名に用いるなど、基本的にはラルテの編年方式を踏襲している。

それから二年後、モルチエ編年に大きな変化が現れる。モルチエの一八六九年編年では、基準となる標式遺跡の名を付けた四つの時期が「ル・ムスチエ期（Époque du Moustier）」、「ソリュートレ期（Époque de Solutré）」、「オーリニャック期（Époque de Aurignac）」、「ラ・マドレーヌ期（Époque de La Madeleine）」の順で序列化され、五番目に「磨製石器期（Époque de la Pierre Polie）」が並んだ。そして、一番目と二番目の時期を「フリント石器時代（Régne du Silex）」とし、三番目と四番目の時期を「骨角器時代（Régne de l'os）」とした。標準化石に取って代わって、人類遺物と標式遺跡が時代と時期の名称になるなど、このモルチエ一八六九年編年は、ラルテ方式からの脱却を果したとみてよい。また、五番目の時期は、ラボックのいう磨製石器の時代つまり新石器時代に該当する。したがって、時代名の適否はさておき、モルチエは、旧石器時代を前後二つの時代に区分したことになる。

その三年後の一八七二年、モルチエ独自の編年方式が示され、今日の旧石器時代編年の基盤が築かれた。モルチエの一八七二年編年には、標式遺跡の名を形容詞化した、「アシュール文化（Acheuléen）」、「ムスチエ文化（Moustérien）」、「ソリュートレ文化（Solutréen）」、「マドレーヌ文化（Magdalénien）」、「ローベンハウゼン文化（Robenhausien）」の五文化が古い順に並んだ。五番目のローベンハウゼン文化には、磨製石器という添え書きがみられる。いうまでもなく、五番目の文化は新石器時代で、一番目から四番目までが旧石器時代の文化。ここに、旧石器時代の歴史を文化の階梯で表現する、世界で最初の編年方式が提示されたのである。モルチエ編年の成立であった。しかも、各文化の序列は、下層が古く上層が新しいという地層累重の法則にもとづいており、しっかりとした裏付けがとられている。

その反面、一八六九年編年の「オーリニャック期（Époque de Aurignac）」は層位的な検証がかなわぬまま、一八七二年編年から脱け落ちてしまってもいる。この「オーリニャック期（Époque de Aurignac）」が「オーリニャック文化（Aurignacien）」として、正しく位置付けされるまでには、なお三八年間の歳月を要した。一九〇七年、フランスのブリュイ（Henri Breuil 1877～1961）が懸案のオーリニャック文化をムスチエ文化とソリュートレ文化の間に置く論文を発表し（Breuil 1907）、この時点でようやくモルチエ編年が真の意味での完成をみたのである。ちなみに、モルチエの一八六九年編年にはあって、一八七二年編年にないものは、オーリニャック文化だけではない。石器と骨角器の違いで試みた旧石器時代の時代区分も、その姿を消している。

ところで、世界的に気候が寒冷化した第四紀は、寒冷で氷河が発達する氷期と、氷期と氷期の間の温暖な間氷期とが、大きな周期と小さな周期で交代する時代であった。ヨーロッパでは、その最後の大きな氷期に至る更新世の石器時代が旧石器時代で、この氷期が終わったあとの後氷期以後の完新世の石器時代が新石器時代に当たる。そして、旧石器時代は、最後の大きな氷期に相当する時期の後期旧石器時代とそれに先立つ大きな間氷期以前の前期旧石器時代に二分されたり、後期旧石器時代を前半の中期旧石器時代と後半の後期旧石器時代とに細分し三分するなどしている。一般には、三分法を用いる場合が多い。このヨーロッパの旧石器時代が刻んだ前・中・後三時期の時間帯を、以後、世界旧石器標準時間帯として用いる。

このように、旧石器時代は、地球の歴史区分のもとで三分されているのである。この時代区分に、モルチエが築きブリュイが補足した五文化の序列を照らし合わせると、アシュール文化が前期でムスチエ文化が中期そしてオーリニャック・ソリュートレ・マドレーヌの三文化が後期となる。そして、礫核石器作りはアシュール文化で発達し、剥片石器作りはムスチエ文化以後に進展をみた。また、アシュール文化は握斧の文化で、ムスチエ文化以降にヤリの文化が発達した。なお、いうまでもなく、ラボックの定義が示すように、ヨーロッパの旧石器時代に磨製石器はない。そうした状況の中、旧石器時代と新石器時代の間にあると考えられる一連の文化に対し、フランスのモルガン（Jacques de Morgan 1857～1924）は、一九〇九年に「中石器時代（Mésolithique）」の名を与えた（Daniel 1950）。

第二節　岩宿遺跡の調査と研究

（一）　岩宿遺跡の発見

一八七八年、ラボックが一八六五年に定義付け提唱した、用語「旧石器時代」が日本に伝わる。明治一一年に当たるこの年の六月二日、前年に来日し東京都の大森貝塚を発掘したアメリカのモース（Edward Sylvester Morse 1838～1925）が、現在の東京大学でおこなった講習会で、ラボックの学説を紹介したのである（Morse 1917）。モースは、同年の六月三〇日には、浅草で開かれた「なまいき新聞」の発刊記念公開講義でもラボックの時代区分にふれている。こうして、ヨーロッパでは第四紀更新世の標準化石と旧石器時代の打製石器が同じ地層中から出土している事実が、日本でも知られるようになった。

その後のフランスを中心とした旧石器時代の研究動向も、留学しブリュイに師事した大山柏（一八八九～一九六九）によって、積極的にもたらされている。これを受けて、横浜に在住していたイギリスのマンロー（Niel Gordon Munro 1861～1962）や直良信夫（一九〇二～一九八五）が動物化石が出土する地層を発掘したり（Munro 1911、直良一九三二）、喜田貞吉（一八七一～一九三九）と浜田耕作（一八八一～一九三八）の間で日本旧石器時代の存否を巡る意見が交錯したりした（喜田 一九一七、浜田 一九一八）。だが、存否を決する確証が得られないまま、時が経過する。

そうした研究の経過について、群馬県の岩宿遺跡を発掘し存否の論議に終止符を打った杉原荘介（一九一三～一九八三）は、のちにこう述懐した（杉原 一九五六）。杉原は、用語「旧石器時代」の伝来から岩宿遺跡の発掘に至るまでの先人の仕事を、「それぞれの仕事について見ると、それは出土せる遺物といわれるものが明瞭に人間加工の痕跡を残していないか、あるいは人間の遺物であることの多分性はあるが出土せる層位の確実性を欠くという、どちらかの弱点があった」と振り返っている。ヨーロッパで更新世の標準化石と打製石器が一緒に出土する地層とは、一体、日本列島のどこにあるのか。その糸口が、なかなかみつからなかったようだ。

日本列島は世界有数の火山国であり、地表の黒色土に覆われて、各地の地下に火山灰が堆積している。古くは赤土と呼ばれ、関東地方の洪積世（更新世）火山灰と定義された関東ローム層（関東ローム層研究グループ 一九六五）。この災害を引き起こす火山灰でできた地層の中になど、人類が住んだ跡などあるはずもない。そう考えるのも、無理からぬことだ。実際、黒色土中には縄文時代の土器や石鏃が残されているが、関東ローム層中にはない。つまり、日本列島の人類史は、新石器時代に該当する縄文時代から始まる。これが、学界はもとより、広く世間一般の常識であった。

この常識が覆される。場所は、群馬県新田郡笠懸村大字阿左見（現みどり市笠懸町阿左見）の字岩宿と字沢田にかかる切り通し。一九四六年、相沢忠洋（一九二六〜一九八九）が、切り通しに露出した関東ローム層に埋もれていた石器を発見する。その後も崖面採集をつづけた相沢は、石器が関東ローム層中にあることを確信し、一九四九年の八月九日、収集した石器を芹沢長介（一九一九〜二〇〇六）に託す。芹沢は、静岡県登呂遺跡を発掘中の杉原に、事の子細を報告。連絡を受けた杉原は、登呂遺跡の調査を終えて、九月八日、明治大学で相沢と会い、預かっていた石器についての説明を聴く。杉原は、予備調査が必要と即断し、同席していた芹沢と三人で調査計画をたてた。そして、一日おいた九月一〇日、早くもその三人が岩宿遺跡の切り通しに立っていたのである。

切り通しを前にした杉原は、まず、崩れた土砂を取り除き、崖面の表土下にさらされた関東ローム層を観察し（図4）、上部の黄味がかった地層（阿左見層）と下部の黒味がつよい地層（岩宿層）とに分けた。付近一帯には、より下位の金比羅山層とに三分される関東ローム層が、基盤の稲荷山層の上に堆積していた。ついで、「眼前に迫る関東

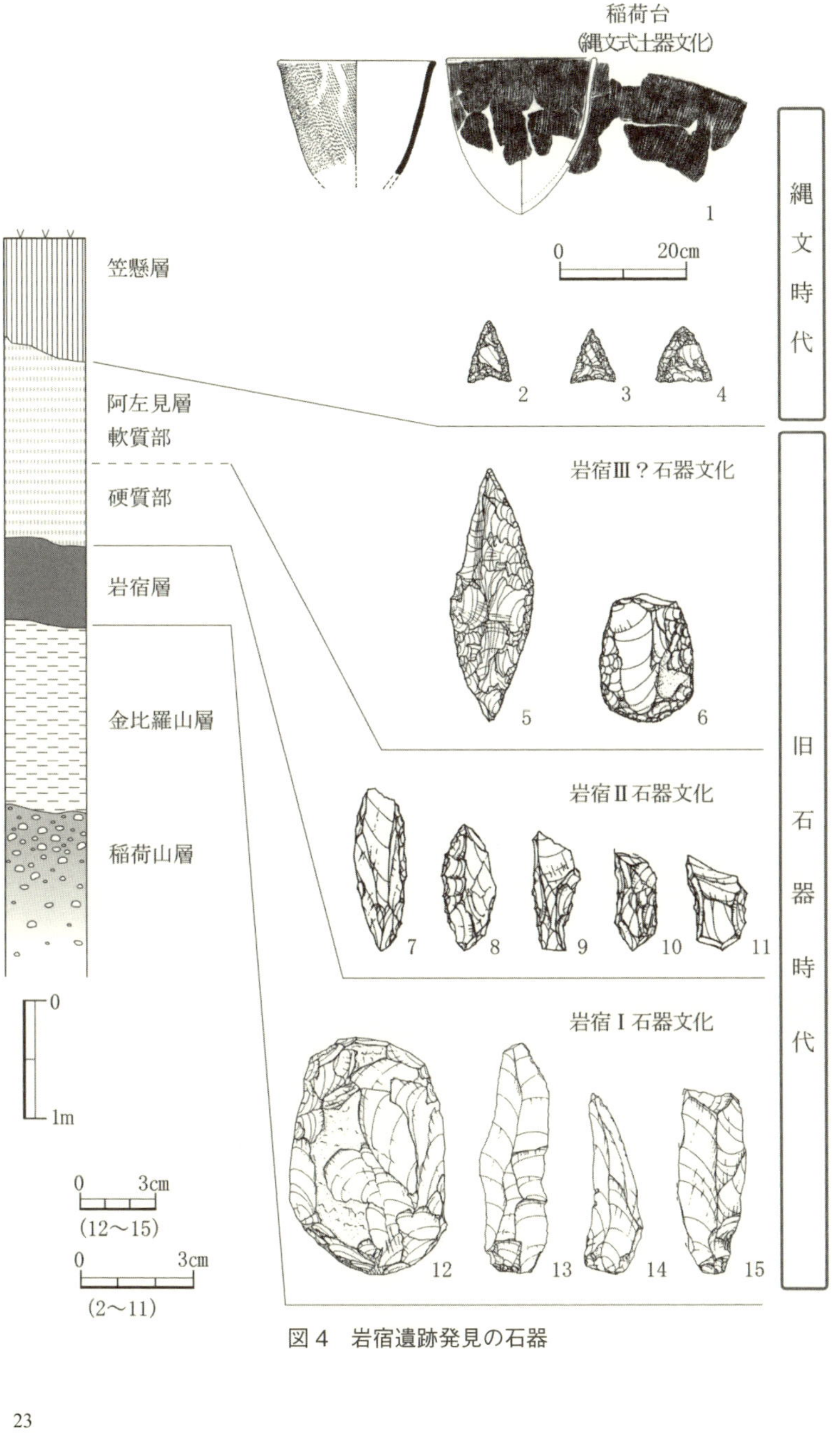

図４　岩宿遺跡発見の石器

ローム層の崖面を両側に見ては、何を端緒として発掘を開始してよいか戸惑って」、「崩壊した土砂の中に比較的石片が多く混入している」という、ただ「それだけの理由」で一カ所を選んで発掘に入る（杉原 一九五六）。

発掘は、「各地層の識別を誤らぬように横から」掘り進められていった（杉原 前掲）。作業が進行し、予備調査初日の発掘も終了間際の一七時一〇分前、雨の下、杉原が岩宿層中から「ハンドアックス」を掘り出す。日本旧石器時代研究が幕を開けた、その記念すべき一瞬であった。この日、阿左見層と岩宿層から石器が出土したが、この関東ローム層中にも表土中にも、縄文時代の土器と石鏃はなかった。こうして、関東ローム層中に潜んでいた未知の石器時代を確認した杉原は、同日の夜、大学の研究室に宛てて、「ハックツニセイコウ　タダナミダノミ」と電報を打った（岡本 一九五八）。

この予備調査は、九月一三日に終わる。ちなみに、予備調査は、杉原（当時三六歳、以下同）、芹沢（三〇歳）、岡本勇（一九歳、一九三〇～一九九七）と相沢（二三歳）、加藤正義（一七歳、一九三一～二〇一五）、堀越靖久（一八歳、一九三一～一九九七）の六名で実施された。芹沢と岡本は杉原の教え子であり、加藤と堀越は相沢の表採仲間である。とても若く実に小さな調査団が、日本旧石器時代研究の第一歩を切り開いたことになる。その予備調査後、二回の本調査がおこなわれた。第一回の本調査（一九四九年一〇月一日～一〇月一〇日）は、予備調査地点を拡張したA区の発掘で、関東ローム層中だけから土器を伴わない石器が出土する事実が追認された。第二回の本調査では、縄文時代の土器と石鏃が表土のみから出土するC区と、表土と関東ローム層のいずれも無遺物なB区とを発掘した。こうしてA区とC区が別の時代の遺跡であることの裏付けが取られていった。

以上、三度におよんだ発掘で何が確かめられたのか。岩宿遺跡の表土中には、縄文時代の土器と石鏃で特徴付けられる石器時代がある。その表土下の関東ローム層中には、土器と石鏃のない石器時代がある。表土は完新世の地層

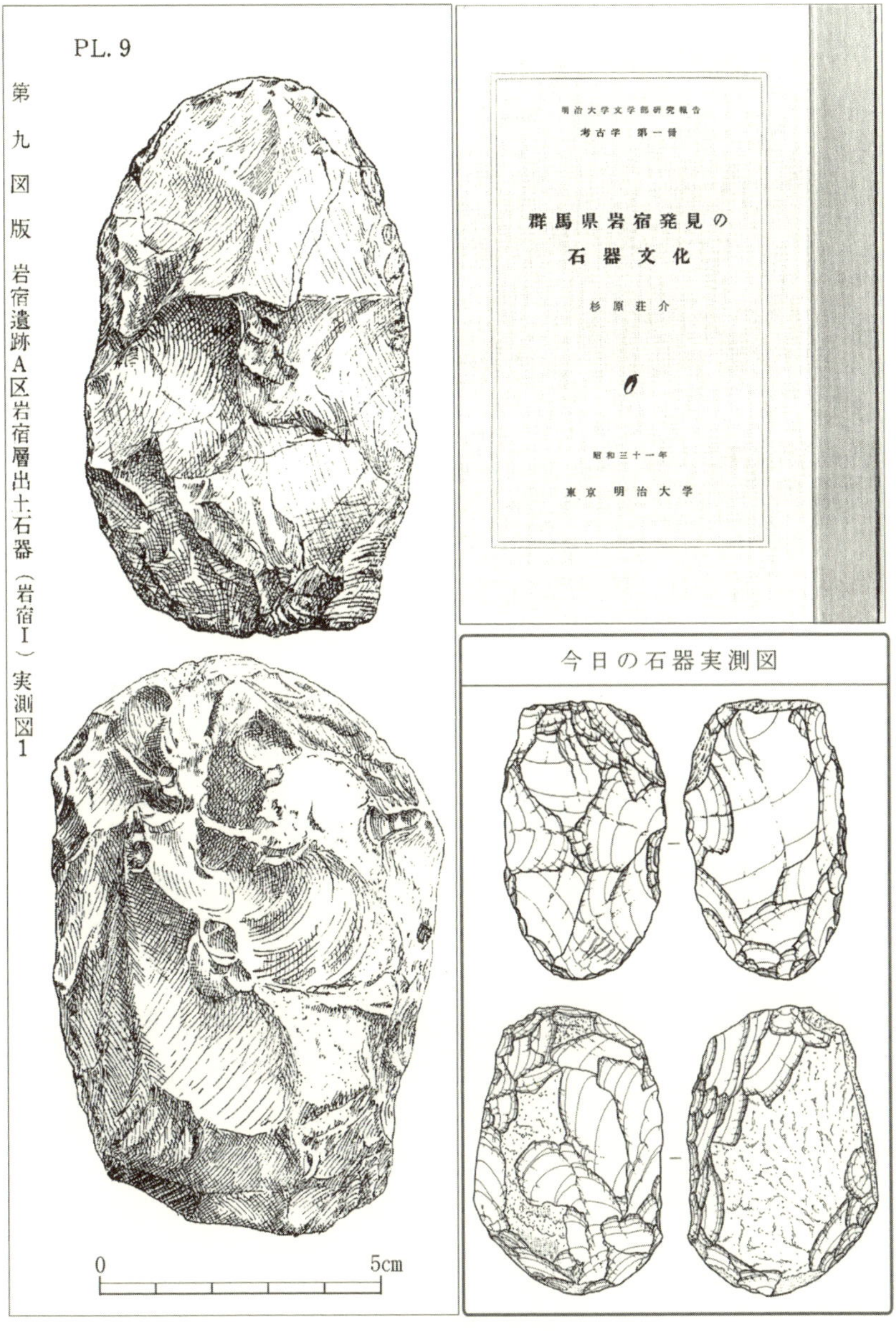
PL. 9
第九図版　岩宿遺跡A区岩宿層出土石器（岩宿Ⅰ）実測図1
0
5cm
明治大学文学部研究報告
考古学　第一冊
群馬県岩宿発見の
石器文化
杉原荘介
昭和三十一年
東京　明治大学
今日の石器実測図

図5　岩宿遺跡の発掘

で、関東ローム層は更新世の地層だ。更新世の石器時代を旧石器時代という（Lubbock 1865）。すなわち、関東ローム層中の石器時代は旧石器時代である。こうした論法を踏み、岩宿遺跡の発掘が日本旧石器時代の存在を実証したのである。岩宿遺跡が三回も繰り返して調査されたのは、上記の要件を、念には念を入れて確認していたためであった。岩宿遺跡の発掘調査報告書が刊行されたのは（図5）、さらに検証を重ねたのちの一九五六年のことである（杉原一九五六）

（二）　日本旧石器時代の呼称法

岩宿遺跡の関東ローム層中からは、三種類の遺物が出土した。第一が石器作りに関係する一連の遺物で、これを石器群という。第二が河原から人為的に運ばれた数々の自然礫で、第三が多くの炭化植物の小片である。それらの遺物を除くと、縄文土器や石鏃はおろか、縄文時代に一般的な竪穴式の住居や炉といった生活の施設や設備を直に示す遺構は一切なかった。旧石器時代の遺跡からこれら三種類の遺物が発掘される状況は、現在もかわらない。ただし、石器群と自然礫それに炭化植物が遺跡の中で群集し群在する状態を遺構とみなし、それらをブロック・礫群・炭化物集中と名付けている。そして、分析の結果、ブロックは居住と石器作りの場で、礫群が河原石を焼き余熱で食物を調理する施設、炭化物集中を焚き火の跡と想定している。更新世には、縄文時代とは全く異なる文化と社会をもつ石器時代が存在していたのである。

だが、その石器時代は、岩宿遺跡の発見を契機に直ちに旧石器時代と呼ばれるようにはならなかった。日本考古学協会が刊行する日本考古学年報の時代別動向欄を繰って、呼び名の推移を追ってみよう。日本考古学年報は、一九四八年度版を第一冊として刊行が始まった。まずは、一九四八年度版と一九四九年度版で「縄文式文化時代」とされていた最古の時代が、一九五〇年度版から「先縄文式文化時代」とかわり一九五三年度までつづく。一九五四年度と一九五五年度には「無土器文化時代」となって、一九五六年に「先縄文文化時代」に戻る。それが一九五七年度版で「無土器時代」にかわり、一九五八年度版から一九六一年版までが「先縄文文化」。翌一九六二年度版が「先土器時代」で一九六三年度版が「旧石器時代」、そして一九六四年度版が「無土器時代」で一九六五年度版が「旧石器時代」、さらに一九六六度版が「先土器時代」とめまぐるしい。

以後、一九六七年度版から「旧石器時代」と「先土器時代」が数年づつ使われ、徐々に「旧石器時代」が大勢を占め今日に至っている。途中の一九六七年度版で「旧石器時代（先縄文時代）」、一九七一年度版で「先土器時代文化」、一九八九年度版に「旧石器時代（岩宿時代）」とある。「岩宿時代」は最初に一九五〇年代に提案されたが（八幡一九五三）、学界に採用されず、突如として一九八〇年代に再提唱された名称である（佐原 一九八七）。そして、日本旧石器学会は、二〇一〇年に「日本旧石器（先土器・岩宿）時代遺跡のデータベース」と副題を付けた『日本列島の旧石器時代遺跡』を編纂している（日本旧石器学会 二〇一〇）。こうして、日本列島最古の石器時代の呼び名は、岩宿遺跡についての予備調査と第一回の本調査が済んだ翌年の一九五〇年の「先縄文式文化時代」に始まり、「旧石器時代」・「先土器時代」・「岩宿時代」が併用される今日へと至ったのである。

その過程で、時代呼称名は、一九六〇年代の前半を転機として、「旧石器時代」と「先土器時代」の二つに絞り込まれてきた。そこで、時代呼称の変遷史を、転機よりも前と後の三段階に区分しておく。転機前の第一の段階では、土器を基準とした縄文時代よりも古い時代を旧石器時代と呼ぶことへのためらいがあったようだ。いわば、日本列島基準に世界基準を付け足すかたちの時代区分と時代呼称に、多くの研究者が慎重な姿勢で臨んだものとみてよい。転機となった第二の段階は、日本列島基準派と世界基準派に二極化しだす過渡期に当っている。前者の代表が杉原であり、後者の推進者が芹沢であった。

ともに岩宿遺跡を発掘し、揃って草創期の研究を牽引し、師弟関係にもあった二人。杉原は、土師（式土器）時代、弥生（式土器）時代、縄文（式土器）時代と遡る日本列島最古の時代に「先土器時代」の名を与え（杉原 一九六二）、芹沢は、「旧石器時代」の使用を主張した（芹沢 一九六二）。杉原は日本史の原始時代に、芹沢は東アジアの中の日本列島史に、それぞれ日本最古の石器時代を位置付けようと試みたのである。それは、時代呼称名にとどまらない、歴史を認識する立場の違いであった。その歴史認識の相違が、転機後の第三の段階で日本旧石器時代の起源と古さを巡る論争へと発展していく。その最中での「岩宿時代」の再提唱には、第三者の立場をとりながら論争を見守り、見極めようとする意味合いが多分に含まれていたようだ。

一九六五年に大学に入学し、杉原に師事した著者は、一九九〇年の一年間をイギリスのケンブリッジで学んだ。以後、それまで使っていた「先土器時代」をやめて「旧石器時代」へ転じた。ラボック生誕の地で、旧石器時代とは世界に共通する人類文化が発祥した時代で、新石器時代を世界の各地に独自な地域文化が開花した時代と実感できたからである。それにつけても、不肖な弟子ではあった。

（三）　日本最初の旧石器時代編年

岩宿遺跡の調査を契機に、杉原と芹沢が主導して、関東ローム層およびそれに相当する更新世の地層中から、相次いで石器群が掘り出されていく。これに伴い、本州の中央部に最初に印された遺跡の分布も、五年後には四国と北海道へ（日本考古学協会 一九五八）、一〇年後には九州へと（日本考古学協会 一九六五）、急速な拡がりをみせた。さらに五年ほどたつと、最初は借用した欧米の原語かその読みを綴ったカタカナ表記の術語が、翻訳語に日本独自の造語を加えた体系を整えだす（杉原 一九六五）。

そして、一九五五年までには、いずれもヤリの穂先で文化の階梯を知る基準となり、今日「ナイフ形石器（Backed knives）」・「槍先形尖頭器（Spear-points）」・「細石器（Microliths）」と呼ばれる、一連の石器が出揃っていた。と同時に、それらの示準石器が、彫り刻み・掻き取り、削り込むための刃先をもつ、「彫器（Gravers）」・「掻器（End scrapers）」・「削器（Side scrapers）」および石器の素材となった「剝片（Flakes）」やそのまま加工されずに使った「刃器（Blades）」などと一緒に用いられたことも知られるようになる。そうした石器の組み合わせを、石器群の組成という。

さて、岩宿遺跡の石器群は、関東ローム層中で、阿左見層と岩宿層という上下する二つの地層に分かれて出土した。両石器群は、「一定の個所に群集し（中略）ある部分重った状態で発見されたのである」（杉原 一九五六）。関東ローム層中のほぼ同じような場所に、上下二つの石器群が埋もれていたのである。いいかえると、同じ場所から上下に重なる二つの遺跡が発掘されたことになる。個々の遺跡・石器群が残された地層を文化層と呼び、複数の文化層が発見される遺跡を重層遺跡という。この重層遺跡の層位的な石器群の出土例をとおして、下層が古く上層が新しいという地層累重の法則にのっとり、文化層の相対的な新旧を確認することができるわけだ。したがって、重層遺跡は、遺跡と石器群はもとより、遺構や石器に識別される型式に新旧の序列を与える、編年研究の重要な裏付けとなる。

旧石器時代の遺跡として、日本で最初に発掘された岩宿遺跡は、その重層遺跡の第一号でもあった（図4）。杉原は、より古い岩宿層を文化層とする「ハンドアックス」（図4の12）の石器群を岩宿Ⅰ文化、より新しい阿左見層を文化層とするナイフ形石器の一種である切出形石器（図4の9〜11）の石器群を岩宿Ⅱ文化と命名した（杉原 一九五六）。ところで、阿左見層の上半は軟質で下半は硬質で、岩宿Ⅱ文化は阿左見層下半の硬質部から出土した。

そして、まぎれもなく、阿左見層上半の軟質部からも、一点の掻器（図4の6）が発掘されているのである。

しかも、この阿左見層上半の軟質部こそ、相沢が槍先形尖頭器など（図4の5）一群の石器を断面採集した地層であった。そこで、杉原は、相沢が採集した槍先形尖頭器と発掘で出土した掻器とが一緒に用いられたのではないかと考え、岩宿Ⅲ?文化とし、その確認を後の課題として残した。こうして、岩宿という一遺跡が重層遺跡であったことから、「ハンドアックス」から切出形石器そして掻器へという石器の変遷が明らかとなった。

岩宿遺跡の調査翌年の一九五一年、東京都茂呂遺跡から、切出形石器とは別種の茂呂型と呼ばれるようになるナイフ形石器が発掘されたが、切出形石器との新旧関係は定まらなかった（杉原ほか 一九五九）。一年おいた一九五三年、長野県上ノ平遺跡で槍先形尖頭器と掻器が一緒に出土する（杉原 一九七三）。この時点で、岩宿Ⅲ?文化の疑問符がとれた。一方、上ノ平遺跡と併行して調査が開始された群馬県の武井遺跡は、下層から古手の切出形石器を指す台形石器が上層から槍先形尖頭器が、それぞれ出土する重層遺跡であった（杉原 一九七七）。しかも、下層の武井Ⅰ文化は岩宿Ⅰ文化と同一層序であり、「ハンドアックス」が世界旧石器標準時間帯の前期に発達した礫核石器文化の握斧ではなく、後期の剝片石器文化で作り使われた握斧である事実もわかってくる。この日本列島で後期のナイフ形石器と一緒に用いられた握斧を、以後石斧と記す。こうして、武井遺跡の層位的な石器群の出土例が、ナイフ形石器から槍先形尖頭器へという示準石器の推移を確かなものとした。

この段階に至るやまず、杉原が「岩宿文化―茂呂文化―上ノ平文化」という階梯で示す、初の日本旧石器時代の編年を試みる（杉原 一九五三）。この杉原の一九五三年編年は、遺跡名を文化名とするモルチエの一八七二年編年になぞらえたものといえそうだ（図6）。だが、まだ、もう一つの示準石器とされる細石器は未発見であった。翌一九五四年、芹沢が追随する（図6）。芹沢は、古い方から、「Hand axe」、「大形 Blade・縦長 Flake」、「Knife blade」、「切出形石

杉原1953編年

昭和二十四年まで、日本において知られていた最古の石器文化は縄文文化であった。その後、われわれは岩宿文化（昭和二十四年）・茂呂文化（昭和二十六年）・上平文化（昭和二十八年）と三つの石器文化を発見したが、これらはいずれも縄文文化に先行する文化と考えられる。

以上の石器文化を編年的に見るならば、古い方から岩宿文化・茂呂文化・上平文化・縄文文化とすることができる。けれども、今後岩宿文化より古い文化が発見されるかも知れないし、また四つの文化は直接につながる文化ではなく、夫々の間に未発見の石器文化が存在するかも知れないという可能性もあるのである。しかし、われわれが新しく発見した三つの石器文化は、夫々非常に特徴を持つものであって、これらの文化を説明し、そして夫々の時代順序を論ずるならば、日本のはるか古い時代の石器文化の発達の順序を明らかにすることができると思う。そして、さらにそれによって日本の石器文化が世界の石器文化のどのような段階にあるのかということの一片を示すこともできるであろう。

芹沢1954編年

- Point を伴うもの：砂間・野辺山・馬場平・上ノ平・踊場・三屋
- 切出形石器を伴うもの：殿ヶ谷戸・岩宿Ⅱ
- Knife blade を伴うもの：杉久保・茶臼山・茂呂
- 大形 Blade・縦長Flakeを伴うもの：縦ヶ崎・赤城山麓・権現山Ⅱ
- Hand axe を伴うもの：岩宿Ⅰ・権現山Ⅱ・権現山Ⅰ

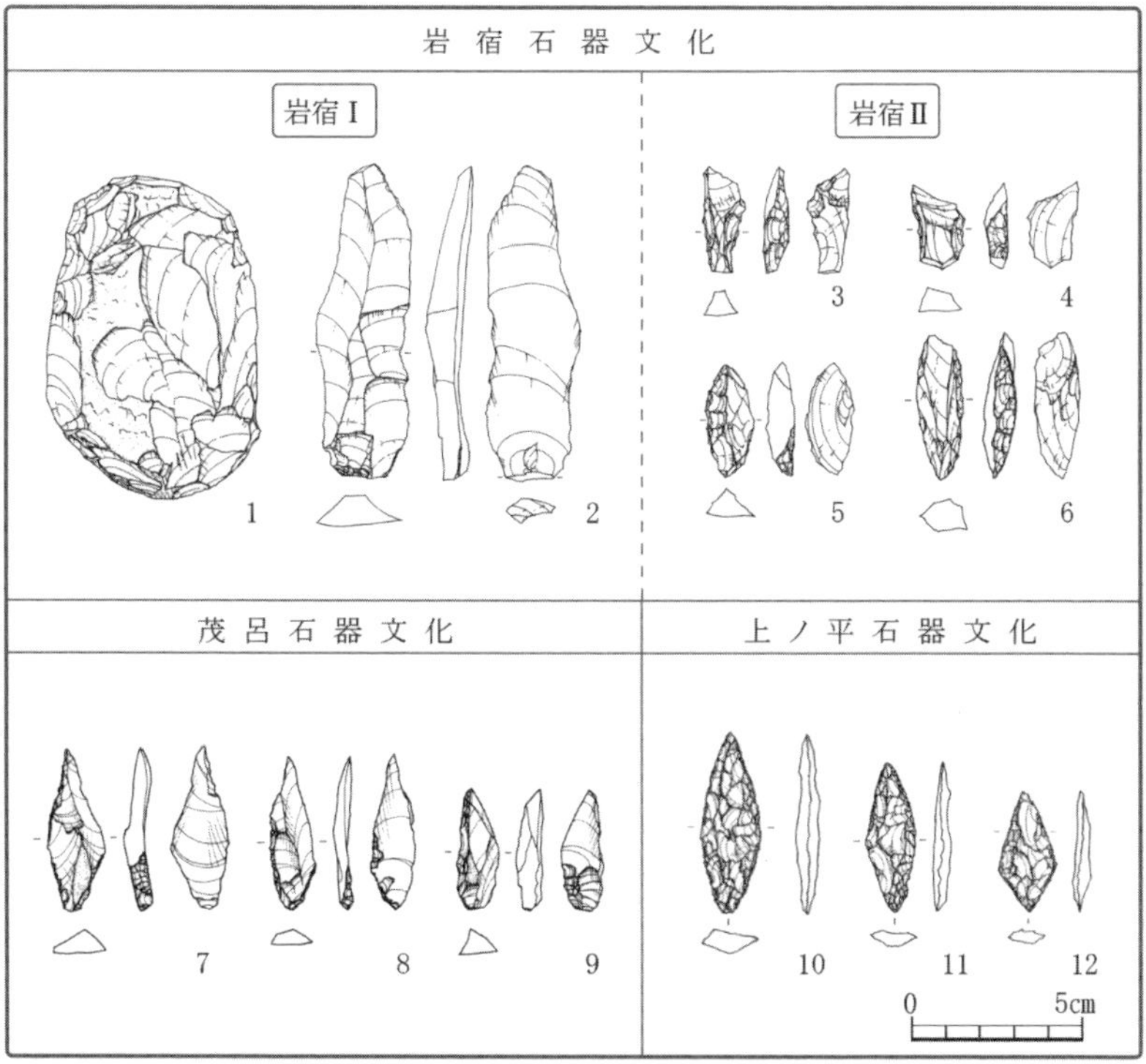

図６　日本最初の旧石器時代編年

器」、「Point」の順で示し、出土遺跡名を併記した（芹沢 一九五四）。いわば、ラルテ編年にならい、石斧、刃器・剝片、ナイフ形石器、切出形石器・槍先形尖頭器を標準化石に模して序列化し、その最後に「小形石器の一群」をおいた。実に、この小形石器の一群の中に、細石器（細刃器を打ち剝がした細石核）が図示されていたのである。同年、芹沢は長野県矢出川遺跡を発掘し、細石器が更新世の最末期か直後に位置する事実を明らかにした（芹沢 一九五四）。

ここに、ナイフ形石器と槍先形尖頭器そして細石器が出揃い、それら三つの示準石器が変遷する、日本旧石器時代編年の大枠が構築された。そして、その大枠が世界旧石器標準時間帯の後期旧石器時代に一致してくることも、多くの研究者が認識するところとなった（杉原 一九五三）。岩宿遺跡からわずか五年間という短期間の研究成果であり、杉原と芹沢がなした偉業に他ならない。とはいえ、三つの示準石器の名を冠した文化階梯について、そのそれぞれの変遷過程をより詳細に序列化する段階には達してない。日本旧石器時代の編年研究は、一九七〇年代の東京都野川遺跡を端緒とする超重層遺跡の発見を待って、一挙に整備されていくのである（小林ほか 一九七一）。

第三節　旧石器時代の日本列島

（一）　更新世の日本列島

世界的に気候が寒冷化した第四紀の更新世は、寒冷で氷河が発達する氷期と、氷期と氷期の間の温暖で氷河が縮小する間氷期とが、大きな周期と小さな周期で交代する時代であった。氷河が融け出せば海面が上昇し海進が起こり、氷河が陸地に広がれば海面は低下して海退が起きる。海進時には、海辺が沈み、海岸線は対岸から遠のく。反対に海退時には、海岸線が沖に伸び、対岸との距離を縮め接近する。その氷期の海退と間氷期の海進が、日本列島の海岸線を大きく書き換えた（貝塚 一九六五）。

更新世のはじめ、日本列島は大陸と陸続きであった。それが、最後の大きな間氷期に入ると、それまで長く保たれてきた、日本列島が大陸の一部であった時代に終わりを告げる。世界旧石器標準時間帯の前期旧石器時代から中期旧石器時代にかけての出来事で、この旧石器海進により、関東平野は古東京湾の海面下に沈んだ。やがて、世界旧石器標準時間帯の後期旧石器時代に移行する最後の大きな氷期になると、海退に転じる。この旧石器海退は、最終氷期の最寒冷期に当たる約二・五万年前に頂点に達した。この時、瀬戸内海は陸化し、九州・四国・本州が陸続きの島（古本州島）となり、現在開いている海峡の多くが陸峡でつながれ、北海道はサハリンからシベリアに連なる岬となったようだ（日本第四紀学会 一九八七）。

そして、最終氷期の最寒冷期が過ぎ去ると、気候は温暖化に向かい、海面が上昇しだす。この後氷期（完新世）の有楽町海進（縄文海進）で、日本列島は大陸から完全に分離し、北海道・本州・四国・九州の島々は互いに海で隔てられた。間宮・宗谷・津軽・対馬・朝鮮の諸海峡も完全に開いた。六〇〇〇年前に前後する時期、奥東京湾などが出現する今日より一段とスリムな日本列島の原形が形成された。このように、第四紀の更新世の日本列島は、大陸の一部だった時代の後、大陸から切り離された時代を挟み、大陸と陸橋によって結ばれた時代があった。その時代、大陸と同じ動物達がいたり、大陸にいた動物群が渡来していたのである。そうした海退と海進でかたちをかえてきた更新世の日本列島を、逐次火山灰が覆った。

日本は世界有数の火山の国であり、更新世は火山活動が活発な時期であった。日本列島の各地に堆積する火山灰の研究が進むにつれ、第四紀火山灰の給源や噴出年代が明らかにされると同時に、給源が違う火山灰相互の噴出順序も詳しくわかるようになった。例えば、関東の更新世火山灰と定義された関東ローム層も、南関東と北関東では給源火山が違う。南関東には富士・箱根の、北関東には浅間・榛名・赤城・男体などの、それぞれ諸火山の火山灰が風に運ばれて地表に堆積している（関東ローム研究グループ　一九六五）。

その南関東の関東ローム層は、武蔵野台地・相模野台地・下末吉台地・多摩丘陵を模式地として分析され、堆積した古い方から順に、多摩ローム層・下末吉ローム層・武蔵野ローム層・立川ローム層という四つの地層に分けられている。そして、多摩ローム層には最後の大きな間氷期よりも古い、下末吉・武蔵野ローム層には最後の大きな氷期の前半、立川ローム層には最終氷期の最寒冷期を挟む、最後の大きな氷期の後半、という古さの年代が与えられている。したがって、多摩ローム層が前期の、下末吉・武蔵野両ローム層は中期の、立川ローム層は後期の、それぞれ世界旧石器標準時間帯に該当する年代の地層ということになる。

（二）　月見野遺跡群と野川遺跡

関東ローム層およびそれに相当する地層に残された遺跡の総数は、二〇一〇年の時点で、一〇、一五〇カ所を数える（日本旧石器学会　二〇一〇）。文化層数は一四、五四二で重層の度合いは、平均一遺跡当たり、一・四三（小数点三位以下切捨）となる。その重層度を、都道府県別にみると、岩手・埼玉・千葉・東京・神奈川・静岡・宮崎・鹿児島の一都七県で平均をうわまわり、東京の二・九四を最高値に、千葉・静岡・宮崎の一都三県で二をこえている。関東・中部と九州に重層遺跡が多いといえそうだ。

別けても、文化層の数が格段に多い超重層遺跡の発見例は、東京都下原・富士見町遺跡の一六文化層（明治大学校地内遺跡調査団　二〇〇六）や神奈川県柏ヶ谷長ヲサ遺跡の一四文化層（柏ヶ谷長ヲサ遺跡調査団　一九九七）など、南関東に集中する。南関東には西から東に相模野台地・多摩丘陵・武蔵野台地・大宮台地・下総台地が連なり、各台地と丘陵を刻む河川の流域に沿って遺跡が群在している。研究史を振り返ると、一帯は一九七〇年に前後し、超重層遺跡の発掘期を迎えた。神奈川県月見野遺跡群（明治大学考古学研究室・月見野遺跡群調査団　一九六九）と東京都野川遺跡（小林ほか　一九七一）が、その先陣を切った（図7）。

まず、一九六八年と翌六九年に、相模野台地の月見野遺跡群が調査される。相模野台地では、表土（Humus）下の立川ローム層を一四層に細分し、黄褐色ローム層をL（Loam）、黒色帯をB（Black band）と表示し、上から下へ、L1S・B0・L1H・B1・L2・B2U・B2L・L3・B3・L4・B4・L5・B5・L6と呼称している。L1SのSは軟質部（Soft）のL1HのHは硬質部（Hard）の、またB2UのUは上部（Upper）のB2LのLは下部（Lower）の、それぞれ頭文字である。月見野遺跡群は境川水系の支流の一つ目黒川の中流域に集中する一連の遺跡群で、第Ⅰ・第Ⅱ・第ⅢA・第ⅢB・第ⅢC・第ⅢD・第ⅣA・第ⅣB・第ⅣC・第ⅣDの合わせて一〇遺跡が発掘された。そして、都合、L1SからL2Uの七層にわたって一七石器群が出土した。

ついで、一九六九年と一九七〇年の両年には、武蔵野台地の野川遺跡が調査される。武蔵野台地では、表土（第Ⅰ・Ⅱ層）下の立川ローム層を九層に細分し、上から順に第Ⅲ層から第Ⅺ層と呼ぶ。第Ⅲ・Ⅳ・Ⅵ・Ⅷ・Ⅹ・Ⅺ層が黄褐色ローム層で、第Ⅴ・Ⅶ・Ⅸ層は黒色帯である。また、第Ⅲ層が軟質で第Ⅳ層は硬質。なお、第Ⅳ層の中位にも黒色帯がみられる。野川遺跡は、多摩川水系の支流に当る野川の中流域に群在する野川遺跡群の一つで、第Ⅲ・第Ⅳ1・第Ⅳ2・第Ⅳ3a・第Ⅳ3b・第Ⅳ4・第Ⅴ・第Ⅵ・第Ⅶ・第Ⅷの一〇文化層が検出された。

この月見野遺跡群と野川遺跡を皮切りに、編年研究は、重層遺跡から得られる石器群の序列を裏付けとする段階に入った。だが、すぐに大きな課題と直面する。現在では相模野台地で一四に武蔵野台地で九に細分されている、立川

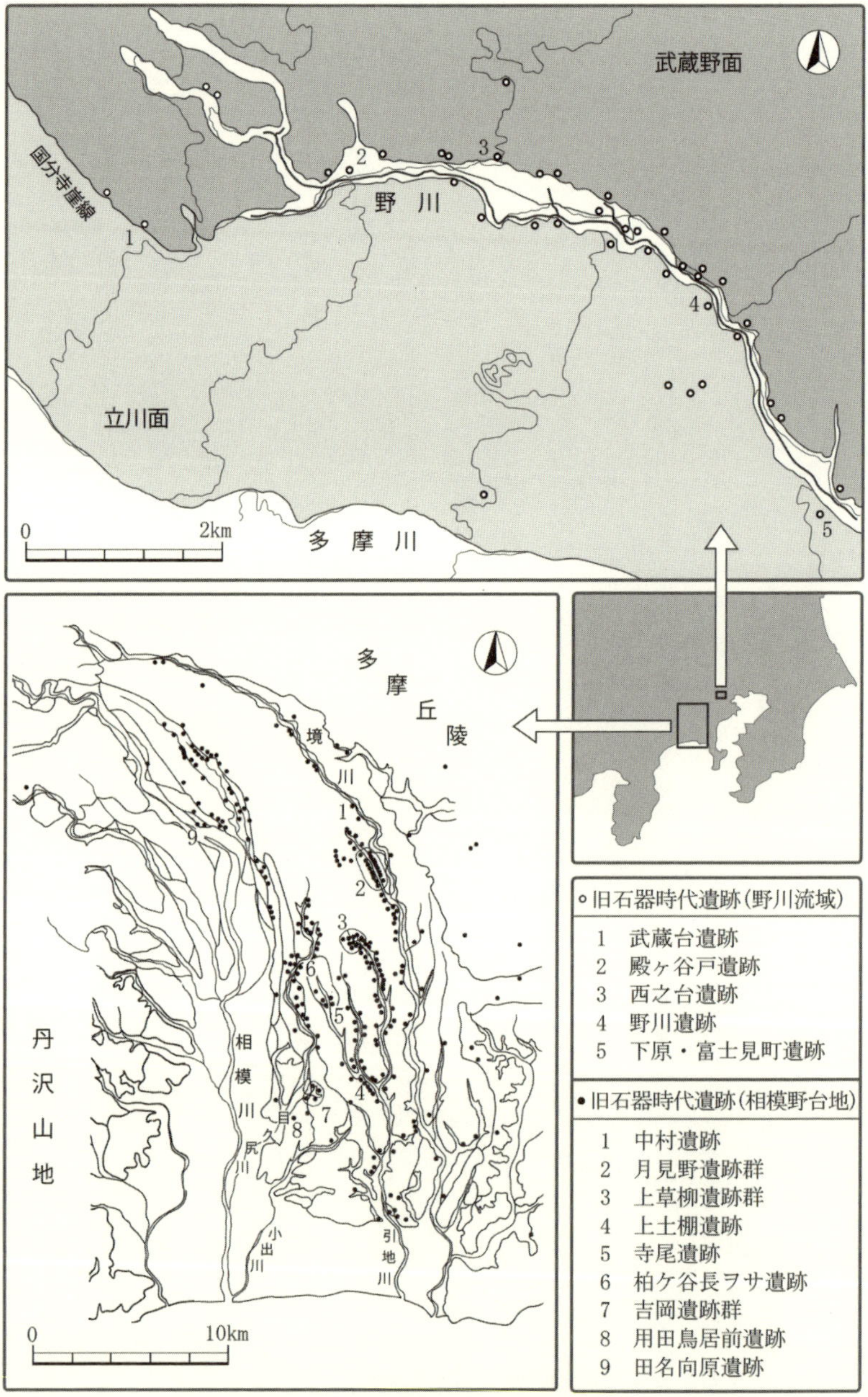

図７　野川遺跡群と月見野遺跡群

ローム層の台地間におよぶ層序対比の問題である。両台地の立川ローム層は、供給火山である古富士・箱根に近い相模野台地で八メートル程と厚く、より遠い武蔵野台地では約三メートル前後と薄い。そればかりか、相模野台地では六枚ある黒色帯が、武蔵野台地には四枚しかない。

この層序の対比問題を解決へと導いたのが、示準石器と広域テフラであった（図8）。まず、相模野台地のL1SからL2にある槍先形尖頭器が、武蔵野台地の第Ⅲ層と第Ⅳ層の上部から出土する。つぎに、相模野台地のB2UとB2Lにある切出形石器が、武蔵野台地の第Ⅳ層下部と第Ⅴ層から発見される。そして、ガラス質火山灰層が、相模野台地のL3と武蔵野台地の第Ⅵ層に位置する（鈴木・小野 一九七一）。こうして相模野台地と武蔵野台地における石器群の層位的な出土例を柱にすえた、編年の枠組みが築かれ始める。と同時に、多くの研究者が、旧石器時代の編年研究にとって、石器とテフラが不可欠な両輪であることを改めて認識したのである。

ところで、ガラス質火山灰層とは、今日でいうAT（姶良丹沢）パミスをさす（町田・新井 一九七六）。また、槍先形尖頭器は岩宿Ⅲ石器群の、切出形石器は岩宿Ⅱ石器群の、それぞれ目印となる石器であった。したがって、月見野遺跡群と野川遺跡における石器群の層位的な出土例の上限は、どちらも岩宿Ⅱ石器群が出土した地層止まりで、ATよりも下位にあるはずの岩宿Ⅰ石器群の文化層にまでは達していなかったのである。その岩宿Ⅰ石器群の組成は、最初に一九七〇年代後半の武蔵野台地と一九八〇年代の下総台地の第Ⅸ・Ⅹ層中で、ついで一九九〇年代には相模野台地のB3～B5層中で、それぞれ確認されていく。

この確認の過程では、武蔵野台地の東京都高井戸東遺跡（小田ほか 一九七七）や同鈴木遺跡（鈴木遺跡調査団 一九七八など）、下総台地の千葉県権現後遺跡（千葉県文化財センター 一九八四）や同聖人塚遺跡（千葉県文化財センター 一九八六）、相模野台地の神奈川県吉岡遺跡群（白石・加藤 一九九六など）や同柏ヶ谷長ヲサ遺跡（柏ケ谷長ヲサ遺跡発掘調査団

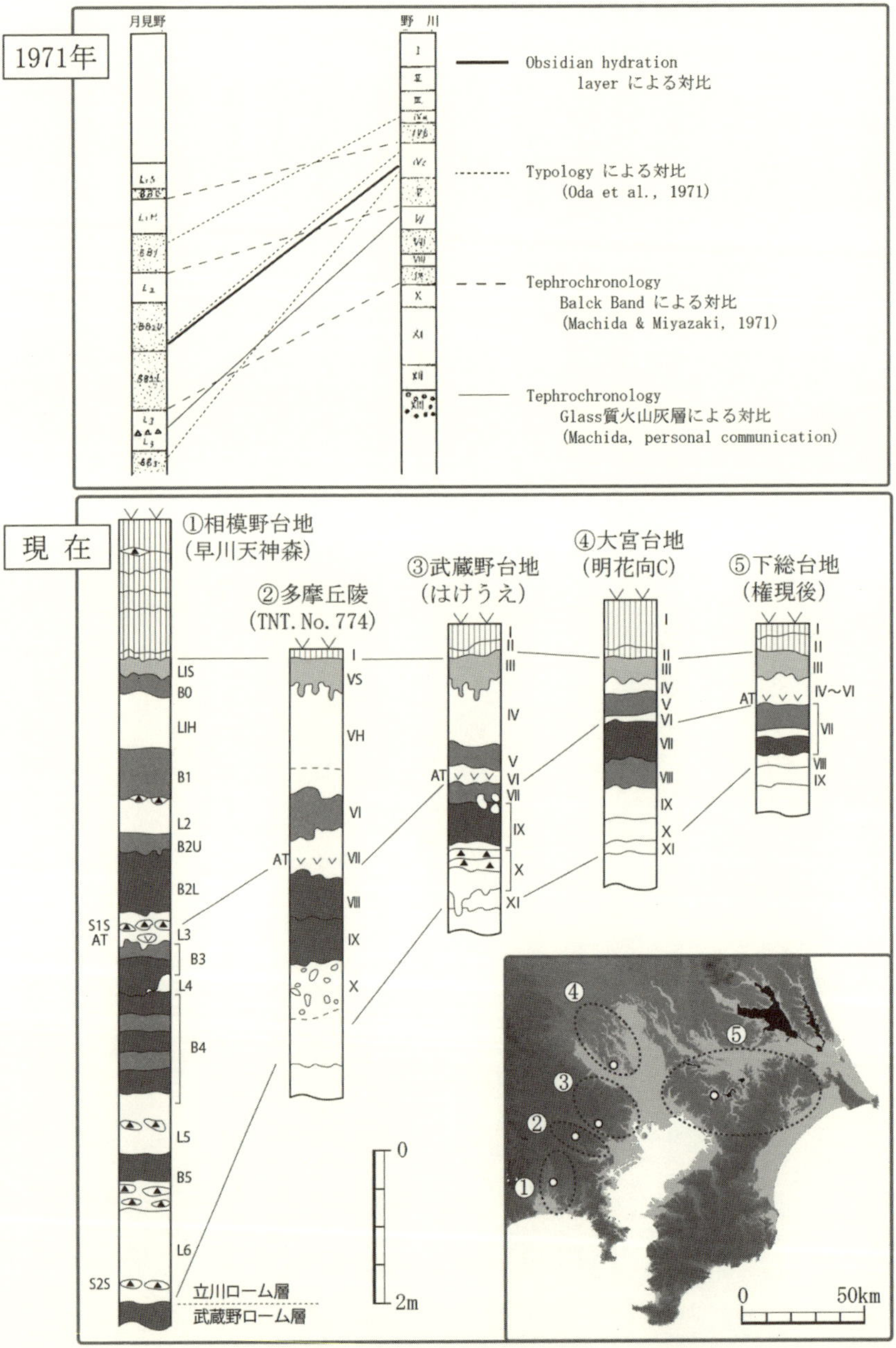

図８　立川ローム層の層序区分と対比

一九九七）など、立川ローム層のほぼ全層から石器が出土した超重層遺跡が大きな役割を担った。それらの超重層遺跡が、各台地を単位として進められていく地域編年の骨格を提供したのである。

（三）　立川ローム層と旧石器時代の編年

重層遺跡がもたらす石器群の層位的な出土例は、確かに、編年研究に新旧の裏付けを与える。ただし、重層遺跡から石器群を文化層別に取り出すには、注意も必要だ。文化層を一つもつ単純遺跡（単層遺跡）を発掘すると、石器が出土し始め、やがて分布の密度が高まり分布の範囲も一際はっきりとする頂点に至る。この面をさらに掘り下げると、次第に分布が点在状態となり、石器群の出土がやむ。つまり、文化層中に石器群（ブロック）は、レンズ状の厚みをもって埋もれているわけである。

その分布密度（出土点数）が頂点を迎える深度が、かつての地表で、旧石器時代人の生活面であったと考えられている。すると、同時に存在していた旧石器時代の石器群が埋没する過程で、旧地表面から浮き上がったり沈み込んだりしたことになる。これはどの石器群にも起きている現象で、その上下幅は数十センチにもおよぶ。したがって、重層遺跡では、互いの文化層が上下に重なり合い、時間差のある別々の石器群が交ざり合う危険性を伴う。交ざれば、個々の石器群を分離できず、新旧の判断に混乱を招く。超重層遺跡は編年研究にとって、両刃の剣でもある。

だが、そうした懸念の大半は、相模野・多摩・武蔵野・大宮・下総の各台地と丘陵から得られた石器群の層位的な出土例を対比し検証することで払拭できる。ところで、相模野台地から東へ段々と、古富士・箱根の火山灰が偏西風によって運ばれる距離が順次遠くなり、立川ローム層の厚さが薄くなっていく。そうした台地・丘陵間の違いをこえて、多摩丘陵と武蔵野・大宮・下総の各台地では、武蔵野台地に準じた層序区分と呼び名が用いられている。本書も、これにならう。そのうちの月見野遺跡群と野川遺跡を出発点として、相模野台地と武蔵野台地の層位的な出土例をもとに組み立てられた石器群の編年を、それぞれ相模野編年（矢島・鈴木 一九七六）と武蔵野編年（小田・Keally 一九七五）という。

一方、武蔵野台地では相模野台地の半分の深さで立川ローム層を掘り抜き、武蔵野ローム層に達する。このため、発掘の手が立川ローム層の下底部にまで達する例は、武蔵野台地に多く相模野台地に少ない。これにも原因して、相模野台地における超重層遺跡の発見年次が武蔵野台地よりも遅れ、その発見件数も武蔵野台地におよばない。したがって、AT降灰以前の石器群の動向は、武蔵野編年の方によりはっきり映し出されてくる。反面、相模野台地に厚く堆積した立川ローム層は、武蔵野台地よりも数多くに細分されている。その分、相模野編年はB2UからL1Sの六層にかけて出土する槍先形尖頭器を筆頭にして、AT以後の示準石器が推移した経緯をより詳細にとらえることができる。全国各地の編年は、この武蔵野・相模野両編年を一つの目安として組み立てられてきたといえる。

ここで、武蔵野台地の層序区分にしたがって、立川ローム層中で変化した示準石器の在り方を追いかけてみよう。石器群は、立川ローム層最下層の第Ⅺ層にはないが、下底部の第Ⅹ層から表土直下の第Ⅲ層にわたる全層位から出土する。なお、第Ⅷ層は一部の地区に限ってみられるため、基本層序から除かれる場合が多い。そうした中、ナイフ形石器が第Ⅹ層からあって、第Ⅳ層で槍先形尖頭器が現れ、細石器が第Ⅲ層に残る。ナイフ形石器は順次槍先形尖頭器と入れ替わり、槍先形尖頭器は細石器と置き換わる。その間、第Ⅹ層と第Ⅸ層のナイフ形石器は、しばしば刃を磨いた石斧（局部磨製石斧）を伴う。岩宿遺跡で最初に発見され、研究の草創期に「ハンドアックス」と呼ばれた石器が、これである。

ナイフ形石器と槍先形尖頭器それに細石器は、いずれも狩猟用具の部品で、ヤリの穂先であったと考えられている（図9の上）。立川ローム層中には、ナイフ形石器から槍先形尖頭器へ槍先形尖頭器から細石器へという、ヤリの穂先が更新されていく歴史が刻まれているのである。この立川ローム層中に残されている旧石器時代の歴史を、縄文時代の弓矢段階に先行するヤリの文化史として位置付けられそうだ。すると、旧石器時代には、互いにヤリの穂先が異なった三つの文化の階梯があったことになる。それぞれを、ナイフ形石器文化、槍先形尖頭器文化、細石器文化と呼称する所以である。

この三文化階梯という視点から、全国各地の編年を見比べるとどうなるか（安蒜 二〇〇九）。三つの文化の階梯は、関東・中部など本州の中央部でこそ明瞭だが、日本列島の他の地域では不鮮明となる。北海道にナイフ形石器文化が発達した形跡はなく、槍先形尖頭器文化もまた北海道と九州では顕著な存在を示さない。つまり、旧石器時代の日本列島には、すでに地域差が生じていたのである。その地域ごとの異同を整理すると、日本旧石器時代には五つの時期が区分されてくる。第Ⅰ期から第Ⅴ期とする。古い順に、第Ⅰ期は立川ローム層の第Ⅹ・Ⅸ層、第Ⅱ期が第Ⅶ・Ⅵ層、第Ⅲ期が第Ⅴ・Ⅳ層、第Ⅳ期が第Ⅳ上・Ⅲ層、第Ⅴ期が第Ⅲ層の、それぞれ時期に該当している。以下、立川ローム層および立川ローム層の各層序に相当する古さを、立川ローム期および立川ローム何層期と略記する。

この三つの文化階梯と五つの時期区分で表された全国編年をみると（図9の下）、日本列島の旧石器時代は、まず、第Ⅰ期から第Ⅳ期までの前期・中期・後期・晩期に細分できるナイフ形石器文化と、第Ⅲ期から第Ⅴ期にわたる前期・中期・後期に区分される細石器文化とに、二分されてくる。ついで、ナイフ形石器文化の後期・晩期と細石器文化の前期・中期が、日本列島を東と西に分かち、第Ⅲ期・第Ⅳ期で同時に併行して進展する。そして、槍先形尖頭器文化が、第Ⅳ期の日本列島中央部に閉ざされたかのような、極めて独特な位置を占めていることがわかる。

それに加えて、三つの文化の階梯を、日本列島に出現した順にあげれば、北海道の細石器文化の方が、関東・中部の槍先形尖頭器文化よりも早くなる。だが、その関東・中部では、槍先形尖頭器文化のつぎに細石器文化がくる。

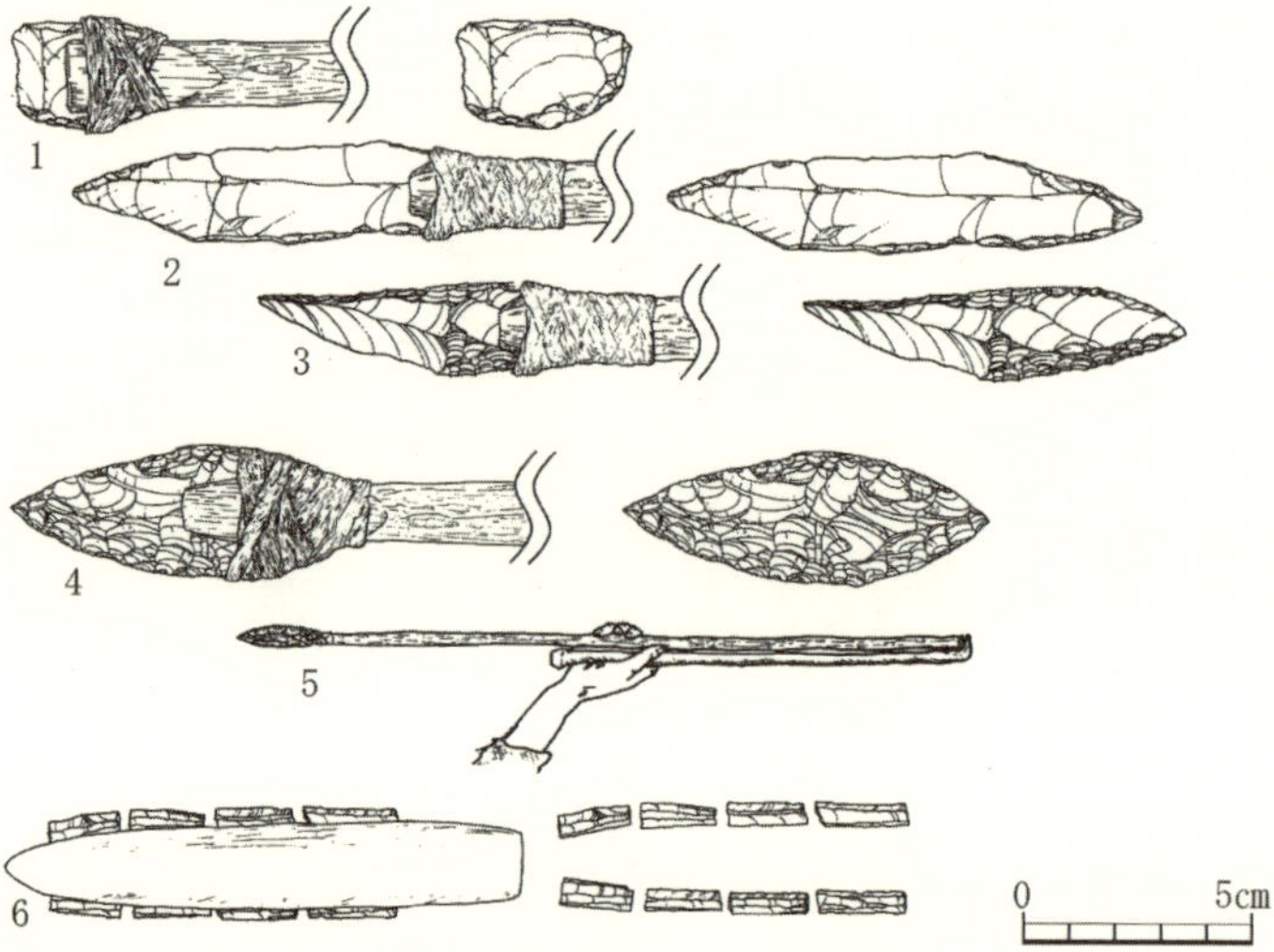

1～3：ナイフ形石器　4：槍先形尖頭器　5：投槍器　6：細石器

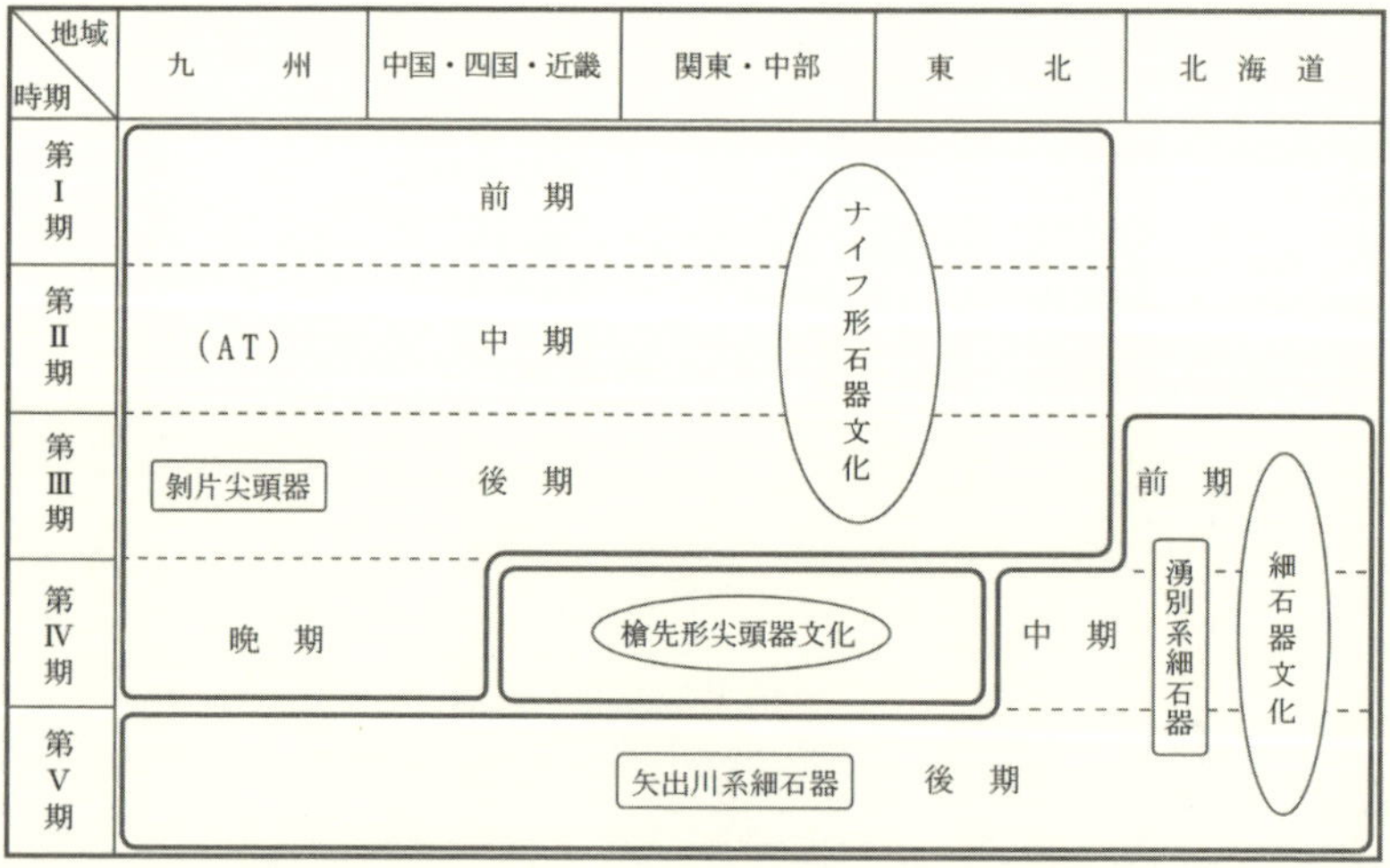

図９　日本旧石器時代の示準石器（上）と文化の階梯（下）

このため一般には、初期の研究が進み以後の基準となった関東・中部の前後関係を尊重し、ナイフ形石器文化、槍先形尖頭器文化、細石器文化の順番で表記することが慣用化している。

そうした三文化と五時期という枠組みで編年される旧石器時代が、日本列島の立川ローム期に埋もれているのである。その継続期間については、かつて放射性炭素による年代測定値により、大体、今から（A.D.一九五〇年を基準として）三万年前（30,000 ^{14}C BP）に始まり一万年前（10,000 ^{14}C BP）で終わるとされてきた。ただし、^{14}C年代は、較正をしないと暦の年代にはならない。そして、現在では、加速器質量分析法（ＡＭＳ）の適用で暦年較正が進み、(cal BP）で表記する新しい年代が与えられている（工藤 二〇一二）。これによれば、立川ローム期の旧石器時代は、およそ第X層の 37,000cal BP に始まり第Ⅲ層の 15,000cal BP で終わる。ただし、ＡＭＳ ^{14}C年代と暦年代は、二・四万年前以前になると段々差が大きくなり、三万年前をこえるとばらつきも増える。そこで、^{14}C年代の暦年較正年代とともに酸素同位体編年を併用する方法が取り入れられている。とはいえ、五時期に分かれる一時期の長さと、各時期に起きた出来事の序列には変化がない。

さて、この三文化と五時期に編年される日本旧石器時代は、第Ⅲ層から第Ⅺ層に細分される立川ローム層中で、第Ⅲ層から第X層の各層に途切れることなく石器群を残している。いいかえると、立川ローム層の第Ⅺ層とそれより下位の武蔵野ローム層中には、文化層がなく石器群が出土しない。立川ローム期の旧石器時代は、世界旧石器標準時間帯の後期旧石器時代に該当する。では、立川ローム層の下底や武蔵野ローム層中には、後期よりも古い中期や前期の旧石器時代はないのか。前期旧石器時代と中期旧石器時代の日本列島にヒトがいたか否かの論争が口火を切ったのは、一九六〇年代前半のことであった。

第Ⅱ章　前・中期旧石器時代の日本列島

第一節　より古い石器の探究

（一）金木の偽石器

「〈前略〉日本における地面は、最上部は腐食土によって覆われている。その下には一般に赤土粘土層（例えば関東ローム層）が存し、さらにその下には礫層か貝化石を含む砂層が存する。後者の層からは大陸性の動物化石が発見されるので、その時代は日本嶋がアジア大陸とかつて陸続きであった状態の時代に接していることを示している。日本において、人口遺物らしきものが発見されて、考古学的に問題にされるのは、前述の礫層あるいは砂層の時代以後である。現在まで礫層から発見されたもので問題になっているのは早川（神奈川県）・明石（兵庫県）・金木（青森県）などの出土物があり、砂層から発見されたもので問題になっているのは霞浦（茨城県）その他などの出土物がある。もし、この時代に明らかに人工遺物が存在するならば、日本へ人類が移住してきたのは陸伝いによるという合理的な説明ができるのである。〈後略〉」。以上は、一九五三年にイタリアで開催された第四回国際第四紀研究学術会議に送った杉原論文の抜粋である（杉原 一九五四）。

杉原と芹沢が相次いで提示した、日本初の旧石器時代編年は、以後の研究が進む一つの指針となった（杉原 一九五三、芹沢 一九五四）。両編年が明らかにした、世界旧石器標準時間帯のおよそ後期におさまる時代の枠をこえて、日本旧石器時代の古さが一体どこまで遡るか否かを見極めるという、具体的な目標が与えられたのである。まず、杉原が行動を起こす。岩宿・茂呂・上ノ平・武井の諸遺跡で、関東ローム層とそれに相当する赤土中からつぎつぎに示準石器を掘り出してきた杉原は、青森県金木の赤土下の砂礫層中にある「一見人工が加わったごとく見える破砕礫の一群」に着目し、一九五三年に発掘を実施した（杉原 一九五四）。

杉原は、関東ローム層や赤土から出土する精巧な示準石器類に照らして、「石器の粗製なることと、地質時代の古さとが合理性をもって合ってくる」とし、金木の砂礫層が前・中期旧石器時代の存否を探る手掛かりになると考えたわけである。そして、地質学者と地理学者を加えた調査団を組み、果敢にも砂礫層の実態解明に挑んだ。ともに岩宿遺跡を発掘した芹沢も、その調査団の一員であった。

金木砂礫層の構成は、石英粗面岩の円礫と硬質頁岩の角礫で、後者に石の打ち割りと打ち欠き時に生じるバルブ（打瘤）やリング（貝殻状裂痕）それに石器を仕上げる調整加工（細部加工）など、「人工的に剝離が加えられたごとく見えるもの」が混在していた（図10）。しかし、詳細な観察の結果、「その角礫は相互にぶつかる時は、破砕礫として打瘤のごときものが偶然にできることもあるし、同じような接触が繰りかえされれば細部加工に類似した角礫の縁辺を生ずる」と分析された。

加えて、金木の砂礫層中には、ブロック・礫群・炭化物集中がなく、「遺跡という概念から見れば、それが角礫層中に発見されるということから、一次的な生活を知ることは全然できない」との判断が下される。その結果、「遺跡としての観察や、岩石の産地よりする方法などから、これらの破砕礫を人工のものだとすることは困難」との結論に達したのである。「一見人工が加わったごとく見える破砕礫の一群」は、全てがみな偽石器だった。金木の砂礫層には、人類が打ち割ったのではなく、自然に割れた偽石器が大量に堆積していたのである。

ヨーロッパの旧石器時代研究は、すでに一世紀も前に、エオリス（Eolith）と呼ばれる、この偽石器と遭遇してい

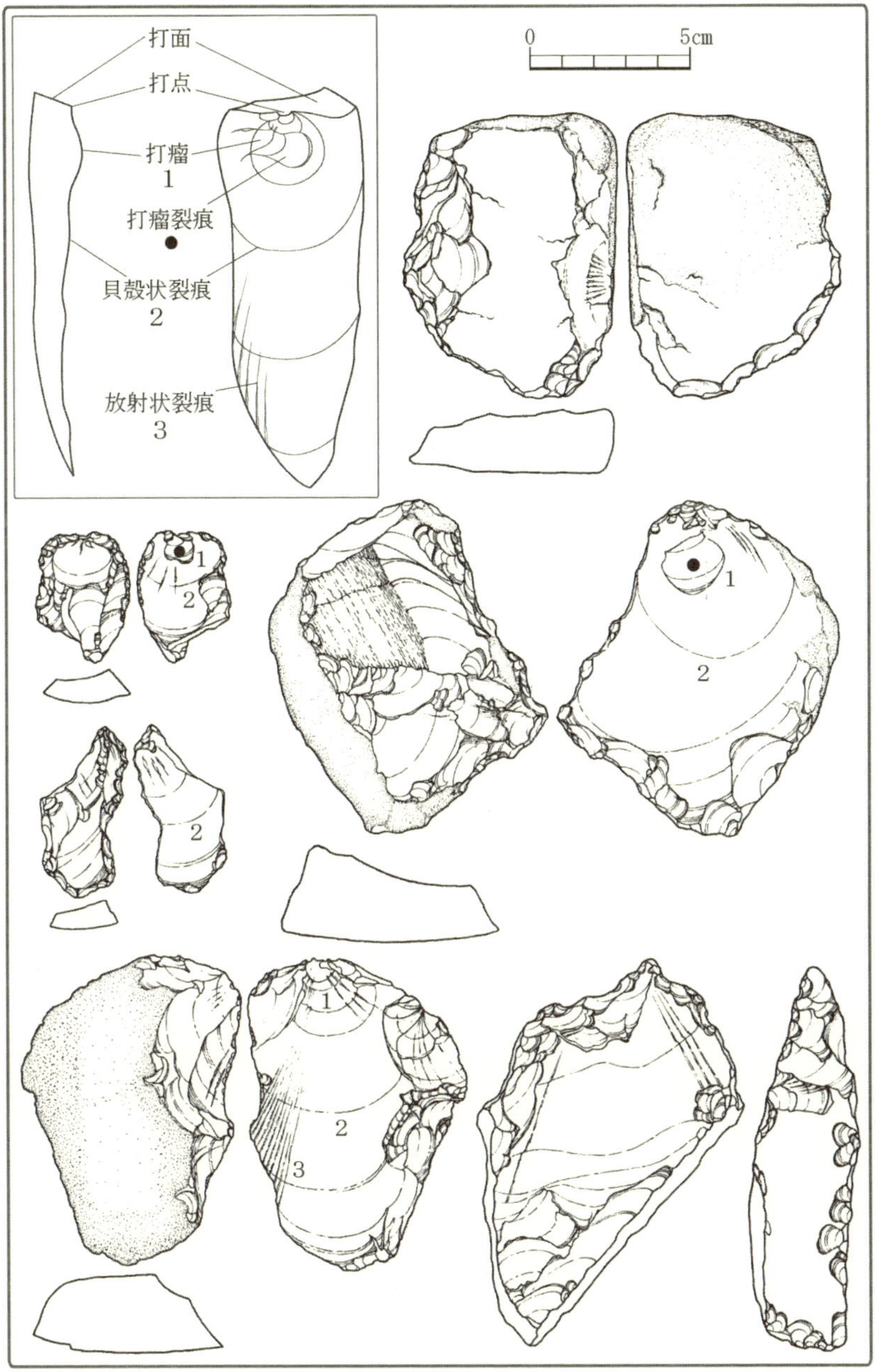

図10　金木砂礫層出土の偽石器

た（Daniel 1950）。ヨーロッパでは、一九世紀の中頃、第四紀直前の第三紀の礫層中から、石器と極めてよく似た偽石器がみつかりだした。以来、人類が最初に手にしたとも考えられたそれらの出土品について、人工品なのか自然石なのか論議がつづく。学界も一八六七年以降、幾度も討議の場をもち、その後、五〇余年の歳月をかけて、一連の出土品が自然石で偽石器だとの結論を導いていった。エオリスの訳語には、人工品とみる曙石器や原石器と自然石とする擬石器や偽石器とがあり、石器認定の難しさを反映している。

杉原は、金木を発掘した翌年の一九五四年、「このような事実から、過去における人工によるものであるか否か不明の資料に対する批判力を養うことができたし、このような石器文化研究の出発途上にあるわれわれが、その最初の段階において、比較的早くこのような体験をしたことは、これからの研究にどれだけ幸いするかわからないと思う」と結ぶ報告書を刊行した。わずか数頁の、図版もない簡単な報文である（杉原 一九五四）。学界からも、特別な反応はなかった。また、「このような」の中身が説明されることもなかった。

当時の日本には、まだ旧石器時代専門の学会も設立されておらず、考古学界をあげて偽石器問題を検討する受け皿がなかったのである。この偽石器が、やがて前・中期旧石器時代存否論争の中で大きな争点になろうとは、誰もが考えなかったに違いない。実に、金木の見過ごしが、後の旧石器時代研究に大きな禍根を残すことになる。その意味で、金木の発掘調査報告書を、〝石器とよく似た自然石がある〟という、日本最古の石器群を探る研究への無言の教訓として受け取るべきだろう。一九五四年に公表された金木の調査結果は、二〇年後に、原著にはなかった破砕礫の実測図を新たに添えて再刊されている（杉原 一九七四）。その実測図を作成した著者は、杉原に「限りなく人工品らしく、限りなく自然石らしく書くように」と命ぜられた。杉原に師事し大学院の博士課程に在籍中のことで、困惑し図化の表現法に難渋した記憶がよみがえる。

（二）　丹生遺跡の礫器

杉原が金木で偽石器と遭遇してから九年が過ぎた一九六二年、大分県丹生遺跡の石器群が華々しく学界に登場した。慶応義塾大学で開催された日本考古学協会第二八回総会二日目の、杉原が司会を務める研究発表会場でのことである。同じ会場で、丹生遺跡について、二つの研究グループが、六番目と七番目と相前後して、別々に発表をおこなうという、かつて前例のない出来事が起こっていた（角田　一九六二、金関ほか　一九六二）。というのも、丹生石器群には、東アジアにおける中期旧石器時代の礫器石器群として、この発表のわずか四年後にはヨーロッパの専門書で図解されることになる、一連の石器が含まれていたからに他ならない（Leroi-Gourhan ほか　1966）。あたかも、日本列島に後期よりも古い旧石器時代が存在する証拠をつかんだとの凱歌をあげる、その先陣を争うかの様相を呈していたようだ。確かに、金木とは違って丹生遺跡の石器をみて、それを偽石器ではないかと疑う研究者はなかった（図11）。ところが、別の問題があった。

それは、海外でも紹介された礫器につきまとう、古さを決定するうえでの困難さである。河原石の一部を数回打ち欠く行為から始まる人類の石器作りは、より打ち欠きの度合いを高めて全体を加工し、手持ちの斧作りへと発展したとされる。事実、その礫器から握斧（ハンドアックス）へと進展する過程は、前期旧石器時代に変化する敲打器の諸型式をとおして跡付けられている（Bordes 1968）。その、礫器文化から握斧文化への典型的な移行は、アフリカとヨーロッパの前期旧石器時代を舞台として展開した（図3参照）。とはいえ、礫器は、その全てが前期旧石器時代に握斧に進化し、後の時代に姿を消し去ったわけではない。それればかりか、礫器は、旧石器時代の全期間にわたり旧大陸の各地で作り使われてきた。さらに、礫器は、新石器時代の遺跡からも出土する。握斧も同様だ。したがって、敲

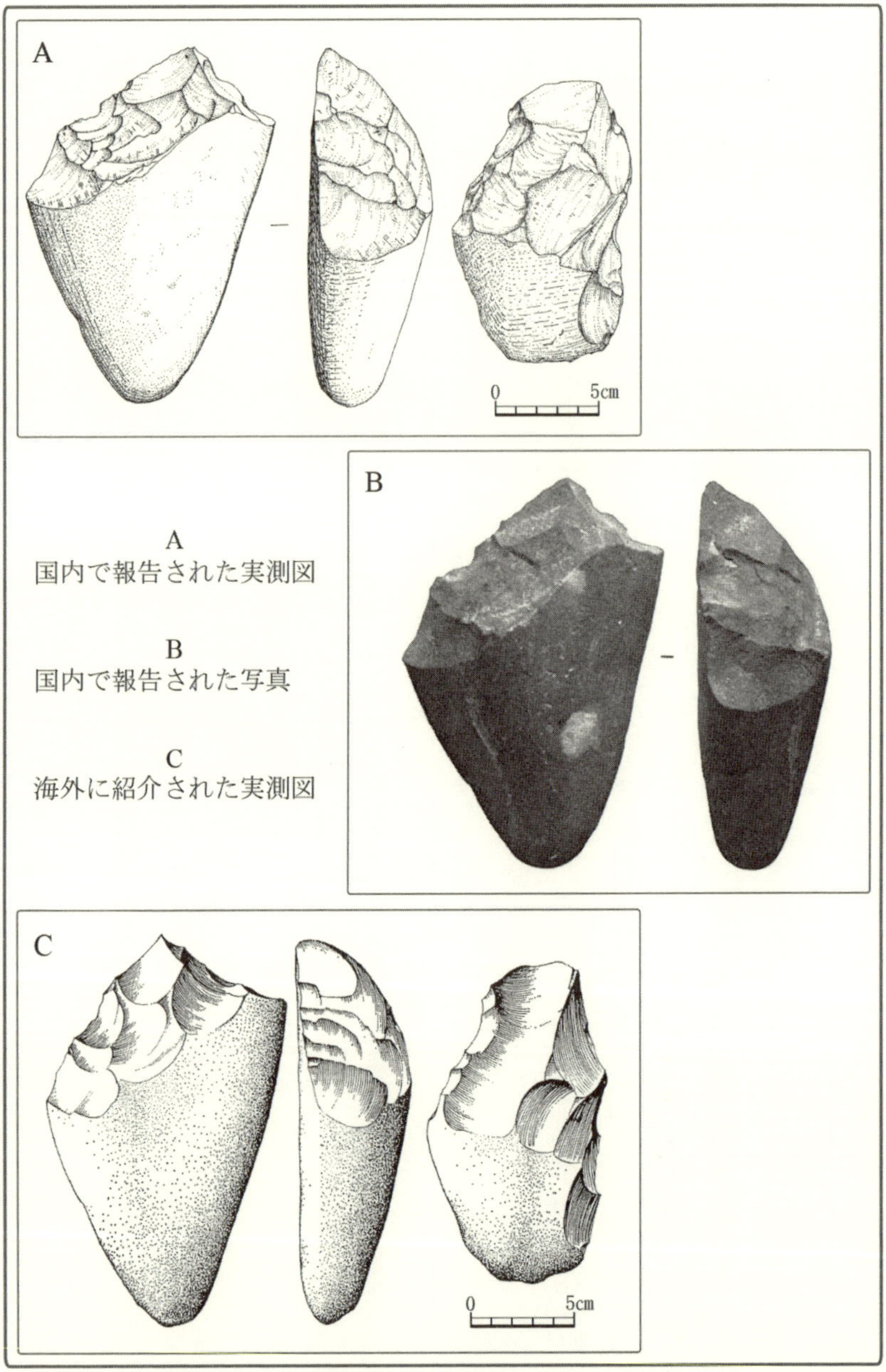
A
0
5cm
B
A
国内で報告された実測図
B
国内で報告された写真
C
海外に紹介された実測図
C
0
5cm

図 11　丹生遺跡の礫器

打器の型式は、層位的な年代の裏付けがあって始めて、残された時代を確定することができる。

研究発表者の一人である角田文衞も、その後自から、こう述べている（角田　一九七一）。「礫器と言う素朴なる石器は製作の技法や形態に若干の相違はあっても、旧石器時代から新石器時代を通じて製作・使用されたものであり、その存在を特定の時期に定位せしめることは出来ない。これは特に遠古における文化の周辺地域において顕著に見られる事象である」と。実際、すでに学界では、縄文時代の遺跡から出土する礫器の諸例が知られていた。一方、旧大陸の前期旧石器時代を、礫器文化圏と握斧文化圏に別ける研究がある（Movius 1948）。それによると、東南アジアは礫器文化圏下に入る。ところが、日本列島に隣接する朝鮮半島では、後述するように握斧が発達し、その伝統が後期へと引き継がれていく。このように、礫器と握斧に分類される一連の敲打器は繁雑な研究の課題を抱えている。

だが、丹生遺跡の石器群が何にもまして疑念視されたのは、その出土状況にあった。「石器の大部分は、ブルトーザーによって拓かれた畑地や道路面に散乱する礫に混じって」、「少数は崖面露呈した赤土層とその下方の角礫層との境めから」、それぞれ採集・採取されていたのである（角田　一九六二）。そこで、以後、丹生石器群の文化層を突き止めるための調査が四次にわたっておこなわれた。それらを踏まえて、一九九二年に正式な最終報告書も刊行されている（古代學協會　一九九二）。しかし、丹生遺跡の石器群が包含されていた地層は、依然として不明のままだ。いうまでもなく、礫器の有無だけでは時代の新旧を判断できず、礫器の古さを確定するためには、型式の検討とともに、地層の裏付けが必要となる。丹生遺跡は、その地層の裏付けを欠いていた。かくて、日本最古の石器群を探り見極める研究は、金木の〝石器とよく似た自然石がある〟につづき、〝層位は型式に優先する〟という二つ目の教訓を丹生遺跡で学んだのである。

第二節　仮説と論争

（一）　三つの学説

杉原の一九五三年編年と芹沢の一九五四年編年の発表を契機として、日本人類文化の起源を探る機運が、一気に高まり始動した。それは、まず、世界旧石器標準時間帯の中期や前期に遡る古さの旧石器時代が、日本列島に存在したか否かを見極める方向で進んだ。だが、金木で〝石器とよく似た自然石がある〟、丹生遺跡で〝層位は型式に優先する〟、という二つの教訓を学びはしたが、なかなか決定的な証拠を見い出せない状況がつづく。そこで、つぎに、立川ローム期に残された、縄文時代よりも古い石器時代を、日本人類史の中にどう位置付けるべきかを論議しようとする動きがでてくる。しかし、その位置付けも一つにはまとまらず、互いに異なる三つの見解に分かれた（表2）。

杉原と芹沢それに山内清男（一九〇二〜一九七〇）が提唱した学説の違いで、それぞれが縄文時代に先行する石器時代の呼び名の差となって表面化してくる。杉原は、立川ローム期の旧石器時代に「先土器時代」の名を与えた。後続する縄文時代が縄文式土器で弥生時代が弥生式土器と、土器の型式の違いで時代を表示する日本考古学の習慣にならったという（杉原　一九六五）。当初の「先土器時代」には、旧石器時代と中石器時代を合わせた時代の代用語としての意味が込められていた。だが、やがて世界旧石器標準時間帯の後期旧石器時代に相当する古さとその始まりが定められていく（杉原　一九七四）。

杉原は、まず三分法にしたがい、最後の大きな氷期後半の新人の時代の上部旧石器時代（安蒜注、以下同　後期旧石器時代）、それを遡る最後の大きな氷期前半が旧人の時代の中部旧石器時代（中期旧石器時代）、さらに古い最後の大きな間氷期とその前の大きな氷期が原人の時代の下部旧石器時代（前期旧石器時代）と規定する。そう規定したうえ

表２　石器時代の区分と三つの学説

<table>
<tr><th colspan="2">石器時代区分の歩み</th></tr>
<tr><td>1836年</td><td>石器時代・青銅器時代・鉄器時代の区分：C.J.Thomsen（①）</td></tr>
<tr><td>1865年</td><td>旧石器時代・新石器時代（Palaeolithic/Neolithic）の区分：J.Lubbock（②）</td></tr>
<tr><td>1909年</td><td>中石器時代（Mesolithic）の設定：J.de Morgan（③）</td></tr>
<tr><td>1962年</td><td>芹沢長介「前期旧石器時代」説：中期旧石器時代以前の存在の主張（④）</td></tr>
<tr><td>1964年</td><td>山内清男「新石器時代無土器文化」説：後期旧石器時代を新石器時代とする（⑤）</td></tr>
<tr><td>1965年</td><td>杉原荘介「先土器時代」説：前期・中期旧石器時代の存在を否定（⑥）</td></tr>
</table>

石器時代の区分対照表

<table>
<tr><td>Thomsenの区分 ①</td><td colspan="6">石器時代</td></tr>
<tr><td>Lubbockの区分 ②</td><td colspan="4">旧石器時代</td><td colspan="2">新石器時代</td></tr>
<tr><td>Morganの区分 ③</td><td colspan="3">旧石器時代</td><td colspan="2">中石器時代</td><td>新石器時代</td></tr>
<tr><td rowspan="2">旧石器時代の3分法</td><td colspan="3">旧石器時代</td><td colspan="2" rowspan="2">中石器時代</td><td rowspan="2">新石器時代</td></tr>
<tr><td>前期旧石器時代</td><td>中期旧石器時代</td><td>後期旧石器時代</td></tr>
<tr><td rowspan="2">旧石器時代の2分法</td><td colspan="3">旧石器時代</td><td colspan="2" rowspan="2">中石器時代</td><td rowspan="2">新石器時代</td></tr>
<tr><td>前期旧石器時代</td><td colspan="2">後期旧石器時代</td></tr>
<tr><td rowspan="2">芹沢長介の学説 ④</td><td colspan="3">旧石器時代</td><td colspan="2">中石器時代</td><td>新石器時代</td></tr>
<tr><td colspan="2">前期旧石器時代</td><td>後期旧石器時代</td><td colspan="2">晩期旧石器時代</td><td>縄文時代</td></tr>
<tr><td rowspan="2">山内清男の学説 ⑤</td><td colspan="2" rowspan="2">旧石器時代</td><td colspan="4">新石器時代</td></tr>
<tr><td>無土器文化</td><td colspan="3">縄文式文化</td></tr>
<tr><td>杉原荘介の学説 ⑥</td><td colspan="2"></td><td>先土器時代</td><td colspan="2">原土器時代</td><td>縄文時代</td></tr>
<tr><td>関東ロームの区分</td><td>多摩</td><td>武蔵野・下末吉</td><td>立川</td><td colspan="3">表土（腐食土層）</td></tr>
</table>

で、杉原は、日本列島に原人や旧人がいた証拠はないとし、「日本最初の住民は、現在より約三万年前から約二万年前の間に大陸から渡来し、そして生活を開始した」との持論を導いたのである（杉原 一九七四）。杉原にとって、日本人類史は後期旧石器時代から始まる。そして、杉原は、日本列島の旧石器時代に先土器時代の名を与えた（杉原 一九六二）。この杉原の主張を、「先土器時代」説とする。

これに対して、芹沢は、一九五四年編年で無土器文化とした時代を旧石器時代と呼称し（芹沢 一九六二）、やがて、「前期旧石器時代」と「後期旧石器時代」とに分ける（芹沢 一九六九）。この芹沢の用いる「前期旧石器時代」は、一見すると、旧石器時代の二分法に準じているかのようだ。しかし、そうではない。二分法では、最後の大きな氷期に相当する後期旧石器時代と、それよりも前の大きな間氷期以前の前期旧石器時代を区分する。そして、その後期旧石器時代を前半の中期旧石器時代と後半の後期旧石器時代に分けるのが、三分法である。したがって、二分法でも三分法でも、前期旧石器時代の古さと期間は、どちらも同じでかわりはない。

だが、芹沢の後期旧石器時代は三分法のそれであり、三分法の中期旧石器時代と前期を合わせて「前期旧石器時代」とするのである。つまり、前期旧石器時代の終わりを中期旧石器時代の終わりまで新しくする、芹沢独特の「前期旧石器時代」説が提唱された点を注意しなければならない。その意味で、芹沢のいう「前期旧石器時代」には、常に鉤括弧が必要となる。関東ローム層の関係でみると、立川ローム期を後期旧石器時代とし、武蔵野ローム期以前を「前期旧石器時代」に当てている。しかも芹沢は、その「前期旧石器時代」を礫層中に残されている「珪岩製旧石器」の時代と定義付けたのである。「珪岩製旧石器」とはバルブやリングが生じる見殻状剝離ではなく、「打撃点から髭状のフィッシャーが流出」する「板状の剝離」で仕上げられた、珪岩を原料とする一群の石器をいう（芹沢 一九六八）。

一方、山内は、芹沢一九五四編年の無土器文化を、旧石器時代ではなくその後の新石器時代の前半に置き、新石器時代の後半には縄文式文化を当てた（山内　一九六四）。そのうえで、新石器時代無土器文化の始まりに、いまから約五、〇〇〇年前という年代を与えた。^{14}C年代を否定した年代観のいわゆる短編年で、^{14}C年代によるいわば長編年の杉原・芹沢両者の立場とは相容れない鋭い対立点である。また、立川ローム相当層を新石器時代の地層とした根拠の一つに、立川ローム期における局部磨製石斧の出現がある。山内は、新石器時代を旧石器時代に後続する磨製石器の時代と定義付けた、ラボックの時代区分にしたがったのである。そうした山内の学説を、「新石器時代無土器文化」説とする。

ここに、杉原の「先土器時代」説と芹沢の「前期旧石器時代」説、それに山内の「新石器時代無土器文化」説という、時代の呼称法が違う三つの学説が並び立つ状況が生まれた。この日本旧石器時代にかかわる時代観の違いは、元をただすと、フランスの先史学者二人にたどりつく。それは、岩宿遺跡の古さに関する見解の相違であった。片やブリュイが杉原宛の書簡で岩宿遺跡の年代を新石器時代どまりと断じ（Breuil 1957）、片やボルドが書評で中期旧石器時代まで古くなる可能性を示唆したのである（Bordes 1958）。どちらも、岩宿遺跡の発掘調査報告書刊行直後の出来事であった（杉原　一九五六）。だが、ブリュイの書簡が公表されたのは一八年後のことであり（安蒜　一九七五）、研究史に記録されてはいない。同年に杉原から翻訳を依頼された著者は、書簡の内容に驚きと興奮を禁じえなかった（日本旧石器学会　二〇一〇）。

（二）　前・中期旧石器時代存否論争の展開

こうして、杉原「先土器時代」・芹沢「前期旧石器時代」・山内「新石器時代無土器文化」という、三つの時代の枠組みが生み出された。互いに対立する三つの学説は、その後どう推移したか。一九六七年、杉原が、「日本においては下部旧石器時代・中部旧石器時代の文化は存在しなかったであろう」という仮説を衝撃的なかたちで提唱する（杉原一九六七)。下部旧石器時代（前期旧石器時代）と中部旧石器時代（中期旧石器時代）を合わせれば、芹沢の「前期旧石器時代」となる。

これを遡る一九六六年、『月刊考古学ジャーナル』誌上で、芹沢による『〈連載講座〉日本の旧石器』が始まった。一九六八年まで一〇回にわたったこの連載講座の時点では、まだ、「前期」と「後期」の区分がなく、「旧石器時代」は下部ローム（下末吉ローム）期・中部ローム（武蔵野ローム）期・上部ローム（立川ローム）期の三期に分けられている。第三回までに下部ローム期の栃木県星野・大分県早水台遺跡と中部ローム期の群馬県不二山・同権現山遺跡など、のちに「前期旧石器時代」に区分される事例が解説され、第四回以降は「後期旧石器時代」の上部ローム期の石器へと連載が進んでいた。そして、第五回目が掲載された一九六七年五月号の冒頭に、杉原の『"SUGIHARA'S HYPOTHESIS"を破ってほしい』と題し、芹沢説を否定する論文が突如出現したのである。芹沢説を展開中の雑誌に杉原説が割り込むという、まさに刺激的な出来事であった。

杉原は、こう主張した。「わが日本には、下部旧石器時代さらに中部旧石器時代に関する遺物について、その存在を明確に立証できる資料はほとんどない」。さらに、「日本に下部旧石器時代あるいは中部旧石器時代の文化のあったことを主張するものがいたならば、それらの石器を製作し、そして使用した主人のことを充分に考えてほしい」とつづけた。解説すると、この杉原論文は、第一に、下部ローム期の礫層中から出土するバルブもリングもない「珪岩製旧石器」は人工品ではなく、また中部ローム期の石器ははっきりとした地層からの出土ではないことを指摘したのである。これは、偽石器が出土した金木砂礫層とまぼろしの地層に終わった丹生遺跡とになぞらえた、石器と地層の不確実さに対する警鐘だった。第二は、日本列島に原人や旧人がいたとしたら、その出現に至った背景を説明すべきで、単に古い石器があるかないかだけを取りざたする研究の在り方への批判であった。

この杉原の論文に対して、芹沢が直ちに反論にでたことはいうまでもない。翌六月号で、急遽『〈連載講座〉日本の旧石器』を中断、『特論 前期旧石器の諸問題』という論文を掲載し、杉原仮説に反撃を加えた（芹沢 一九六七）。まず、早水台・星野両遺跡の石器が人工品ではないとする批判を、「ある研究者にとって石器の認定ができないということと、その石器が人口品か否かということとは、おのずから別問題である」と激しい言葉で一蹴した。表現をかえれば、「それが確かな石器かただの自然石かという事実と、石器を石器とし自然石を自然石とする眼力の有無とは関係のない話で、杉原は石器と自然石を区別する能力に欠ける」といったも同然であった。

加えて、この石器を作り使った人類について、「それが旧人であったか新人であったかというような憶測はしばらくひかえて、つぎには石器に随伴する化石人骨を探索するのが順序である」と述べ、「私たちはまず旧石器の編年を確立させ、大陸との対比を正しくおこなった上で、はじめて旧石器をともなう化石人骨の摘出に目を向け、またそれに努力すべきであろう」と結んだ。これが二回にわたり誌上で繰り広げられた最初の、第一次「前期旧石器時代」存否論争である。

そうした経緯をたどった誌上での激しい主張のやりとりは、四年後の一九七一年に頂点に達する。『第四紀研究』誌上で考古学と地質学の双方の立場から、石器の認否と出土層位の適否についての諸問題が討議された（日本第四紀学会 一九七一）。芹沢は、この第二次「前期旧石器時代」存否論争で事の終結を次のように見通している。「日本の前期旧石器を否定しようとする考えの根底には、ふたつの問題があるのではないかと思われる。そのひとつは地質学にかかわる石器出土層準の問題であり、他のひとつは考古学にかかわる石器認定の問題である。このふたつの問題が解決されるならおのずから反対の論は影をひそめることになるはずである」と（芹沢 一九七一）。

この確信に満ちた芹沢の発言以後、約一〇年間、確かに「前期旧石器時代」を公然と否定する意見は影をひそめ、論争は鎮静化の様相をみせる。とはいえ、「前期旧石器時代」特有のバルブもリングもない「珪岩製旧石器」を人工品とみなす困難さと、それらの石器が自然礫に混じった地層から出土する点を問題とした、考古学者と地質学者の疑念が晴れたわけ訳ではなかった。

第三節　論争の中断と再開

（一）　捏造事件の発覚

論争の鎮静化は、したがって、決して「前期旧石器時代」の存否に決着がついたのではなく、その成り行きがかたずをのんで見守られていたというにすぎなかった。一方、この論争の鎮静化には、一つの背景があった。ちょうどこの一九七〇年代、関東を中心に遺跡の大発掘時代が到来して、論争の鎮静化を促してもいたのである。大発掘は文字どおり遺跡の全域を掘り起こし、遺跡の中でブロック状にまとまる石器の出土状態の全容がはっきりととらえられるようになった。それらのブロックを手掛かりに、イエやムラそれに集団の大きさなど、旧石器時代人の生活と社会を復原しようとする遺跡の構造研究が進展しだす。

併せて、大発掘は重層遺跡の発見につながり、層位的な出土例に裏付けられて、石器の編年研究が一挙に体系を整えていく。と同時に、大発掘は立川ローム層をより下へ下へと深く掘り進んで、ついに武蔵野ローム層の直上にまでおよぼうとしていた。つまり、武蔵野ローム期の「前期旧石器時代」の下限である約三万年前以前に、あと一掘りとせまった。果して、武蔵野ローム層中に「珪岩製旧石器」はあるのか。立川ローム層中に残されているイエやムラと同じ居住の様式は、武蔵野ローム層にまで遡るのか。誰もが、関東の武蔵野ローム層に注目せざるをえなかったわけである。それが、論争を鎮静化させたのだ。一九七〇年代の後半、この時点において、「前期旧石器時代」存否論争に決着がつくのは、もはや時間の問題となっていたのである。

武蔵野ローム層中に、「前期旧石器時代」はあるか。その存否問題に、いちはやく解答をもたらせたのは、しかし、大発掘時代のもと重層遺跡の検出が進んだ関東の諸台地や丘陵ではなかった。意外にも、宮城県座散乱木の発掘が、これに答える。東北大学で芹沢に教えを受けた若い研究者や熱心に石器を学ぶ地元の人達が集う、石器文化談話会の手によっておこなわれた調査の成果が、「前期旧石器時代」存否論争に新たな局面を開くこととなった。座散乱木では、一九六七年から六年ごし三回にわたり、「前期旧石器時代」の石器を求めて、表土の下の地層が15層まで掘り下げられた。その結果、立川ローム期の8・9層と、武蔵野ローム期で確実に三万年前以前に遡る12・13層および15層から石器が出土した。12・13および15の両地層はいずれも火山灰層で、しかも各地層の石器ははっきりとしたブロック状のまとまりをみせた（図12）。

それまでの「前期旧石器時代」の石器が礫層や自然の礫に混じって出土する点に大きな疑問を抱いていた研究者も、今度ばかりは不審をとなえる余地が見当たらない。地層と石器の出土状態に問題がないとなれば、残るのは石器の性格ということになる。12・13層と15層からは、何とまったく未知の石器が姿を現わした。その12・13層と15層の石器は、頁岩や安山岩から作り出されていて一見して三万年前よりも新しいそれとみまちがうような、一連の小形石器であった。「珪岩製旧石器」とは違って、この石器をみて人工品かどうかを疑う研究者は一人としていなかった。誰もが人工品と認める石器が、確かに、立川ローム期よりも古い地層の中にあったのである。

日本人類文化の起源が三万年前以前に遡る確実な証拠を手にして、一九八三年、石器文化談話会は調査終了報告書

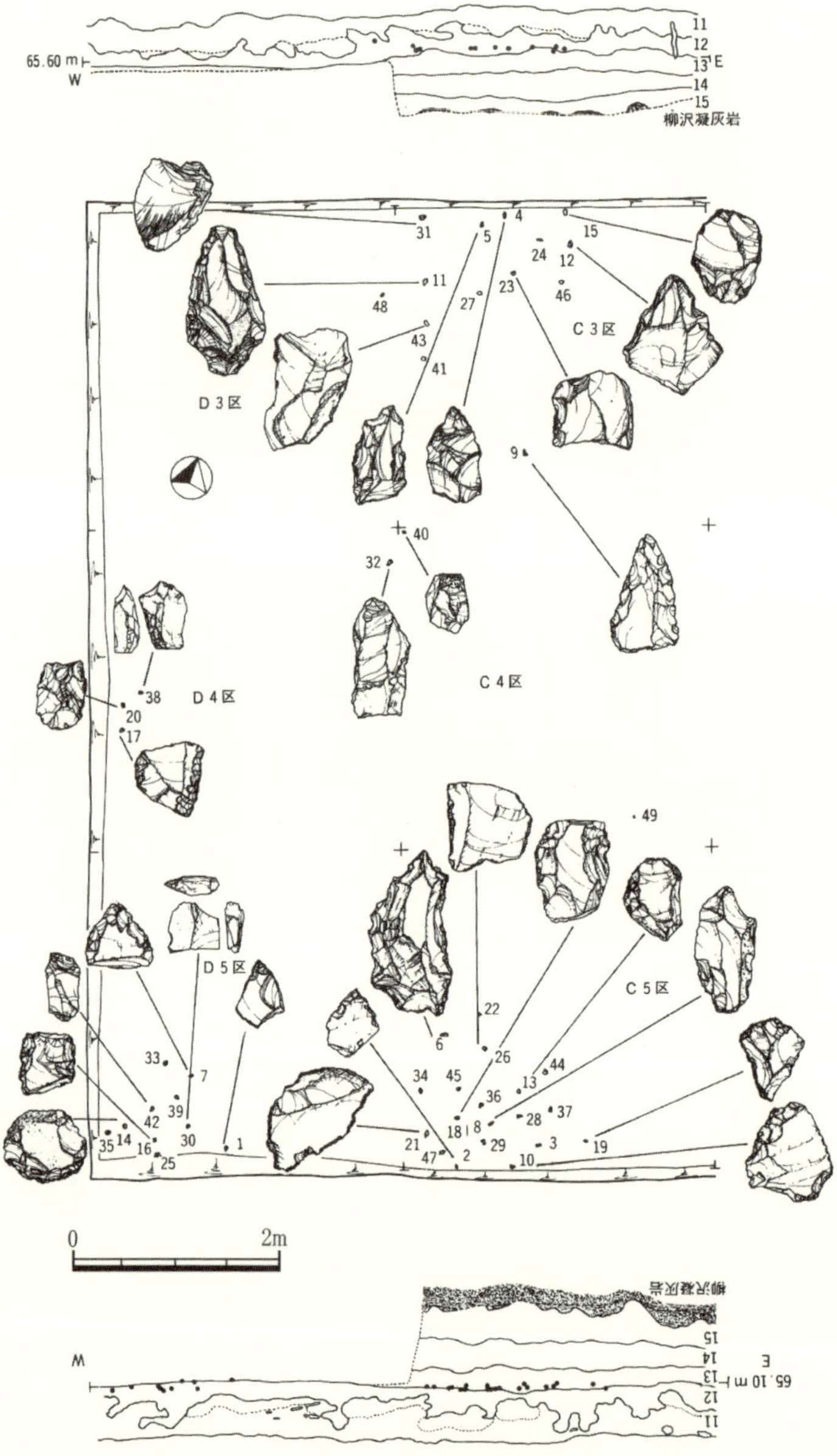

図 12　座散乱木の石器

の結びで、「ほぼ日本の考古学が始まった時から、学界の課題となり、芹沢長介をはじめとした多くの研究者によって精力的に推進されてきた前期旧石器存否論争は、ここに結着したといえる」と力強く宣言する（石器文化談話会一九八三）。この後、石器文化談話会は、その名を東北旧石器文化研究所と改めながら、つぎつぎと「前期旧石器時代」の遺跡を発掘し、古さも五〇万年前以前へと遡っていった。「前期旧石器時代」はまぎれもなく実在した。こうして、杉原仮説はそのながい役割を果し終え、「前期旧石器時代」存否論争に終止符が打たれたかにみえた。

だが、石器文化談話会と東北旧石器文化研究所が発掘し関与した遺跡からは、バルブもリングもできない板状剥離で作り出された「珪岩製旧石器」はただの一点も見つからなかった。そうなると、実質上、日本列島には貝殻状剥離の座散乱木系と板状剥離の星野系という、互いに異なる石器製作技術をもった、二つの系列の前・中期旧石器時代が存在したと考えざるをえなくなる。しかし、この問題が不問に付されたままの二〇〇〇年、石器文化談話会と東北旧石器文化研究所がかかわった前・中期旧石器時代の遺跡一六六カ所全てが捏造されていた事実が発覚する。一九七五年以前に始まったとされる、縄文時代の石器を武蔵野ローム期以前の古い地層に埋め込む捏造工作は、遺跡確認時の地層の断面から発掘区に分布するブロックへと手口を巧妙化していった。と同時に、捏造場所も、宮城県下から東日本へと広域化し、少くとも二五年間つづいた（日本考古学協会二〇〇三）。「層位は型式に優先する」鉄則を逆手にとった手口の一連の捏造によって、日本の旧石器研究は型式学の不在を自戒させられることとなった（安蒜二〇〇〇）。

ここに、〝石器とよく似た自然石がある〟、〝層位は型式に優先する〟につぎ、〝型式こそ石器研究の原点〟という、三つ目の教訓を学んだのである。そして、芹沢「前期旧石器時代」説と杉原「先土器時代」説が残り、「前期旧石器時代」存否論争は、振り出しに戻った。いまこそ、改めて、日本列島に前・中期旧石器時代が存在したか否かを論じる時を迎えているのである。それには、芹沢・杉原両説の検証が必要だ。両説の組み立てを検討して、問題点を整理しておこう（図13）。

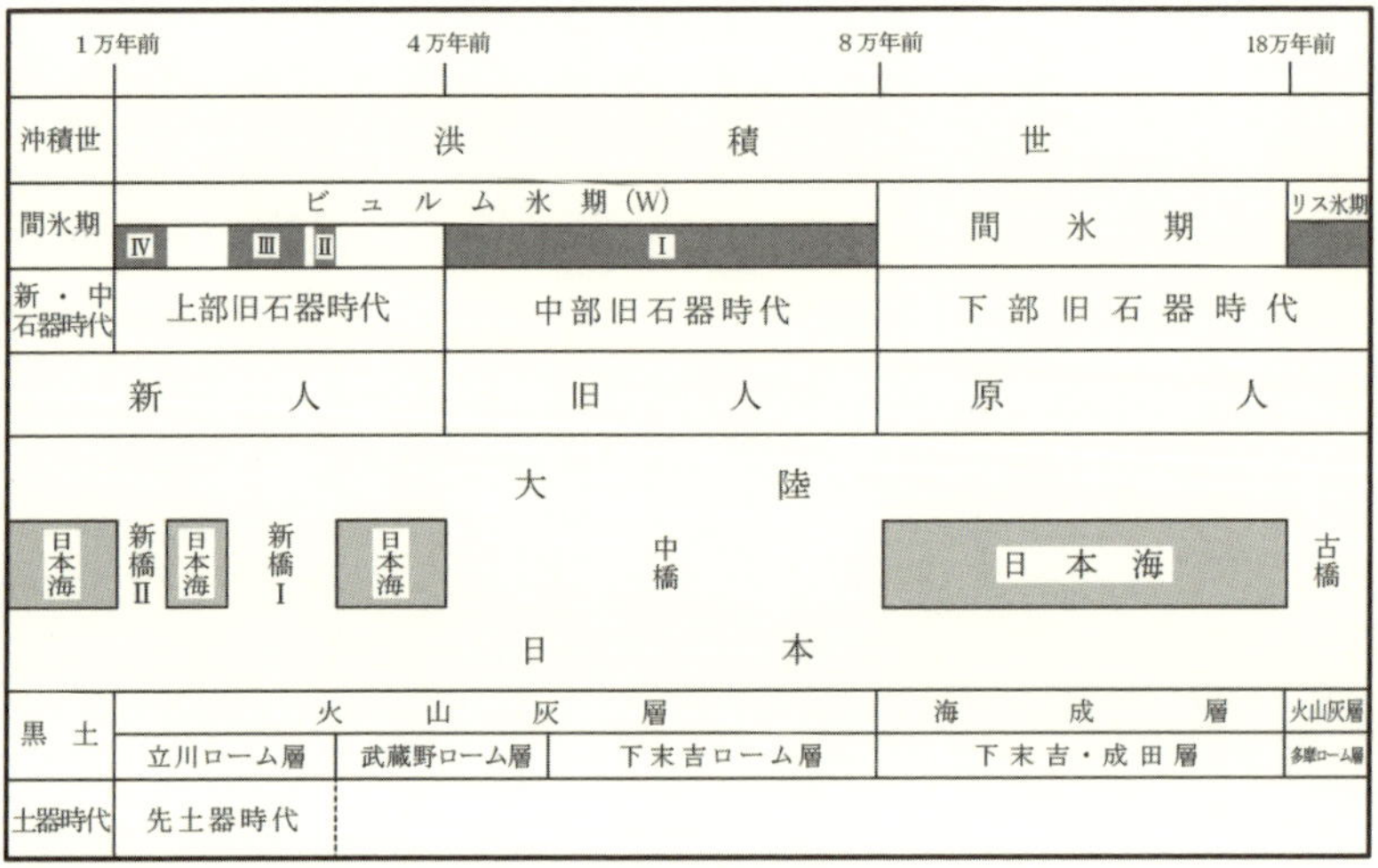

a　杉原説の陸橋

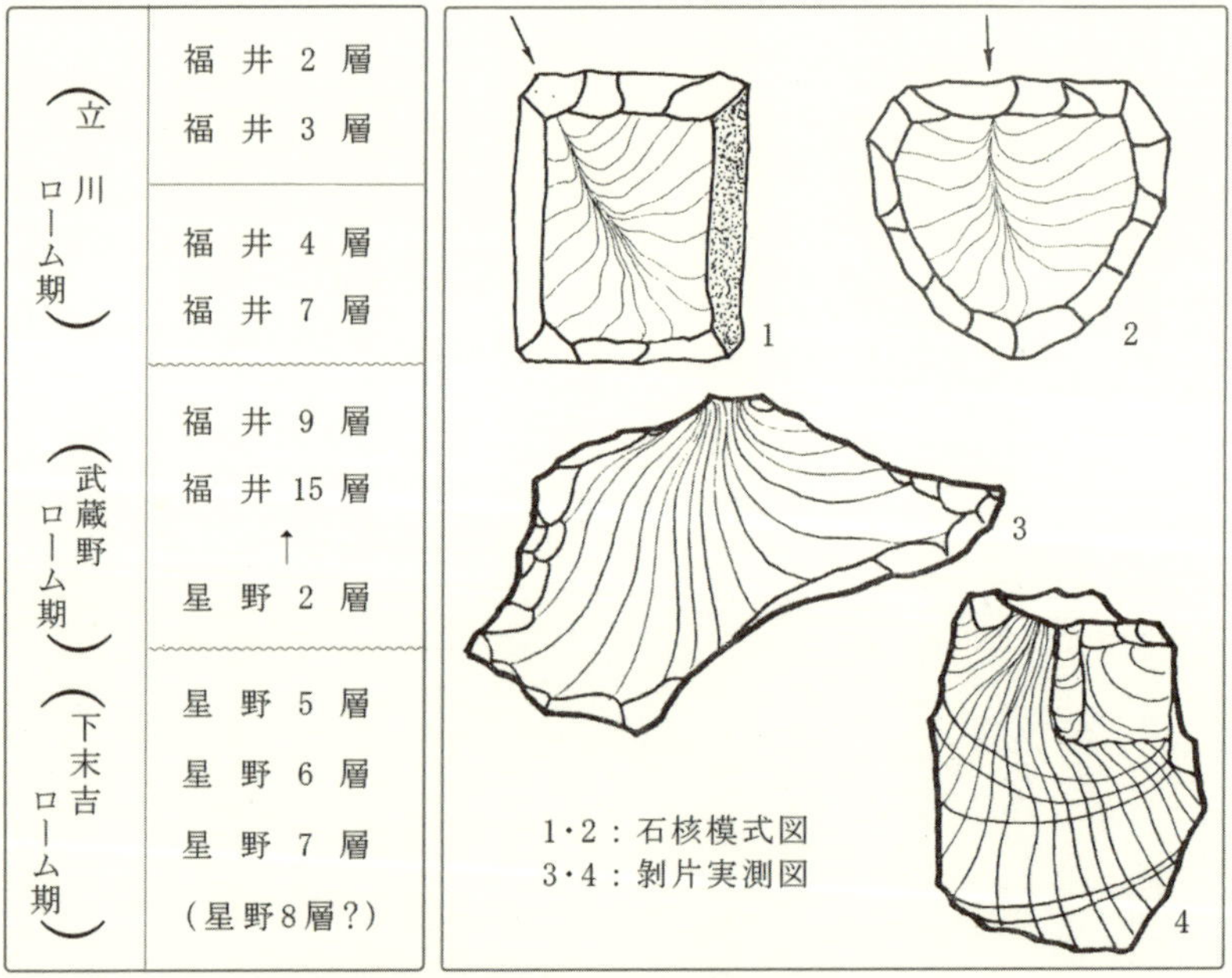

b　芹沢説の系統図(左)と珪岩製旧石器(右)

図13　杉原説と芹沢説の組み立て

(二)　芹沢説と杉原説の組み立て

「一九六四年いらい、私たちは日本における前期旧石器時代の研究を続けてきている」と回顧する芹沢の研究は(芹沢 一九七一)、長崎県福井洞穴(鎌木・芹沢 一九六五)と大分県早水台遺跡(芹沢 一九六五)が出発点となった。芹沢は、層位は型式に優先するとの鉄則を掲げ、石器の層位的な出土例と^{14}C年代を駆使して、日本旧石器時代の編年を組み立てた(芹沢 一九六七)。芹沢は、まず、福井洞穴には立川ローム期から武蔵野ローム期にかかる六文化層が、また栃木県星野遺跡(芹沢 一九六六)には武蔵野ローム期から下末吉ローム期にわたる五文化層が、それぞれ残されているとみる。ついで、この両重層遺跡を柱として、「星野の層序のうえに福井の層序をつぎ足して」、「日本旧石器時代の縦の系統図」を作りあげたのである。こうして、日本旧石器時代の編年に、福井7層と同9層の間で移行する、後期旧石器時代よりも古く遡る「前期旧石器時代」が位置付けされることとなった。

その星野遺跡に代表される「前期旧石器時代」の石器群は、後期旧石器時代の石器群とは全くの別物だった。第一に石を打ち割り打ち欠いても、バルブとリングができない。どの石器も、バルブやリングが生じる貝殻状剝離ではなく、「打撃点から髭状のフィッシャーが流出」する「板状の剝離」で仕上げられていた(芹沢 一九六八)。第二に、石器の石材が、ほぼ珪岩一種類に限定されていること。「前期旧石器時代」の石器が「珪岩製旧石器」と呼ばれる所以である。第三に、「珪岩製旧石器」が出土層位中で自然礫と混在する点。ブロック・礫群・炭化物集中など後期旧石器時代の遺跡を構成する諸遺構がなく、「珪岩製旧石器」がブロックを形作ることもなかった。「前期旧石器時代」の遺跡と遺物を目にした研究者の多くは、金木砂礫層中の偽石器を脳裏に浮かべたに違いない。

さて、杉原は、「日本と大陸との間にかけられた陸橋によって、はじめて人間が移住できた」と考える(杉原 一九七四)。

この杉原の信念にも似た持説は、本章の冒頭で引用した一九五四年の論文以後、一貫してかわらない（杉原　一九五四）。その大陸から人類が移住してきた可能性のある陸橋に、古橋・中橋・新橋Ⅰ・同Ⅱと名付けた。そして、「もし古橋を渡ってきたとしたら、〈中略〉北京原人に相似た原人であり、かれらの文化は下部旧石器時代（前期旧石器時代）の段階にとどまっていたであろう。ついで、もし中橋を渡ってきたとしたら、〈中略〉旧人にまで達しており、かれらの文化は中部旧石器時代（中期旧石器時代）のそれに発展してきていたであろう。そして、もし新橋のⅠあるいはⅡを渡ってきたとしたら、〈中略〉新人、すなわち、われわれと同類の人類にまで進化してきており、かれらの文化は上部旧石器時代（後期旧石器時代）のそれに発達してきていたであろう」との予見を述べている。

したがって、理論上、日本列島にも、古橋を渡った原人の時代である前期や中橋を渡った旧人の時代である中期の、それぞれ旧石器時代があってもよいはずだ。にもかかわらず、杉原は日本最古の石器時代を新人の移住に始まる後期旧石器時代と性格付け、これを先土器時代と呼ぶ。その根拠として、前・中期旧石器時代の遺跡の未発見をあげるが、それだけでは不十分だ。陸橋がなければ渡来は不可能とする杉原にとって、陸橋があったのに移住はなかった矛盾を説明する責任が問われてくる。

以上のように、芹沢の「前期旧石器時代」説には、「珪岩製旧石器」を石器だとする、また、杉原の「先土器時代」説には陸橋がなければ渡来はなかったとする、それぞれの前提のもとで組み立てられている。芹沢と杉原の亡きいま、両説の対立は、仮説提唱者間の論争から、全旧石器時代研究者による検証の段階を迎えているようだ。日本列島に前期や中期の旧石器時代はあったのか、それともなかったのか。それを断じる糸口を求めながら、日本旧石器時代の起源と系譜を探る道程を一歩踏み出すこととする。そして、世界に拡散した人類が日本列島に至った経緯を考える時、経由地の一つとして朝鮮半島が浮上してくる。そこで、まずは、朝鮮半島の旧石器時代に目を転じる。

第Ⅲ章　朝鮮半島の旧石器時代

第一節　朝鮮半島の遺跡

（一）　石壮里遺跡と岩宿遺跡

朝鮮半島の旧石器時代研究は、北部（北朝鮮）の咸鏡北道にある屈浦里遺跡と南部（韓国）の忠清南道にある石壮里遺跡の発見が端緒となって出発した。前者は一九六三年に（도유호 一九六四）、後者は一九六四年に（손보기 一九六八）に、それぞれ最初の発掘が実施されている。別けても、石壮里遺跡は、後期と中期以前の石器群が一三も重なる超重層遺跡で、二〇一〇年までの間に一三回にわたる調査を繰り返し、成果を公開することで、名実ともに朝鮮半島における旧石器時代研究の扉を開いたのである。最初の発掘から五〇年目に当たる二〇一四年には、遺跡の隣りに建つ石壮里博物館で、記念の式典「石壮里世界旧石器祝祭」が盛大に催された（図14）。

式典には、フランスからルムレー（Henry de Lumley）、中国から金昌柱、日本からは著者の三人が招請され、各自が記念講演をおこなった。話を、一二年前の二〇一二年に戻す。石壮里遺跡は、近代的な旧石器時代研究の出発点となったという意味で、日本における岩宿遺跡と共通した学史上の役割を担った。この旧石器時代研究の原点である、公州市の石壮里遺跡とみどり市の岩宿遺跡との間には、石と岩といった文字面以上の類似点が多い。

第一に、発掘に至る経緯と発掘の主体者である。ともに、学界外での発見が学術調査を導いた。それを受けて、石壮里遺跡が延世大学校で岩宿遺跡が明治大学という、私立大学が調査を担当した。第二に、発掘の結果、揃って重層

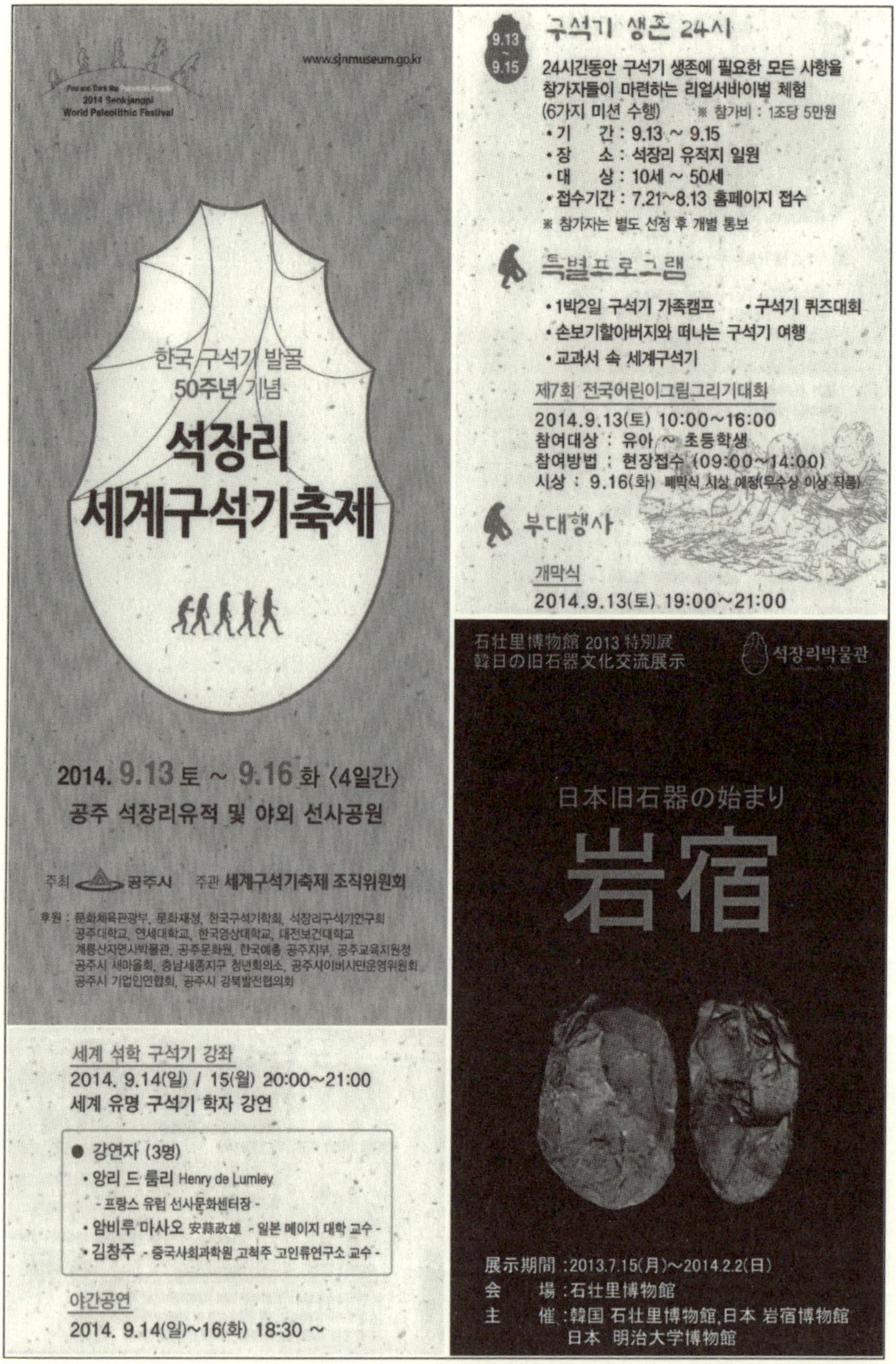

図 14　韓国石壮里遺跡発掘 50 周年記念式典と岩宿展

遺跡である事実が判明し、以後も編年研究の標式遺跡として重要な位置を占めつづけている。第三に、発掘後、両遺跡は国の史跡となり、出土した石器群も重要文化財に指定された。第四に、双方の遺跡が所属する公州市とみどり市は、史跡を整備し独自に博物館を設ける、同じ道程を歩んでもいる。このように、石壮里遺跡と岩宿遺跡は、決して偶然の一致とはいえない数々の共通点に満ち満ちている。そして、二〇一二年には、ついに、両者が一つの方向へと歩みを進めたのである。

この年、公州市立石壮里博物館とみどり市立岩宿博物館が、国際交流協約書を取り交わした。石壮里博物館は二〇〇六年に建ち、岩宿博物館は一九九二年に建てられた。両博物館を仲立ちとして、日本と韓国における旧石器時代の研究および博物館活動を連携できないものか。そうした、石壮里博物館の諮問委員を務める延世大学校の孔秀眞・趙泰燮両博士夫妻と岩宿博物館の小菅将夫館長それに著者の数年来の構想が、ようやく実を結んだのである。翌二〇一三年、協約にもとづく事業の一環として、岩宿遺跡出土の石器群が初めて海外に出展され、石壮里博物館主催の特別展「日本旧石器の始まり〝岩宿〟」の展示ケースに並んだ（石壮里博物館 二〇一三）。それは、石壮里遺跡と岩宿遺跡が一体化した、正に歴史的な出来事となった。もう一歩進んで、石壮里遺跡出土の石器群が岩宿博物館の展示ケースを飾る日も、そう遠いことではないだろう。

（二）　旧石器時代の遺跡と在り方

ところで、朝鮮半島には、一体、旧石器時代の遺跡が何カ所あるのか（図15）。二〇一三年の時点で、一九九遺跡が登録されている（國立文化財研究所 二〇一三）。それらの遺跡の在り方を、日本列島と比較してみよう。まず、遺跡の数だが、一〇、一五〇カ所を数える日本列島と比べ（日本旧石器学会 二〇一〇）、朝鮮半島の少なさに驚かされる。

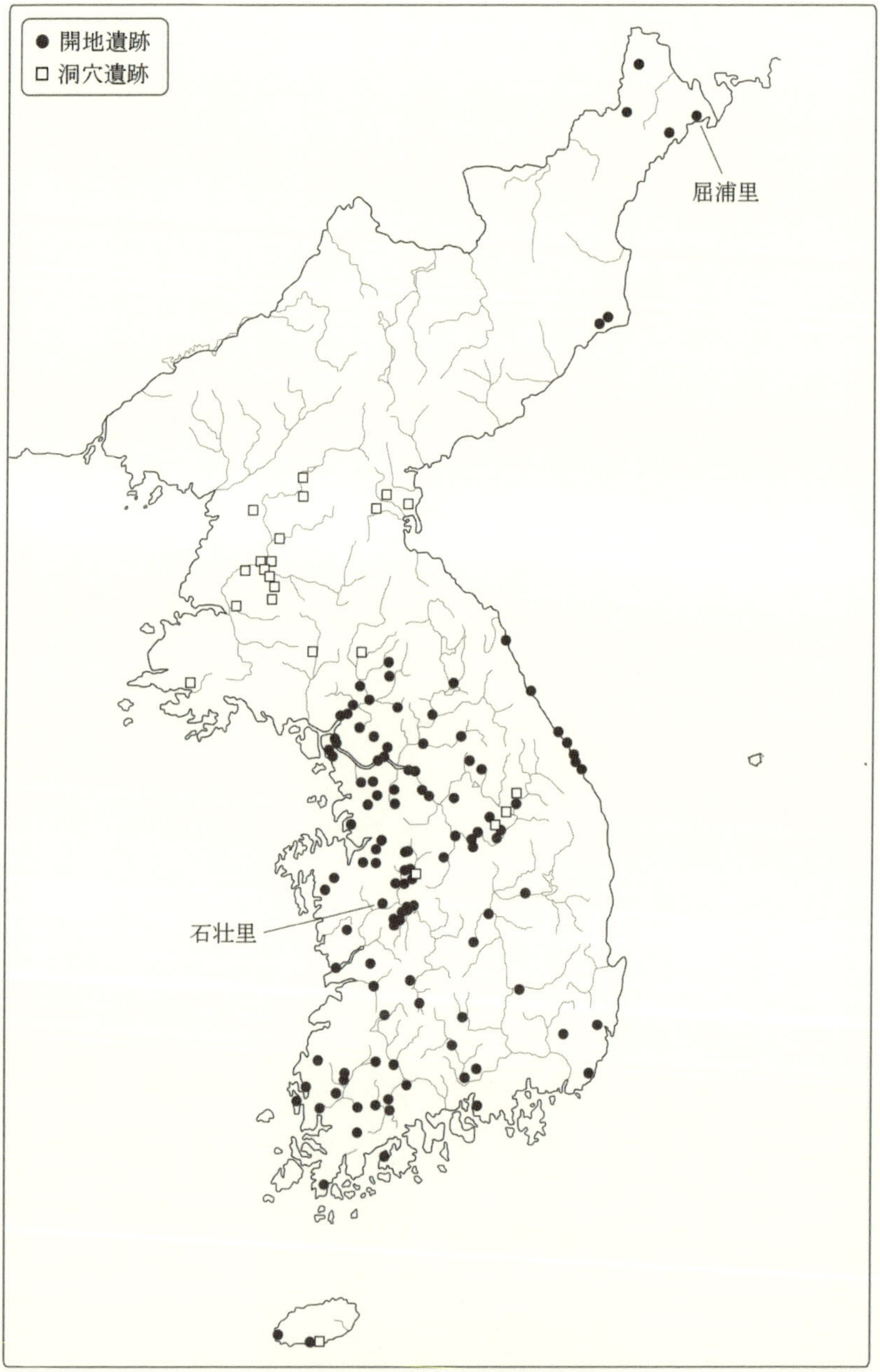

図 15　朝鮮半島の旧石器時代遺跡

隣接する二、〇三四遺跡ある九州の十分の一程度で、四国の二六九遺跡並みだ。未発見なのか未登録なのか、それともともと数が少ないのか。いずれにせよ、朝鮮半島における遺跡数の少なさを注意しておく必要がありそうだ。

つぎに、朝鮮半島の旧石器時代遺跡を、平地で営まれた開地遺跡と洞窟や岩陰を利用する洞穴遺跡に分けて内訳をみる。すると、開地遺跡が一六七カ所で、洞穴遺跡が三一カ所となる。ただし、朝鮮半島の北部と中部それに南部とでは、様相が違う。北部（現北朝鮮）では開地遺跡六カ所で洞穴遺跡二三カ所と洞穴遺跡が多く、逆に中部と南部（現韓国）では開地遺跡一六一カ所で洞穴遺跡九カ所と開地遺跡が圧倒的に多数を占めている。この洞穴遺跡の存在が、朝鮮半島の北部から中部をへて南部に向かい希薄化する傾向は、日本列島に入ると一段と強まる。日本列島の洞穴遺跡は、九州の長崎県に集中して認められるが、いずれも縄文時代の草創期の遺跡で、旧石器時代の洞穴遺跡の例となると無きに等しい。

その日本列島の旧石器時代遺跡は、多くが中小河川の流域や湖沼湿地の周辺に立地し、随所に遺跡群を形成している。それらの遺跡群には、広い範囲で用いられた特定石材の原産地にまとまる、石材原産地遺跡群と、狩場に集まり広域石材を運び込んだり近場の石材を多用する、狩場遺跡群とがある（安蒜 二〇一五）。ところで、水源から河川を下ると、いくつもの派流が支流に合流し、支流もまたつぎつぎと本流に束ねられて河口に至る。ただし、海退期に当たる立川ローム相当期の河口は、現在の海面下のはるか沖合にあり、海底に埋没している場合も多い。

そうした水系の各川筋にまとまり集まる大小の原産地遺跡群と狩場遺跡群は、あたかも房にも似た配置の構図を描きながら、互いに連なるように並んでいる（安蒜 二〇一五）。それは、遺跡群（Site Cluster）の集合体であり、遺跡群集合（Site Suite）と呼ぶにふさわしい（安蒜 二〇一一）。この水系遺跡群集合の房構造は、朝鮮半島にもみられる。日本列島と同じく開地遺跡が主体となる朝鮮半島中部と南部には、主要な五つの水系がある。黄海に河口をもつ漢江・

錦江・栄山江が北から南に並び、朝鮮海峡に河口が開く落東江と蟾津江が東から西に位置する。最大の水系である漢江は、下流で臨津江と漢灘江に中流で北漢江に合流し、上流の南漢江に至る。また、落東江は南江と蟾津江は宝城江と合流する。

そして、朝鮮半島中部と南部の旧石器時代遺跡は、中部の京畿道から江原道へ広がる臨津江および漢江の流域周辺地区と忠清南道・忠清北道・慶尚北道にかかる中原地区、それと南部の全羅南道と全羅北道にわたる湖南地区に、分布が集中している。そのうちで、日本列島それも九州に最も近い湖南地区では、栄山江などが形成する、房構造をもついくつかの水系遺跡群集合が展開している（図16）。そこで、各水系遺跡群集合を形作っている諸遺跡の古さを検討すると、世界旧石器標準時間帯に照らして、一帯の三六遺跡の約三割が、後期旧石器時代の石器群と中期旧石器時代以前の石器群が重なる重層遺跡だとわかる（安蒜 二〇一〇）。

いいかえれば、残る七割ほどの遺跡には、後期旧石器時代ないし中期旧石器時代以前の、そのどちらかに限られた石器群が埋もれているわけだ。その数は、中期旧石器時代以前を一とすると、後期旧石器時代がほぼ五となる。この一対五の割合を仮りに中期以前と後期の遺跡比とする。すると、一対五という中期以前と後期の遺跡比から、まず、後期旧石器時代の遺跡が中期旧石器時代以前の立地を受け継ぎ、同じ景観の土地を利用していた様子が浮かぶ。だが、やがて後期旧石器時代の遺跡は、中期旧石器時代以前とは異なる立地に移り、数を増やしながら新たな景観を築き上げていった経緯もうかがえる。つまり、中期以前と後期の遺跡比をとおして、両時代の居住様式の差を読み取ることもできそうだ。

そこで、この中期以前と後期の遺跡比を日本列島に当てはめてみよう。日本列島に分布する一〇、一五〇カ所の全てが後期旧石器時代の遺跡だから、この他に二、〇〇〇カ所余りの中期旧石器時代以前の遺跡があり、さらに、

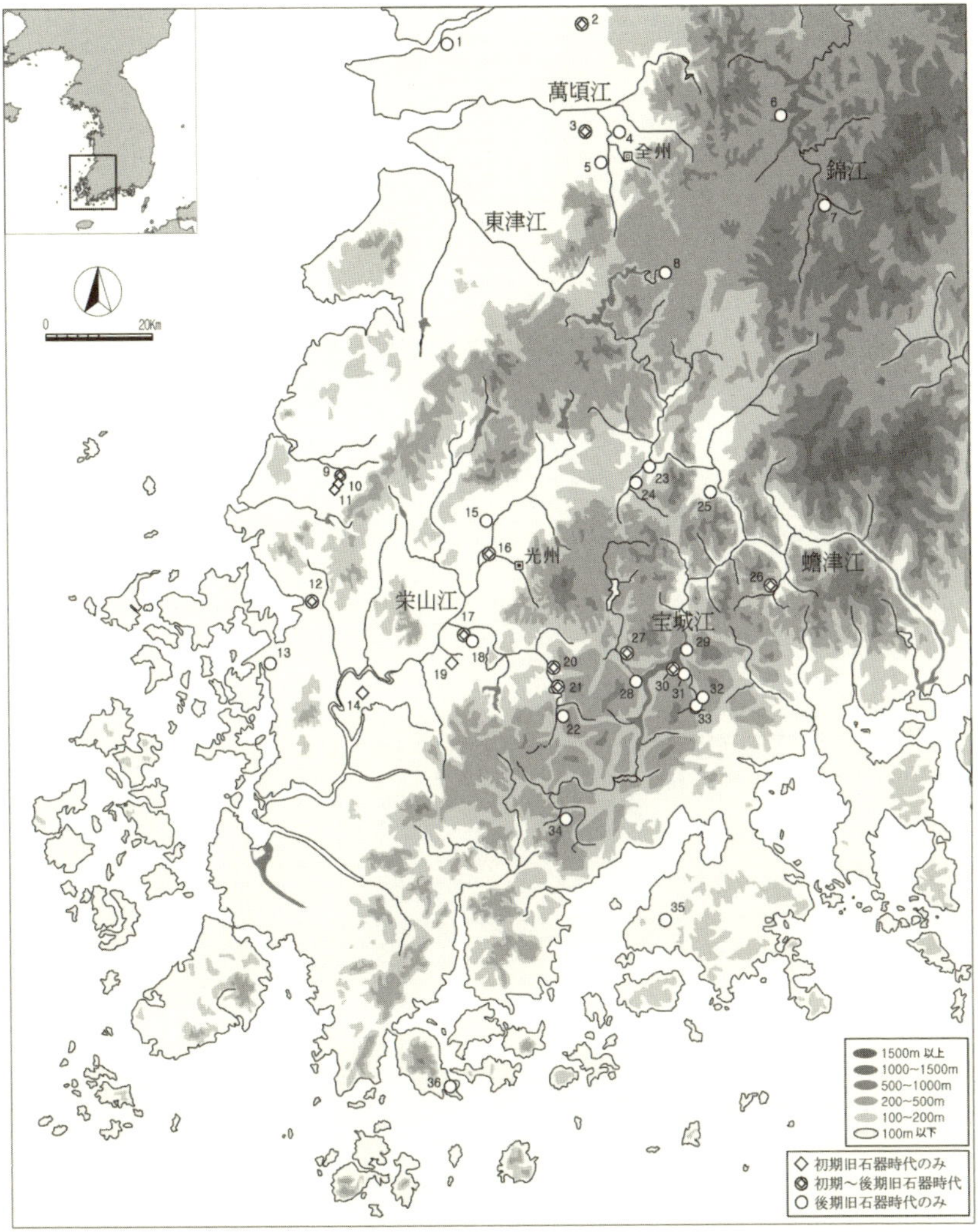

1. 郡山 内興洞遺跡
2. 益山 新幕遺跡
3. 全州 長洞遺跡
4. 全州 沙根里遺跡
5. 全州 鳳谷1遺跡
6. 鎮安 チングヌル遺跡
7. 長水 砧谷里遺跡
8. 任実 下加遺跡
9. 霊光 麻田遺跡
10. 霊光 群洞遺跡
11. 霊光 元堂遺跡
12. 咸平 塔堂山遺跡
13. 務安 皮西里遺跡
14. 羅州 龍湖遺跡
15. 光州 山月洞遺跡
16. 光州 治平洞遺跡
17. 羅州 唐加遺跡
18. 羅州 村谷遺跡
19. 羅州 上仍遺跡
20. 和順 道山遺跡
21. 和順 沙倉遺跡
22. 和順 デウギ遺跡
23. 谷城 松田里遺跡
24. 谷城 舟山里遺跡
25. 谷城 梧枝里遺跡
26. 順天 竹内里遺跡
27. 和順 大田遺跡
28. 宝城 下竹遺跡
29. 順天 金坪遺跡
30. 順天 曲川遺跡
31. 順天 竹山遺跡
32. 順天 ウェロッコル遺跡
33. 順天 月坪遺跡
34. 長興 新北遺跡
35. 高興 寒東遺跡
36. 莞島 達島遺跡

図 16　韓国湖南地区の旧石器時代遺跡

五、〇〇〇カ所以上で中期旧石器時代以前の遺跡と重なっていてもよいことになる。しかし、実際に中期旧石器時代以前の遺跡は一カ所としてない。「珪岩製旧石器」を出土する遺跡があると仮定しても、その遺跡数は少なすぎる。ここに、日本列島には中期以前の旧石器時代が存在しなかったと考える裏付けの一つが得られる。ただし、日本列島に前期と中期の旧石器時代があったかどうかの判断材料として、朝鮮半島の事例を用いる場合には、それが世界旧石器標準時間帯の前期か中期かについてのより詳細な検証が求められてくる。検証しよう。

第二節　四つの示準石器

（一）　敲打器とＰＳＳＢ

朝鮮半島の旧石器時代遺跡からは、礫核石器と剝片石器が出土する。以下、礫核石器から順次概観していく。礫核石器の原料となる河原石は、表面が風化して磨り減り、滑らかな薄皮で包まれている。この原石の表皮を、礫面ないし自然面と呼ぶ。さて、朝鮮半島から発見される敲打器は、礫核石器の代表例だ。敲打器は、普通、原石のどこをどう打ち欠いたかを目安として、礫器と握斧とに分けられる。礫器には、原石の縁辺を一方向から部分的に打ち欠く片刃礫器（Choppers）と同一縁辺を交互に逆方向から打ち欠く両刃礫器（Chopping-tools）がある。片や握斧には、打ち欠きが原石の片側を覆う片面石器（Uniface）と表裏にわたる全面を打ち欠く両面石器（Biface、Hand axes）とがある。

そうした礫器と握斧は、原石の礫面をより多く取り去る方向に進んだ一連の技術で仕上げられたと考えられていて（図3参照）、その片刃礫器から両面石器に移行する全過程がアフリカにみられるという（Bordes 1968）。この見解にしたがえば、人類の石器作りはアフリカの礫器作りから始まり、前期旧石器時代の数十万年間をかけて握斧作りへ進展し、ヨーロッパに伝播したこととなる。一方、前期旧石器時代の世界には、礫器と握斧に分かれる、東西二つの文化圏があったとする主張がある（Movius 1948）。この意見では、ヨーロッパを握斧の文化圏とし、アジアを礫器の文化圏に置く。しかし、礫器と握斧は、すでに述べたように、前期旧石器時代のみならず、中期と後期の旧石器時代はもとより新石器時代の遺跡からも出土し、石器時代の全般をとおして作り使われてきた。そのうえ、礫器文化圏下にあるとされてきた朝鮮半島では、全谷里遺跡（Lumley ほか 2011）をはじめとして盛んに握斧が作られ使われていた事実が相次いで明らかにされている（図17）。

それだけではない。朝鮮半島には、そうした敲打器とは違う、極めて特異な礫核石器がある。ＰＳＳＢと呼ばれる一群の石器だ（図18）。ＰＳＳＢとは、Polyhedrons（多面体石器）、Sub-spheroids（半球状体石器）、Spheroids（球状体石器）、Bolas（石球）の頭文字を組み合わせた略語である。二〇一一年の時点で、ＰＳＳＢが出土する遺跡は三五カ所で、どの遺跡からも多面体石器が発見されており、半球状体・球状体石器は一六カ所から石球は六カ所から、それぞれ発掘されている（Lumley ほか 2011）。多面体石器は八つの角をもつ立方体で石球は球体、加えて多面体石器は打ち欠き痕で覆われ石球は打ち叩き痕で包まれるなど、見た目が全く違う。その反面、半球状体・球状体石器の整形は多面体石器と同じ打ち欠きで、半球状体・球状体石器の仕上げは石球と共通する打ち叩きと、ＰＳＳＢ作りの作業内容は互いに連鎖してくる。しかも、ＰＳＳＢは多面体石器を最古とする、どれもが投擲用の石器であったと推定されてもいるようだ（Brézillon 1969）。朝鮮半島の場合は、果してどうか。

最初に、多面体石器と半球状体・球状体石器それに石球の間に古さの序列が組めるか否かを検討してみる。ＰＳＳＢを出土する三五遺跡中、多面体石器だけが発見されている遺跡は一七カ所あるのに対し、半球状体・球状体石器と

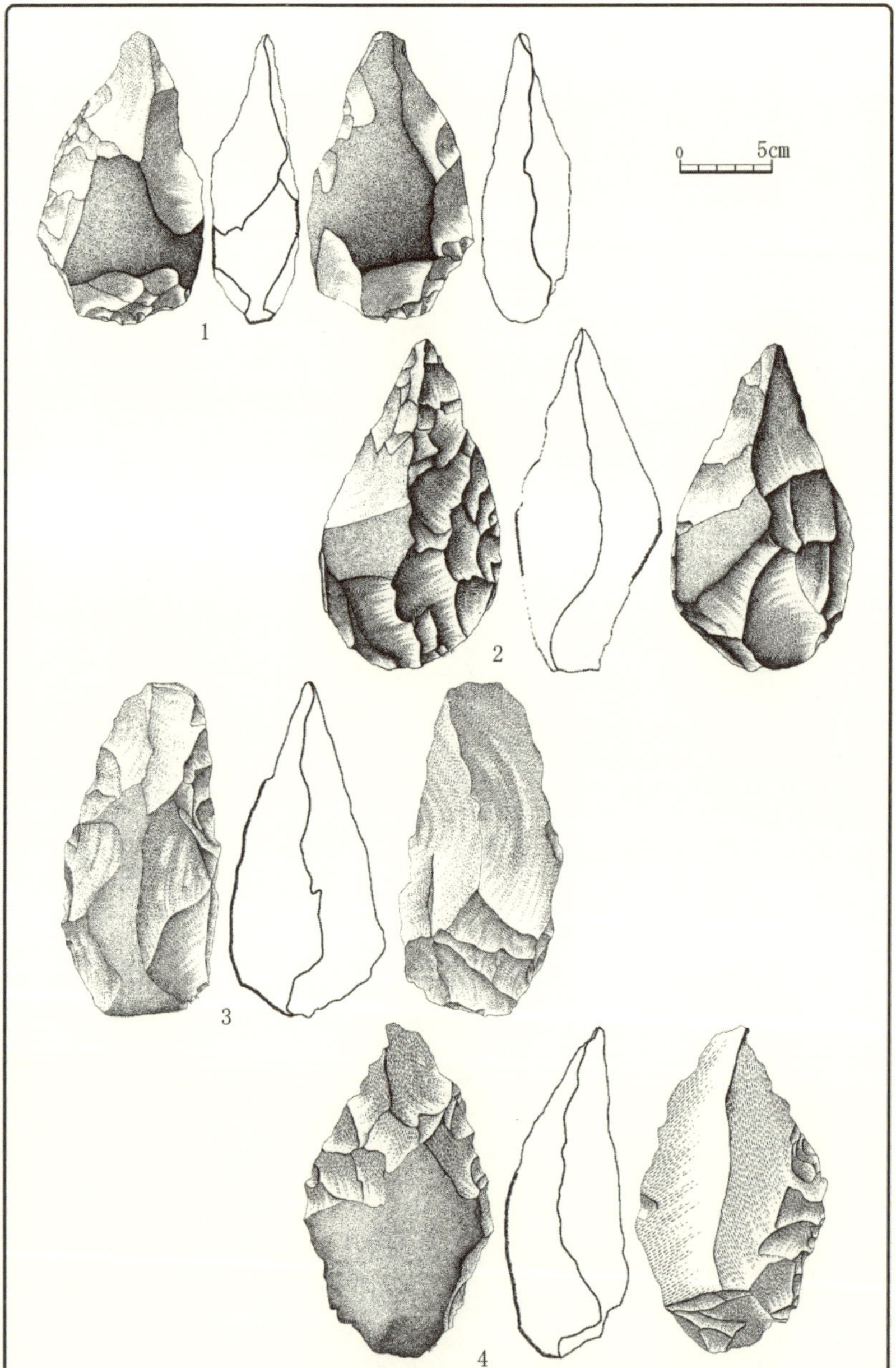

図 17　韓国全谷里遺跡の握斧

図 18　韓国道谷里遺跡のＰＳＳＢ

石球のみが発掘された遺跡はない。また、多面体石器と半球状体・球状体石器が一緒に出土する遺跡が一二カ所ある一方、半球状体・球状体石器と石球が一緒に出土する遺跡はない。なお、多面体石器、半球状体・球状体石器、石球が揃って発見された遺跡が四カ所あり、多面体石器と石球が一緒に出土する遺跡が二カ所ある。そうした状況下、ＰＳＳＢ間に古さの新旧関係を求めることは難しそうだ。ＰＳＳＢは、互いが一組になり一緒に用いられた確率が大きい。以後、複数の石器が互いに一組みとなり一緒に使われる状況を、共伴するという言葉で表現することとする。ただし、多面体石器のみの時期からＰＳＳＢが出揃う時期へと移行した可能性は否定できない。

では、つぎの問題として、ＰＳＳＢが共伴した場合、どれもが独自な機能と用途を分け持っていたのだろうか。ＰＳＳＢがみな別々の道具で完成品だとしたら、それぞれに固有な使用の痕跡（使用痕）が検出されてもよい。体系的に分析する必要がある。これに対して、精製と粗製の差はあるが、石球と半球状体・球状体石器が完成品で多面体石器がその半完成品であったとしたらどうだろう。ＰＳＳＢ出土三五遺跡中、約半数の一七カ所に未成品だけがあって、残る半数の一八カ所に未成品と完成品が残されていることになる。完成品だけをもつ遺跡は皆無で、この種の道具が半完成状態で常備されていた様子が目に浮かんでくる。ＰＳＳＢは、敲打器の礫器や握斧とともに、朝鮮半島の旧石器時代社会になくてはならない、生活必需品であったことに間違いはない。

（二）　スムベチルゲと細石器

スムベチルゲと細石器は、朝鮮半島から出土する剝片石器の代表例である（図19）。ここで剝片石器作りの手順を模式的に示すと、並行して進む二つの過程が認められる（図20）。一つは、素材用剝片の打ち取りが進む中、用意した原石が残滓となるまでの、原料が消費されていく過程である。既述したとおり、素材用の剝片を打ち取り中の原石

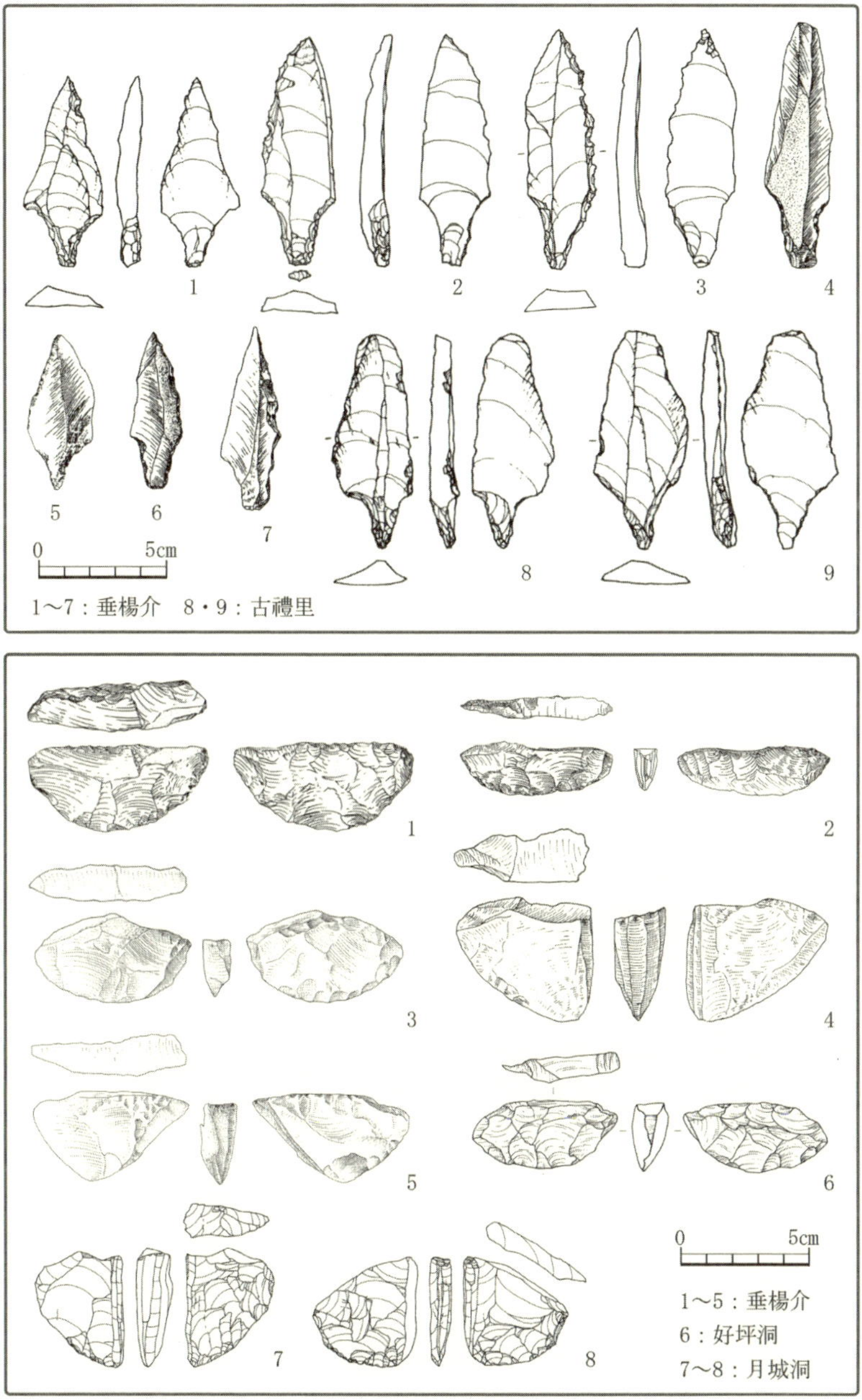

図 19　朝鮮半島のスムベチルゲと細石器

が石核で、打ち取りが終わり残滓となった原石（石核）を残核という。もう一つが、準備された石核から素材用の剝片を打ち取る剝片剝離の工程と、素材用の剝片を打ち欠いて石器に仕上げる調整加工の工程とが連なる、石器を生産する過程だ。ちなみに、石核が石器に仕上げられる礫核石器作りの手順では、原石を打ち欠く石器の生産過程がすなわち原石が消費される過程でもあり、両過程が一体となっている。さて、同じ剝片石器の仲間とはいっても、スムベチルゲと細石器とでは、石器の生産過程に占める剝片剝離と調整加工の手数が大きく異なる。いいかえると、スムベチルゲ作りと細石器作りとでは、剝片剝離と調整加工に投じられる労力が違う。比較しておこう。

石核から打ち取った剝片を凸面の割れ口（剝片の裏面）からみる時、ハンマーが当たりバルブ（打瘤）が生じた方向を剝片の頭部、反対方向を剝片の末部という（図21）。スムベチルゲは、細長で末部（石器の先端部）が尖がった剝片を多用し、剝片の頭部（石器の基部）にシャフト柄に差し込む中子を取り付け、しばしば先端部の尖がりを調整加工によって補強するかたちで仕上げられている。その基部と先端部の作り出しには、多様な方法が観察される。と同時に、この観察結果にもとづき、スムベチルゲを分類することができる（図22）。まずは、どのスムベチルゲにも共通する要素を抽出してみよう。スムベチルゲには、どれにも、基部の中子に至る先端部および胴部の部分に調整加工の打ち欠きがない側縁が必ずある。これを、スムベチルゲの主側縁と規定しよう。

この主側縁を長軸線で折り返したかのように、左右対称形をとるスムベチルゲの一群がある。A群とする。A群については、中子の作り出しの違いから、抉りを入れないⅠ類、弱い抉りを入れるⅡ類、強い抉りを入れるⅢ類に分けることができそうだ。一方、主側縁と背中合わせの位置にある側縁（副側縁）をみると、先端部から中子までの間が主側縁と同様に無加工状態のもの、先端部を部分的に調整加工するもの、先端部から中子までを連続して調整加工するものの、三者が見分けられる。これを、順に、a型・b型・c型とする。

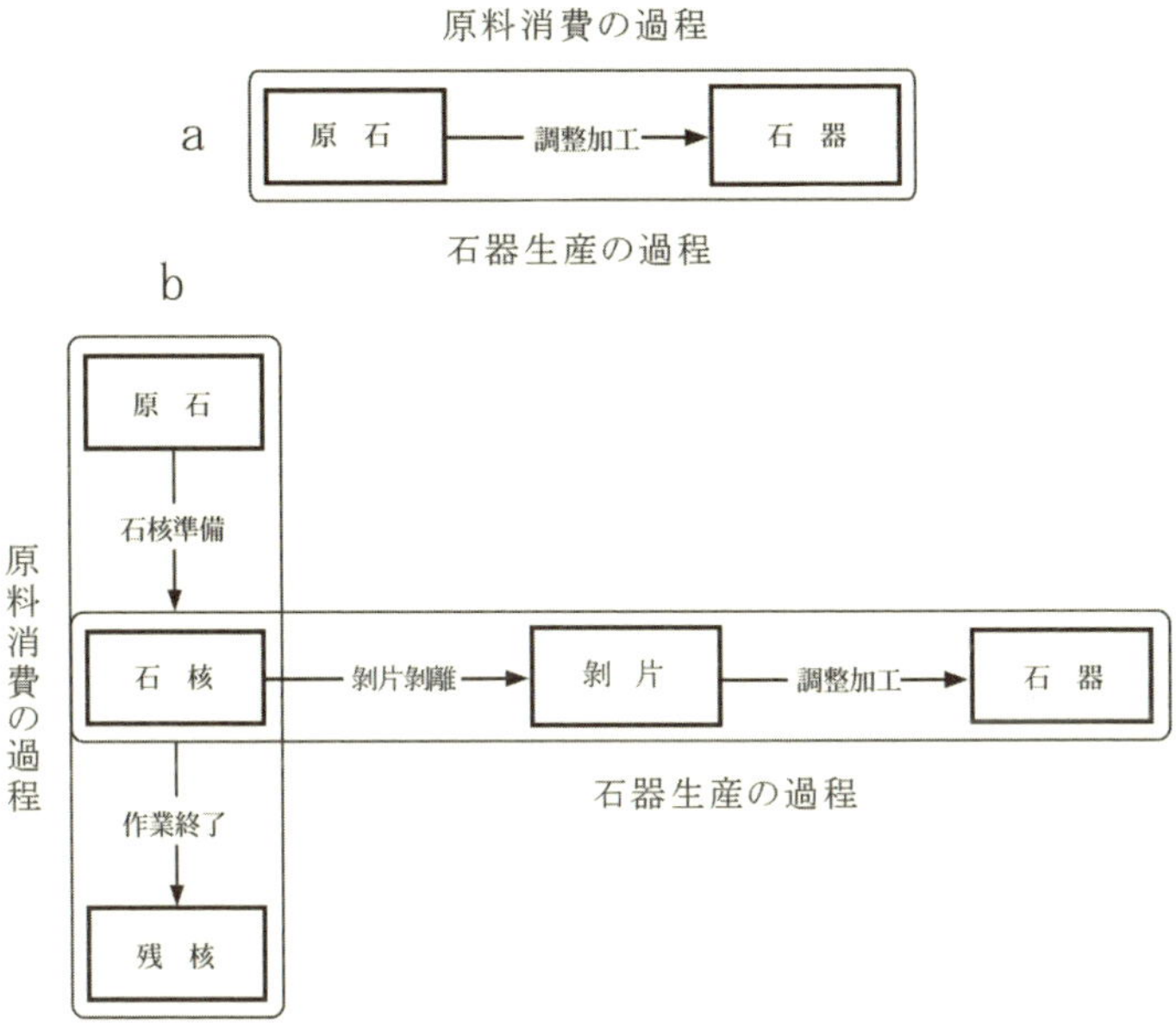

図20　礫核石器作りと剝片石器作り

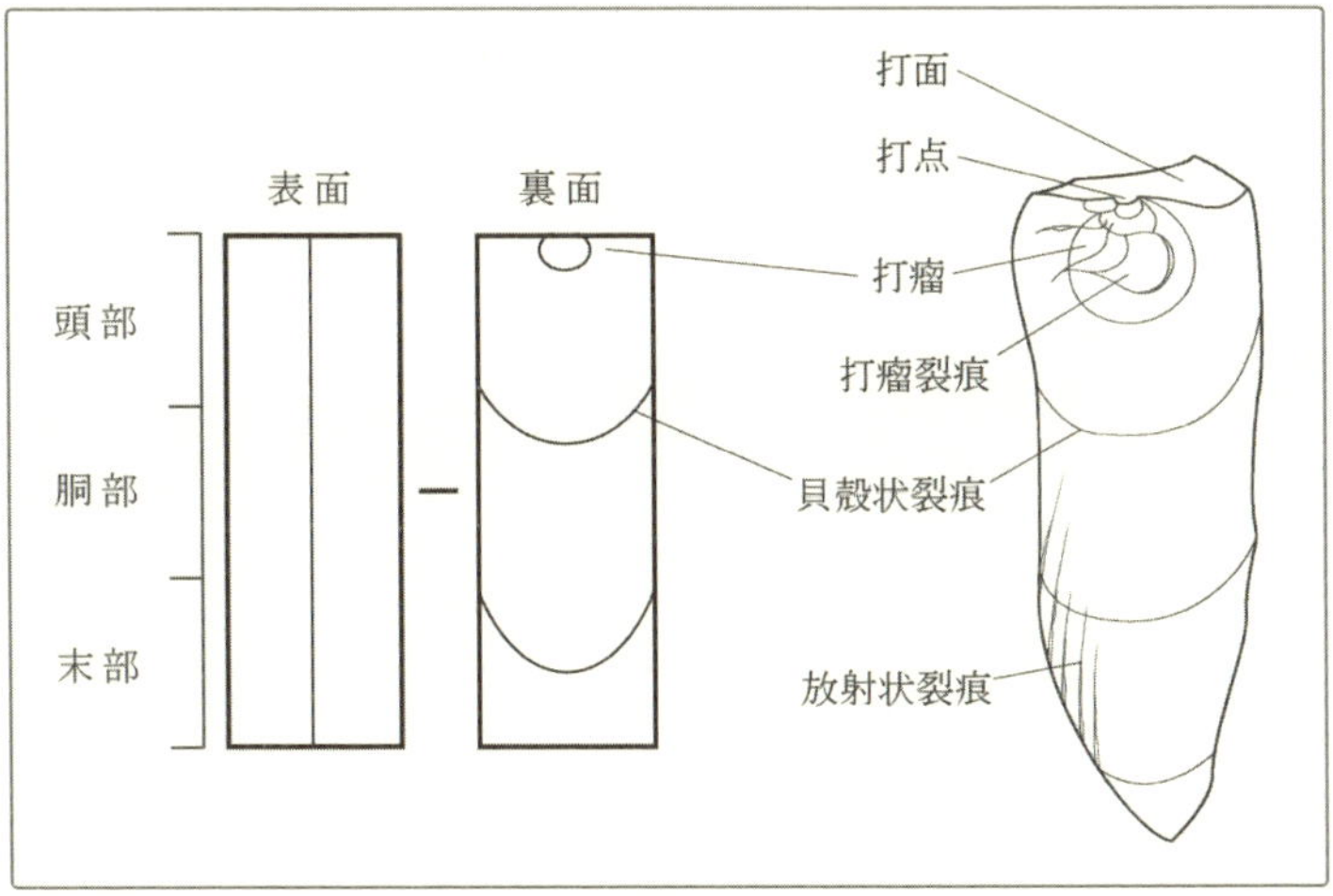

図21　剝片の部位と名称

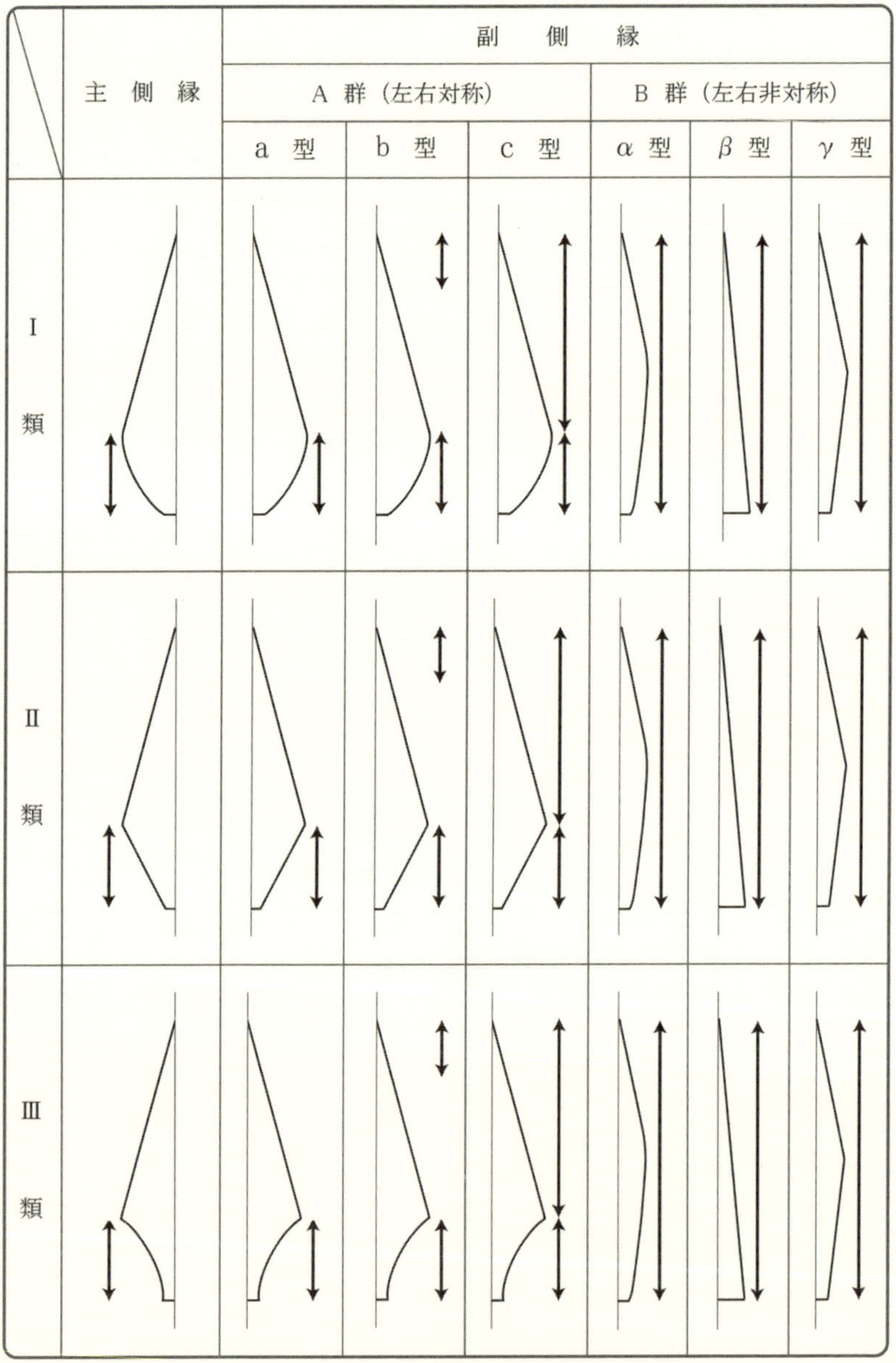

図22　スムベチルゲの分類模式図（矢印は調整加工の部位）

そうしたA群とは別に、相対的に数は少ないが、主側縁と副側縁が左右で対称形にならないスムベチルゲの一群が存在する。B群としよう。B群についても、主側縁はA群と同様に、Ⅰ・Ⅱ・Ⅲの三類に分かれる。そして、B群の副側縁には先端部から基部まで貫く加工があり、それがゆるやかに外湾するもの、ほぼ直線をなすもの、屈曲し角ができるものの三者が識別されてくる。順に、α型・β型・γ型とする。

このように、スムベチルゲは、左右対称形のA群と左右非対称形のB群に大別される。と同時に、スムベチルゲの主側縁は、抉りの度合いが違うⅠ・Ⅱ・Ⅲの三類に分かれることでA・B両群に共通する。なお、A群については、先端部の状態の違いにもとづいて、二分することもできる。先端部に直線的な稜線がはしり刃先が尖がるものと、先端部に三叉するY字状の稜線があって刃先が平たいものの二者である。また、B群には、刃先が破損したA群の再生品が含まれている可能性が高い。

ところで、スムベチルゲを日本の石器分類に照らすと、ナイフ形石器と重なってくる（安蒜 一九七九）。日本では、そのA群のⅡ類とⅢ類に該当するナイフ形石器に剝片尖頭器という名称を与えてきた（清水 一九七三）。そして、スムベチルゲと剝片尖頭器を同義語として扱ってきた経緯もある。今後の研究では、スムベチルゲとナイフ形石器の双方を、同じ剝片石器作りの体系という大枠から検討する時期を迎えているようだ。

細石器は、スムベチルゲの素材となる縦長剝片を縮尺で三分の一（面積で九分の一）以下に縮小したような、小さな石器だ。しかも、スムベチルゲなど各種の剝片石器を仕上げている調整加工の打ち欠き（痕）がない。つまり、剝片石器作りの生産過程でいうと、前半の剝片剝離の工程で終了し、後半の調整加工の工程を踏んでいないのである。この厳密には細刃器と呼ばれる一群の石器は、数点をまとめてシャフト柄に装着したとされ、組み合わせ石器ともいう。細刃器は、それ自体が打ち欠きで形を作り出されないかわりに、どれもが画一的な形状をしている。そして、その画一的な形状の細刃器を効率よく量産するため、石核（細石核）には様々な工夫がこらされている（安蒜 一九七九）。日本では、それぞれの特徴を、湧別系、ホロカ系、矢出川系の細石器作りとして、三者に区分する場合が多い（図23、表3・4）。

細石器（細刃器）作りの工程を逆にたどると、細刃器が打ち取られる直前の石核（細石核）の原形に戻る。さらに、遡ると、細石核原形へと整形される前段階の状態にある細石核用の母材に返る。この細石核用母材から細石核原形に進む作業で、湧別系とホロカ系それに矢出川系で異なる、細刃器量産法の差が生まれている。湧別系では両面・半両面・片面・周縁などを打ち欠いて仕上げた槍先形尖頭器状の細石核用母材を、長軸方向や短軸方向から断ち割って、細刃器を打ち取るための打面を設ける。この断ち割りで生じる屑石が削片で、湧別系を削片系と呼ぶ所以である（鶴丸 一九七九）。仕上がった細石核原形は、狭い幅の甲板で断面が楔状の深い船底をもつ船体形をしている。

これに対して、ホロカ系は、船底形石器を作る手順（Morlan 1967）と同様に原石を応分に打ち割って、打ち割り面が甲板になるような、幅広で浅い船底をもつ船体形の細石核原形を仕上げる。甲板が、細刃器を打ち取る打面となる。また、矢出川系は、小さな原石の一端を直ちに打ち欠いて打面としたり、より大きな原石をどの面もが打面となる立方体や角錐に打ち分けて細石核原形を得ている。

そうした細石核原形に設けられた打面を加撃して、細刃器の連続的な打ち取りが始まる。石核上にできる、剥片の打ち取り面を、剥片剥離作業面ないし主剥離面と呼ぶ。ここでは、作業面と略記する。細刃器の打ち取りは、湧別系とホロカ系が船首部から船尾部そして舷側部へ、矢出川系は一面から隣接面さらに周回面へと、それぞれ打面の位置を移して進む。その間、湧別系では当初の打面が同じ場所に作り直される（打面再生）。

だが、ホロカ系では当初の打面が最後まで使われつづけ、かわりに作業面が更新されている（作業面再生）。矢出川

表3　細石器作りの系列

	湧別系細石器（湧別技法群）	ホロカ系細石器（ホロカ技法群）	矢出川系細石器（矢出川技法群）
標式遺跡	北海道白滝遺跡群第30・32地点	北海道幌加沢Ｉ遺跡	長野県矢出川遺跡群第Ｉ遺跡
提唱者	吉崎昌一　1961	R.E.Morlan　1967 鶴丸俊明　1979	鈴木忠司　1971 安蒜政雄　1979
細石核用母材	槍先形尖頭器状の調整加工品	礫の半割品が中心	礫の分割品や小礫
細石核原形	船底形		稜柱形

表4　湧別系細石器作りの技法

技法の区分		蘭越技法	湧別技法		峠下技法		常呂技法
型式の細別		柏台型	札滑型	白滝型	美利河型	服部台型	北栄型
細石核整形	細石核用母材	両面調整（石核）			周縁調整（剥片）		
	打面設定	短軸上	長軸上				
	舷側剥離	有		無	有	無	
	擦痕添加	無		有	無		
細刃器剥離	打面更新	削片剥離					
	打面転位	無	有		無		有

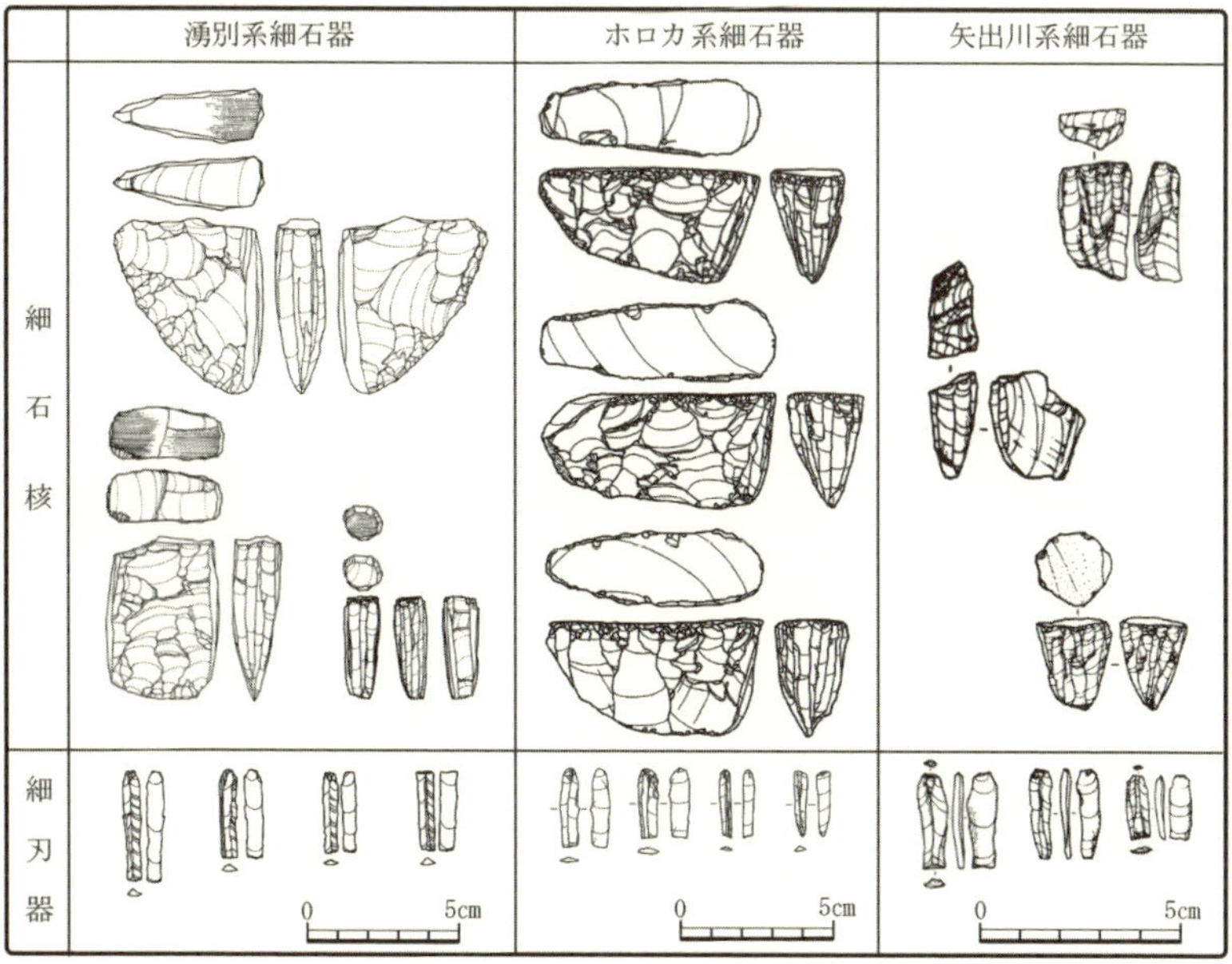

図23　細石器の分類模式図

系では、随時、打面の再生と作業面の再生を繰り返す。矢出川系には、打面がある場所を上下に振って新設する場合も少なくない。この打面の転位で、九〇度や一八〇度と方角が違う場所に打面が残る、複設打面石核が生まれる。上下に打面をもつ複設打面石核を、とくに両設打面石核と呼んでいる。細石核原形の作り出しが最も単純な矢出川系が、細刃器の打ち取りの段で打面の再生、作業面の再生、打面の転位と複雑な手順を踏んでいるわけだ。

湧別系とホロカ系それに矢出川系からなる日本列島の細石器作りを、朝鮮半島の細石器作りと比較してみよう。朝鮮半島に残されている細石器石器群のどれもが、湧別系の細石器作りとかかわりをもつといわれている（張龍俊二〇〇七）。北海道に登場し、本州へ分布を広げた湧別系細石器には、四つの技法が認められる（表4）。まずは、蘭越技法（木村一九七八）・湧別技法（吉崎一九六一）・峠下技法（小野ほか一九七二）がある。蘭越技法は北海道柏台1遺跡（北海道埋蔵文化財センター一九九九）に、湧別技法は北海道札滑遺跡（吉崎一九五九）と北海道白滝服部台遺跡（杉原ほか一九七五、安蒜二〇一〇）とに、峠下技法は北海道美利河1遺跡（北海道埋蔵文化財センター一九八五）と北海道白滝服部台遺跡（杉原ほか一九七五）とに、各残核型式の標識がみられる。以上の三技法に、北海道の北栄40遺跡（橋爪ほか一九九〇）や置戸安住遺跡（大塚ほか二〇一三）など常呂川流域の遺跡から出土する、母材の周縁調整が究極まで簡略化された細石器の一群にもとづき、新たに常呂技法を加えておきたい。

これら湧別系細石器の四技法群は、細石核用母材の性格から、両面調整（石核）系列の蘭越・湧別技法と周辺調整（剝片）系列の峠下・常呂技法系列に二分される。ただし、同技法群は、細石器を剝離する過程で打面を転位させない蘭越・峠下技法と打面を転位する湧別・常呂技法とにも分かれる。と同時に、湧別と峠下の二技法は、ともに打面の更新時に舷側剝離をおこなって石核を整え直す札滑型・美利河型とそれをしない白滝型・服部台型の細石核が、それぞれ一対になっている。ここに、湧別系細石器の四技法がみせる、強固な結び付きがある。なお、広郷型とオショロッコ型については、細石核ではなく彫器の型式として扱う。

さて、確かに、垂楊介遺跡1地区を筆頭に（李隆助 一九八五）、朝鮮半島の諸遺跡で湧別系の細石器作りを認めることができる。そうした中、朝鮮半島独自の細石器作りを指摘できそうだ。例えば、新北遺跡などには（이기길 二〇〇四）、日本列島の湧別系細石器作りにはない、旧作業面までも打面とするような打面転位が著しい一群が存在している。しかも、縄文時代草創期の九州に発達した西海技法（麻生 一九六五）と共通する技法上の要素を備えている。また、垂楊介遺跡Ⅵ地区（下津里遺跡）の第2文化層には、常呂技法よりもさらに簡略化された細石器作りの手法がある（이승원 ほか 二〇一五）。

以上のように、朝鮮半島における湧別系の細石器作りを、技法と型式という観点から（安蒜 二〇一五）、より詳細に検討する必要があるだろう。一方、ホロカ系の細石器作りも実在するが、それが主体を占める細石器石器群はないようだ。矢出川系の細石器作りについては、現在、確かな石器群を指摘できない。なお、いまのところ、湧別系・ホロカ系・矢出川系とは別で、朝鮮半島に独自な細石器作りの系列は知られていない。

（三）　朝鮮半島の旧石器時代と文化の編年

朝鮮半島には、敲打器とＰＳＳＢそれにスムベチルゲと細石器という、四つの示準石器がある。前二者は礫核石器で、後二者が剥片石器に該当する。礫核石器から剥片石器へと展開した、アフリカおよびヨーロッパを舞台とした石器作りの進捗に照らすと、敲打器とＰＳＳＢが古くスムベチルゲと細石器が新しいという、示準石器相互の相対的な前後関係が想定されてくる。朝鮮半島各地の重層遺跡が示す、示準石器の層位的な出土例も、それを裏付けている。では、敲打器とＰＳＳＢのどちらが早く出現したのか。ＰＳＳＢは、前述した三五カ所の遺跡から出土している

（Lumley ほか 2011）。そのうちの二カ所はＰＳＳＢのみの出土だが、残る三三カ所のＰＳＳＢが敲打器と共伴していたと考えてよい。なお、ＰＳＳＢがなく、敲打器だけが発掘された遺跡が一九カ所ある。当該時期の旧石器時代人にとって、敲打器の方が生活上より主要な石器で、それと不可分なかたちでＰＳＳＢが加わっていたようだ。

　つぎに、スムベチルゲ作りと細石器作りの新旧関係を求める。好坪洞遺跡では、細石器が上層の文化層から出土し、下層の文化層からはスムベチルゲが発掘されている（홍미영・김종헌 二〇〇八）。この好坪洞遺跡の層位的な出土例が、スムベチルゲが細石器に先行する事実の傍証となる。こうして、ＰＳＳＢと一体化している敲打器からスムベチルゲへ、そのスムベチルゲから細石器へと推移した、石器作りの序列が得られてくる。そこで、この示準石器の古さの序列を文化の階梯差に置き換えて、古い順に、それぞれを敲打器文化・スムベチルゲ文化・細石器文化と仮称しておきたい。ただし、敲打器とＰＳＳＢは、しばしばスムベチルゲ文化期や細石器文化期の遺跡からも出土する。また、月坪遺跡では、上層の文化層にスムベチルゲと細石器があって、下層の文化層にスムベチルゲがある（이기길 二〇〇四）。これにより、細石器に先行するスムベチルゲが、細石器と同時に存在したのち、細石器と交代した経緯がわかる。

　さて、世界の人類史に対照させると、礫核石器作りの担い手は原人で、剥片石器作りは旧人と新人が担った。それを世界旧石器標準時間帯に重ねると、礫核石器作りの文化は前期旧石器時代に発達し、剥片石器作りの文化は中期と後期の旧石器時代に発展を遂げた。そして、剥片石器作りは、中期旧石器時代のルヴァロワ技法主体から後期旧石器時代の刃器技法中心へと、素材用剥片の生産方式を転換させている（Bordes 1953）。

　そうした観点から朝鮮半島の旧石器時代を位置付けると、敲打器文化は前期旧石器時代に原人が営み、スムベチルゲ文化と細石器文化を後期旧石器時代の新人が営んだことになる。いいかえると、朝鮮半島には、旧人が営んだ中期旧石器時代に相当する、剥片石器作りを特徴とした文化の階梯が認められないのである。とはいえ、当該時間帯に剥片石器作りがおこなわれなかったわけではない（大谷 二〇一四）。だが、それは明確で独自な文化の階梯を形作るものとはいいがたい。そこで、改めて、敲打器文化の年代を確かめてみよう（Lumley ほか 2011）。

上限を追うと、^{14}C年代で松斗里遺跡の四八、〇〇〇年前以前や石壮里遺跡の五〇、二七〇年前以前、ＡＭＳ^{14}C年代が連峯里遺跡の四五、九〇〇年前や平陵洞遺跡の五〇、〇〇〇年前以前、ＯＳＬ（Optically Stimulated Luminescence、光ルミネッセンス）年代では葛屯里遺跡の一〇二、〇〇〇年前や萬水里遺跡の一〇五、〇〇〇年前という年代測定値が示されている。^{14}C年代は、較正しないと暦年にはならず、ＡＭＳ^{14}C年代は、古ければ古いほど暦年との差が大きくなって、三万年前以前になるとばらつきも増す。ＯＳＬ年代は、測定値の類例が蓄積されている最中だ（奥村・下岡 二〇一一）。明らかなように、朝鮮半島の敲打器文化の年代は、世界旧石器標準時間帯の前期にまでは届きそうにもない。すなわち、敲打器文化は、中期の旧石器標準時間帯に収まってくる。それも一因となり、韓国では、この後期に先立ち中期の標準時間帯にある敲打器文化の時代を「初期旧石器時代」と呼び、Paléolithique ancien（仏語）、Ancient Paleolithic（英語）と訳している（Kidong Bae 2011）。ちなみに、前期（下部）旧石器時代は仏語でPaléolithique inférieur・英語でLower Paleolithic、中期（中部）旧石器時代は仏語でPaléolithique moyen・英語でMiddle Paleolithic、後期（上部）旧石器時代は仏語でPaléolithique supé rieur・英語でUpper Paleolithicと綴る。

このように、朝鮮半島では、中期旧石器時代の標準時間帯にヨーロッパの前期旧石器時代に発達した文化が入り込むかたちの、いわば前期のスライド現象が起きているのである。この前期のスライド現象こそが、旧石器時代に帯びた朝鮮半島の地域性であったと考えてよいだろう。そして、朝鮮半島における前期のスライド現象は、中期旧石器時代の日本列島を探る手掛りともなる。というのも、当該時代に朝鮮半島から日本列島へヒトが渡ったとすると、当然、握斧やPSSBがもたらされただろう。そして、後期旧石器時代の石器群にも影響を与えたに違いない。だが、日本列島の武蔵野ローム期に遺跡はなく、第Ⅰ期の石器群にも握斧やPSSBは認められない。そうだとなると、朝鮮半島の初期に相当する世界旧石器標準時間帯の中期に、日本列島にはヒトがいなかった可能性が一段と高くなる。

ところで、敲打器文化につづくスムベチルゲ文化と細石器文化との間には、互いに連鎖する分布の動態を指摘することができる（図24）。まず、古い様相のスムベチルゲを出土する遺跡は、垂楊介遺跡Ⅵ地区第4文化層（이승원 ほか 二〇一五）など中部にあり（段階1）、新しい様相のそれは、南部に多い（段階2〜5）。つぎに、スムベチルゲと細石器が同じ遺跡から出土する例は、新北遺跡（이기길 二〇〇四）など南部により多く分布し、スムベチルゲと細石器が同じ遺跡から出土しない例は、好坪洞遺跡（홍미영・김종헌 二〇〇八）など中部により多く分布する。さらに、そのスムベチルゲと細石器は同じ地層や遺跡から発見されているように併存するが、ジングヌル遺跡例のように違うブロックから出土し（이기길 二〇一一）、同一石器群内で共伴することはなかったようだ。

そうした事例の数々は、中部では、逸早く登場したスムベチルゲと取って代った細石器が、ながくつづいたことを示している（段階3〜6）。逆に、南部では、スムベチルゲと細石器とが同じ地域に存在するが、共伴しないまま、長期にわたって併存したことを物語る。こうした、中部と南部で異なるスムベチルゲと細石器の分布をとおして、細石器が徐々に段階を踏んで、スムベチルゲを朝鮮半島の外へと追いやった経緯がとらえられてくる。この細石器の押し出し現象が、スムベチルゲが細石器の半数にすぎないという、出土遺跡数の違いを生んだようだ。では、この押し出し現象とは、いつ頃の出来事か。

朝鮮半島の地層中には、ソイル・ウェッジ（Soil wedges）と呼ばれる、更新世にできたクラック帯を何枚も観察できる。周期的に起きる気温の低下がもたらす、凍結による地面のひび割れらしい（李憲宗 二〇〇〇）。そして、後期

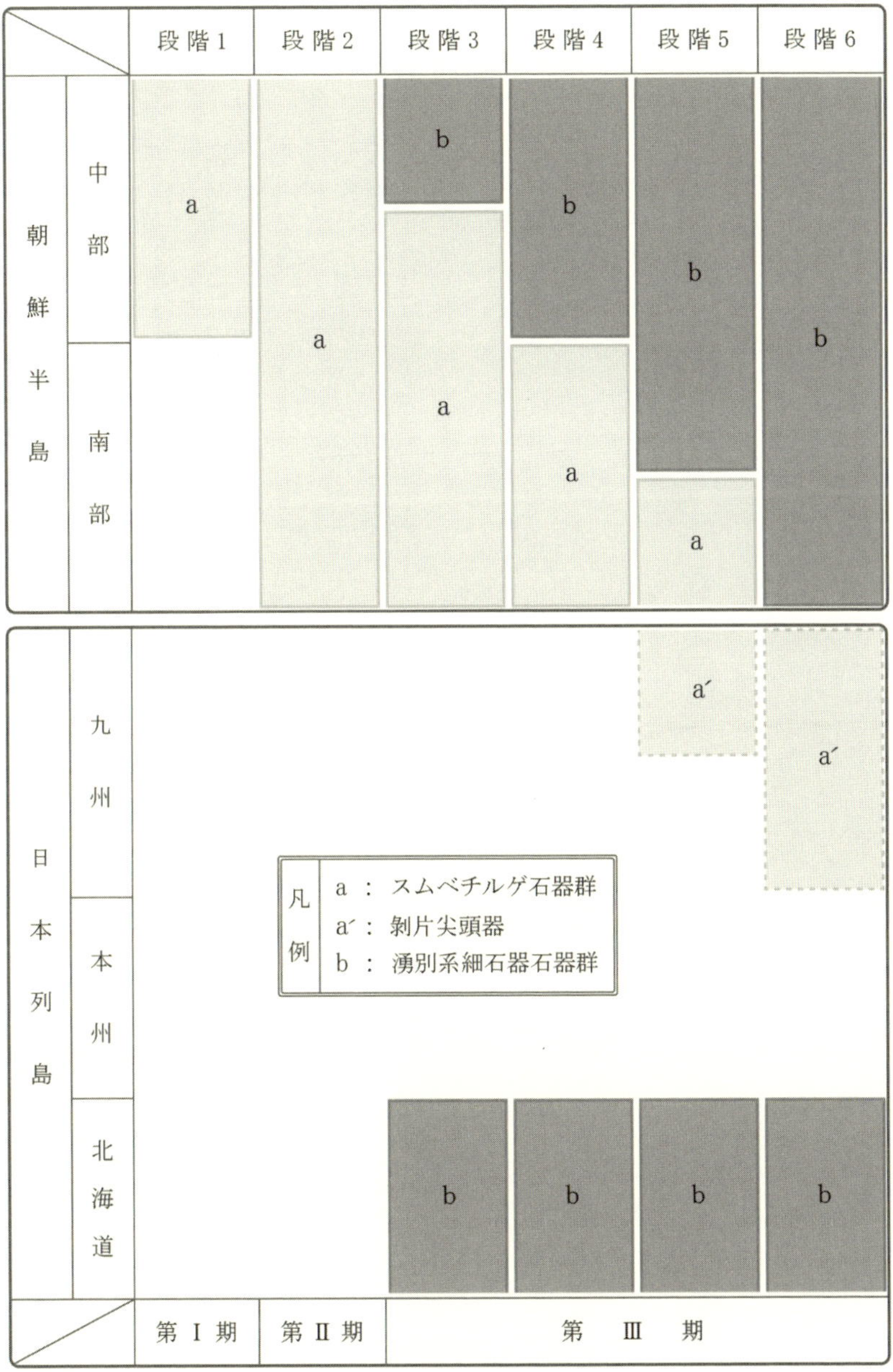

図24　湧別系細石器の押し出し

旧石器時代には、まさにスムベチルゲ文化から細石器文化への移行期に、クラック帯の一つが形成されている（金正培 二〇〇五）。それは、最後の氷期の最も寒い時期に当たる。この時、朝鮮半島に登場した細石器石器群が、中部に展開していたスムベチルゲ石器群を南部方面へと押し出したわけである。時を同じくして、対岸の九州では、にわかに遺跡数が急増し、剝片尖頭器が姿をみせる。剝片尖頭器とは、スムベチルゲを指し示す、日本側の呼び名に他ならない。果して、朝鮮半島における細石器のスムベチルゲ押し出し現象は、日本列島におよんだのか。日本列島に戻ろう。

第Ⅳ章　旧石器時代人がきたミチ

第一節　現生人類の世界拡散と日本列島

（一）　現生人類の渡来

世界旧石器標準時間帯における中期の朝鮮半島は、敲打器文化の時代であった。同時間帯の日本列島には、敲打器はなくPSSBもない。それればかりか、この時間帯に堆積した、武蔵野ローム相当層中には、遺跡自体が存在していない。すなわち、世界旧石器標準時間帯の中期の日本列島には、ヒトがいた証拠は何一つとしてないのである。何故、日本列島は無人だったのか。四方が海で大陸と隔離されていたうえ、人類はまだ海を渡る技術と能力を持ち合わせてはいなかったからだ、としか考えざるをえない。一体、この考え方は成り立つのか。

広く当該時代の世界に目を向けると、現生人類が世界に拡散し、その波がアジアの地にもおよぼうとしていた（図25）。約十万年前に誕生した現生人類は、約五万年前にはアフリカを出て、ヒマラヤ山脈の南側とチベット高原の北側をとおって、アジアの各地域へと拡散の歩を進めた（小田・馬場 二〇〇一）。その現生人類が日本列島に移住してきた経路として、北海道を門戸とした北方ルートと朝鮮半島から九州に向かう南方ルート、それにフィリピン諸島方向から島伝いで九州に至る海洋ルートなどが候補にあげられている。すでに述べたように、日本列島では、世界旧石器標準時間帯の後期に入って間のない、立川ローム層第X層相当層から、それまでは影も形もなかった石器群が出土しだす。したがって、この石器群が突如として登場した時点を、現生人類が日本列島へ到来した歴史的な瞬間と判

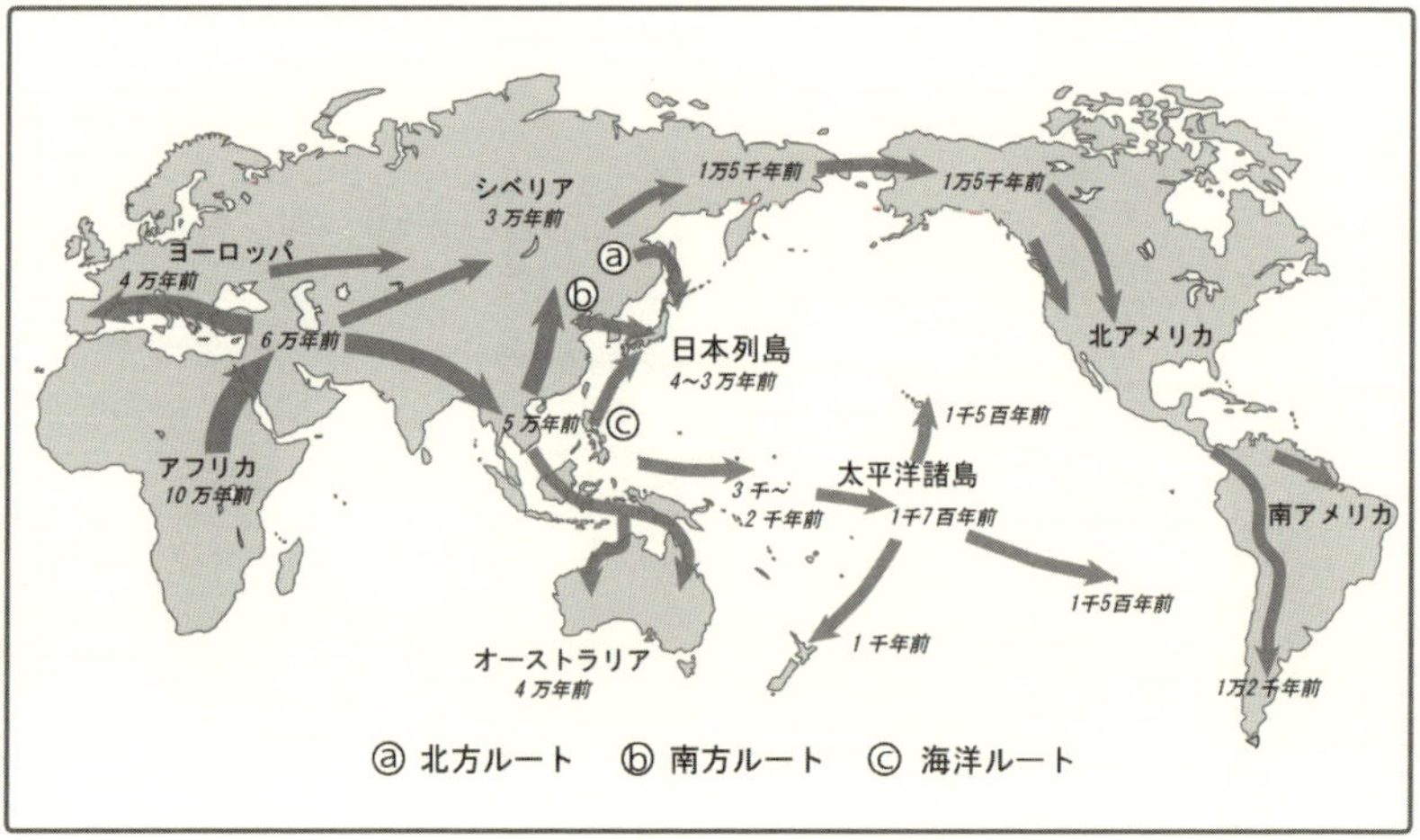

図 25　現生人類の世界拡散

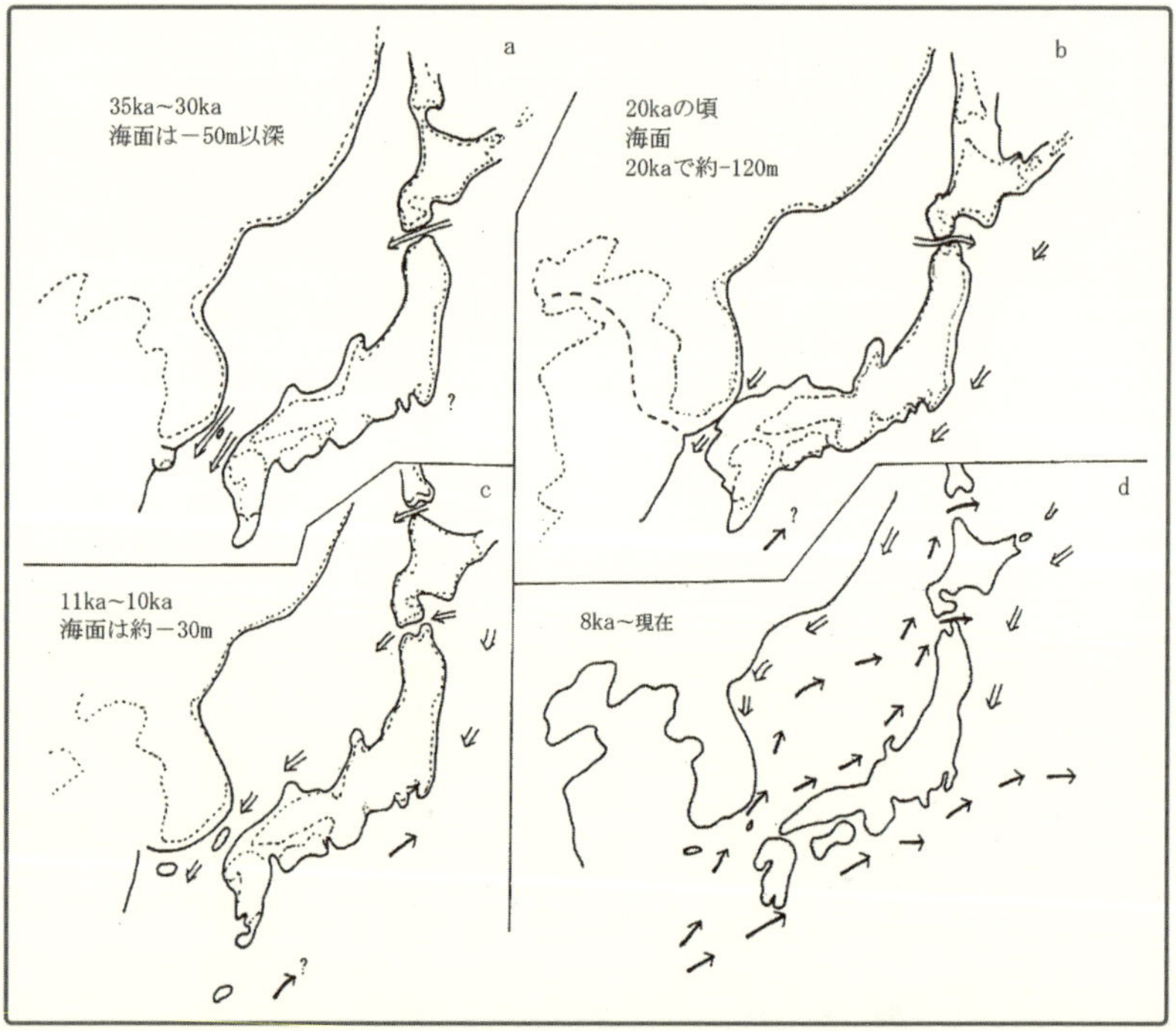

図 26　「過去約 3.5 万年間の日本列島周辺の海洋の海流と古地理の変遷図」

断してよいだろう。

ちなみに、立川ローム期は、最後の大きな氷期の後半に位置し、北海道がサハリンと接続し大陸の半島化し（小野一九九〇）、本州は四国・九州と一つの島（古本州島）を形作っていた。ただし、立川ローム層第Ⅹ層の時期は、第Ⅳ層下部の最終氷期最寒冷期に比べれば、幾分か温暖な気候であった。この時、津軽や対馬の海峡は開いており（町田・新井二〇〇三）、現世人類が陸地だけを伝って古本州島へ渡来できたとは想定しがたい（図26）。古本州島は、ぐるりを海で囲まれていたのである。現生人類が大陸や半島から古本州島へ移住しようとすれば、当然、海を渡ることになる。そして、実際に渡ったからこそ、立川ローム層第Ⅹ層相当層に石器群を残した。日本列島に最初に姿を現した現生人類は、すでに渡海の技術を身に付けていたのである。

事実、日本列島に出現した現生人類が渡海術に長けていた、その確実な証拠がある。静岡県は伊豆半島の南端から約五〇キロ離れた太平洋上に、東京都神津島が浮かぶ。神津島には、黒耀石の原産地がある。黒耀石は、旧石器時代人が好んで用いた石器の原材であった。第Ⅰ期の関東には、遠くて高い山の上にある長野県霧ヶ峰産の黒耀石とともに、はるか海のかなたなの神津島に産出する黒耀石が運び込まれている。日常の生活に、外洋に漕ぎ出す海上渡航とフネ造りが組み込まれていたことは明らかだ。この渡海と造船の技術をもってはじめて、現生人類は日本列島への移住が可能となったのである。こうして、日本列島に現生人類が登場した。第Ⅰ期の幕開けで、世界旧石器標準時間帯の後期初頭に起きた出来事である。

（二）　遺跡の新たな出現と急増

やがて、後期旧石器時代の半ばを迎える頃、地球の寒冷化が頂点に達する。その第Ⅲ期の日本列島に、再び移住民がやってきた。最終氷期最寒冷期下、海退で閉じたり狭まった海峡を伝い、南北の二手に分かれて別々の方向から、大挙渡来してきたのである。南方からの移住民は、入り口となった九州の遺跡数を激増させた。その遺跡の急増ぶりを、宮崎平野の事例が如実に示す（松本 二〇〇五）。出現期の第Ⅰ期から微増した第Ⅱ期の遺跡数は、第Ⅲ期に四倍以上にもなり最大となる。より正確に表現すると、第Ⅲ期の前半で最大遺跡数を記録する。以後、遺跡の数は、第Ⅳ期で一旦半減するが、再度増加しながら第Ⅴ期へとつづく。

この第Ⅲ期の遺跡数激増現象は、九州における剝片尖頭器の登場と軌を一にしている。剝片尖頭器は、朝鮮半島のスムベチルゲを指す日本側の呼び名だ。そのスムベチルゲの石器群は、最終氷期の最寒冷期にクラック帯ができた頃、細石器の石器群によって朝鮮半島から押し出された可能性が大きい。すなわち、九州で顕在化した遺跡数の激増現象とは、朝鮮半島で起きた細石器のスムベチルゲ押し出し現象と連鎖・連動した、遺跡出現期の第Ⅰ期につぐ二度目の大きな移住があったことを示している。

さて、スムベチルゲを朝鮮半島から九州へと押し出したのと同じ仲間の湧別系細石器が、ほぼ時を同じくして北海道に姿をみせる。第Ⅲ期に入り、希薄であった北海道の人類活動が、白滝遺跡群（白滝団体研究会 一九六三）や常呂川中流域遺跡群（鶴丸 一九八三）など、黒耀石の原産地に連なる一体でにわかに活発となる。黒耀石は、火山岩の一種の黒いガラスのような石で、マグマが地表近くまで上昇したり噴火した後、急に冷やされてできる。その黒耀石は、山体に露頭となった状態や、崩落し沢伝いに遠くまで流された転石の溜り場で、人目に入る。この状況は、旧石器時代もいまもかわらない。

いいかえると、同一の火山で生成された黒耀石が、山体と沢辺といった違う場所で手に入るわけだ。厳密には、黒耀石ができた地点を原産地と呼ぶべきだが、原産地と沢辺の双方で同じ火山の黒耀石が入手できる。その意味で、どちらも黒耀石の原産地といえるかも知れない。現在、そうした黒耀石の原産地が、日本列島の全域で約一〇〇カ所発見されている（杉原・小林 二〇〇四）。なお、露頭から採取した原石については、石器作りに適した品質の善し悪しを見分ける作業が必要だが、転石は一連の作業をおおむね自然が代行済みで大きさを選別すればよい。

さて、黒耀石が、旧石器時代の日本列島で好んで石器作りの原材とされる理由は、幾つかある（安蒜 二〇一三）。様々な石材を用いた石器作りの実験にもとづけば、他と比べて黒耀石は適度に硬く、しかも粘性に富んでいる。それが、思い通りに石を打ち割り打ち欠く時に欠かせない条件となる。そのうえ、割れ口が鋭く、刃金に勝る切れ味をもつ。ただし、どの原産地の黒耀石もみな同質かというと、決してそうではない。ことに良質な黒耀石の原産地はごく限られており、しばしば遠隔の地にまで運び出されていた。

その三大原産地が、北海道の白滝であり、本州の長野県霧ヶ峰であり、九州の佐賀県腰岳だ。中でも、白滝は、埋蔵量が二億トンとも五億トンともいわれ、日本列島最大規模の黒耀石原産地としてよく知られている（長沼二〇一四）。そして、白滝30地点遺跡と同32地点遺跡は、出土資料をもとに、湧別系細石器作りの一つ湧別技法が復元され命名されたところとして著名である（吉崎 一九六一）。第Ⅲ期は北海道における遺跡の出現期であり、当該時期の移住に始まる北海道の旧石器時代史は、湧別系細石器作りと黒耀石が原点となったといっても過言ではない。

このようにして、世界旧石器標準時間帯の後期には、少なくとも新旧の二度にわたって日本列島へとヒトが移り住んできた。どちらも現生人類で、第Ⅰ期（日本列島の遺跡出現期）の移住と第Ⅲ期（最終氷期最寒冷期、北海道の遺跡出現期）の移住である。前者を旧移住（旧移住民）といい、後者を新移住（新移住民）と呼ぶ（安蒜 二〇〇八）。また、新移住民については、九州を経由した南方系と北海道に入った北方系とに区別できる。ただし、後期旧石器時代の日本列島に、この二度以外にヒトが移住してこなかったというわけではない。しかし、遺跡が出現したり、遺跡の数が広域で一斉に激しく増えたり、新しい石器作りが突如として始まるなど、日本列島内に歴史的な画期をもたらせたほどの大規模な移住といえば、この新旧二回に特定されてくる。では、新旧の移住民は、どこからどんなミチをとおってやってきて、日本列島内にどのようなミチを拓いて住み着きを進めたのか。

第二節　旧移住民と旧石器古道

（一）　ナイフ形石器と局部磨製石斧

旧移住民は、ナイフ形石器を携えていた。ナイフ形石器は典型的な剝片石器で、石核から剝片を打ち割る剝片剝離と打ち割った素材用の剝片を打ち欠き石器へと仕上げる調整加工とからなる生産過程（図20参照）を整然と踏み、日本列島の旧石器時代で最も長期にわたって作り使われた。ナイフ形石器作りの剝片剝離には、細長い剝片が連続して打ち割られる縦長剝片剝離と、幅広の剝片を連続的に打ち割る横長剝片剝離とがある。この剝片剝離につづく工程の調整加工は、打ち欠きが石器の基部に集中する基部加工と主に石器の片側を中心とする一側縁加工、それに石器の片側と反対側の基部にまたがる二側縁加工とに分かれる（安蒜　一九七九）。ナイフ形石器作りとナイフ形石器は、そうした素材用剝片と加工部位の結び付きの違いを基準として分類されることが多い（図27の上、左）。

具体的に示すと、まず、縦軸に縦長剝片と横長剝片を、横軸に基部加工と一側縁加工それに二側縁加工を配置して、ナイフ形石器の分類表を用意する。すると、名目上、剝片剝離と調整加工の結び付きが異なる、六つの技法の系列が区別されてくる（図27の下、左）。だが、日本列島には横長剝片と基部加工および縦長剝片と一側縁加工という

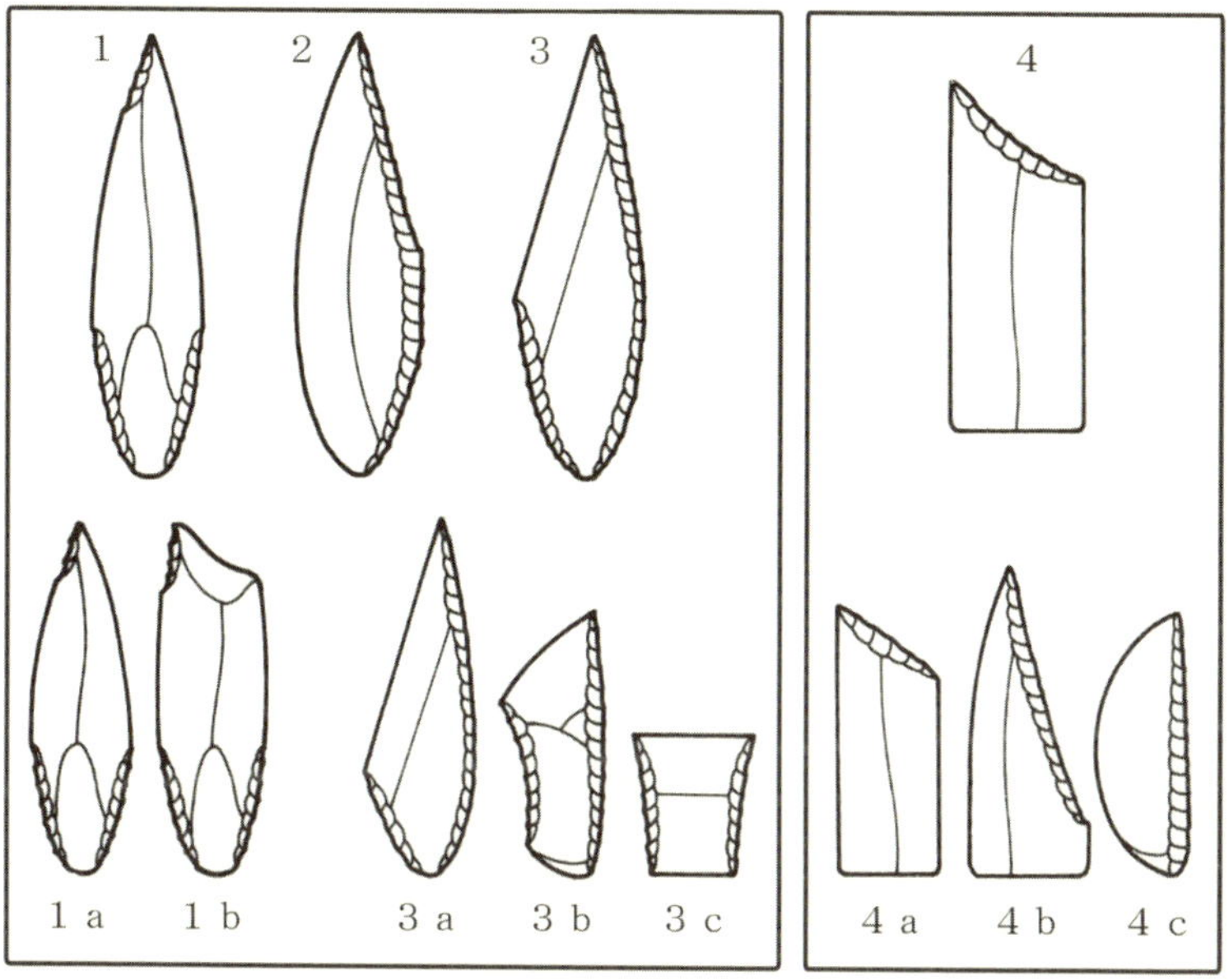

1：基部加工，2：一側縁加工，3：二側縁加工（3b=切出形石器，3c=台形石器），4：部分加工

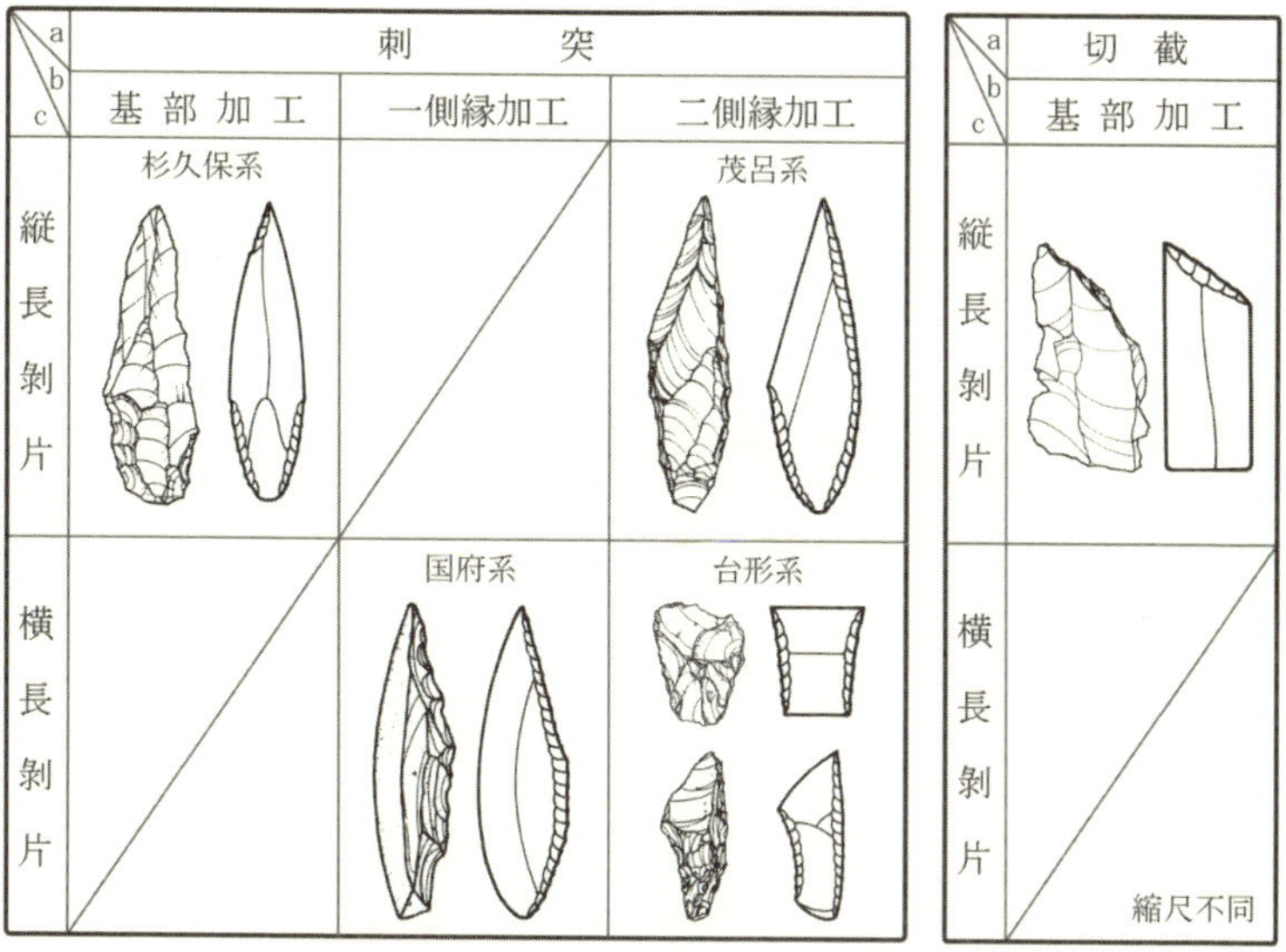

図27　ナイフ形石器の分類と系列の相関関係

結び付きはみられない。そして、横長剝片と一側縁加工の系列は、最初にこの技法が抽出された大阪府国府遺跡（島ほか 一九五七）の名を付して国府技法と呼ばれることが多い。これに準拠して、縦長剝片と基部加工の系列を杉久保技法（長野県杉久保遺跡、芹沢・麻生 一九五三）、縦長剝片と二側縁加工の系列を茂呂技法（東京都茂呂遺跡、杉原ほか 一九五九）とする。また、横長剝片と二側縁加工の系列には、仕上げられた石器のかたちが台形に似ていることに由来し台形技法と仮称したい。と同時に、各技法で仕上げられた石器を、順に、国府系、杉久保系、茂呂系、台形系の各々ナイフ形石器とする（安蒜 二〇一〇）。なお、系列の枠をこえて独特な中子をもったナイフ形石器の一群があり（図28）、剝片尖頭器の名が与えられている（清水 一九七三）。

ところで、ナイフ形石器の分類表に照らす時、朝鮮半島のスムベチルゲは縦長剝片・基部加工系列と縦長剝片・二側縁加工系列に該当してくる。ことに縦長剝片・基部加工系列は、剝片尖頭器と酷似する。一方、ヨーロッパ大陸には、日本列島にはない縦長剝片・一側縁加工系列とともに、縦長剝片・二側縁加工系列がある。このように、同じ後期という世界旧石器標準時間帯に、広くヨーロッパ大陸と朝鮮半島、それに日本列島で共通した技術要素を分け持つ剝片石器作りが展開しているのである。そこで、それらをナイフ形石器（作り）の名の下に統合し、それぞれにはヨーロッパ（大陸）式、朝鮮（半島）式、日本（列島）式のナイフ形石器（作り）という概念と用語を用意したい。

こうして、日本式のナイフ形石器は、生産過程の剝片剝離と調整加工がどのような在り方をしているのかの違いによって、四つの系列に分類できる。この分類法は作られ方に基準をおく技術形態学的な区分だが（山中 一九七九）、より使い方に視点をすえた機能形態学的な分類の仕方もある。ナイフ形石器の調整加工には、基部加工・一側縁加工・二側縁加工とはまた別の、もう一つの手法がある。調整加工の打ち欠きが素材剝片を折り断つ部分加工で、素材には縦長剝片が多用されている（図27の上・下、右）。現代のカッターナイフと作り方と再生法が同じで、おそらく

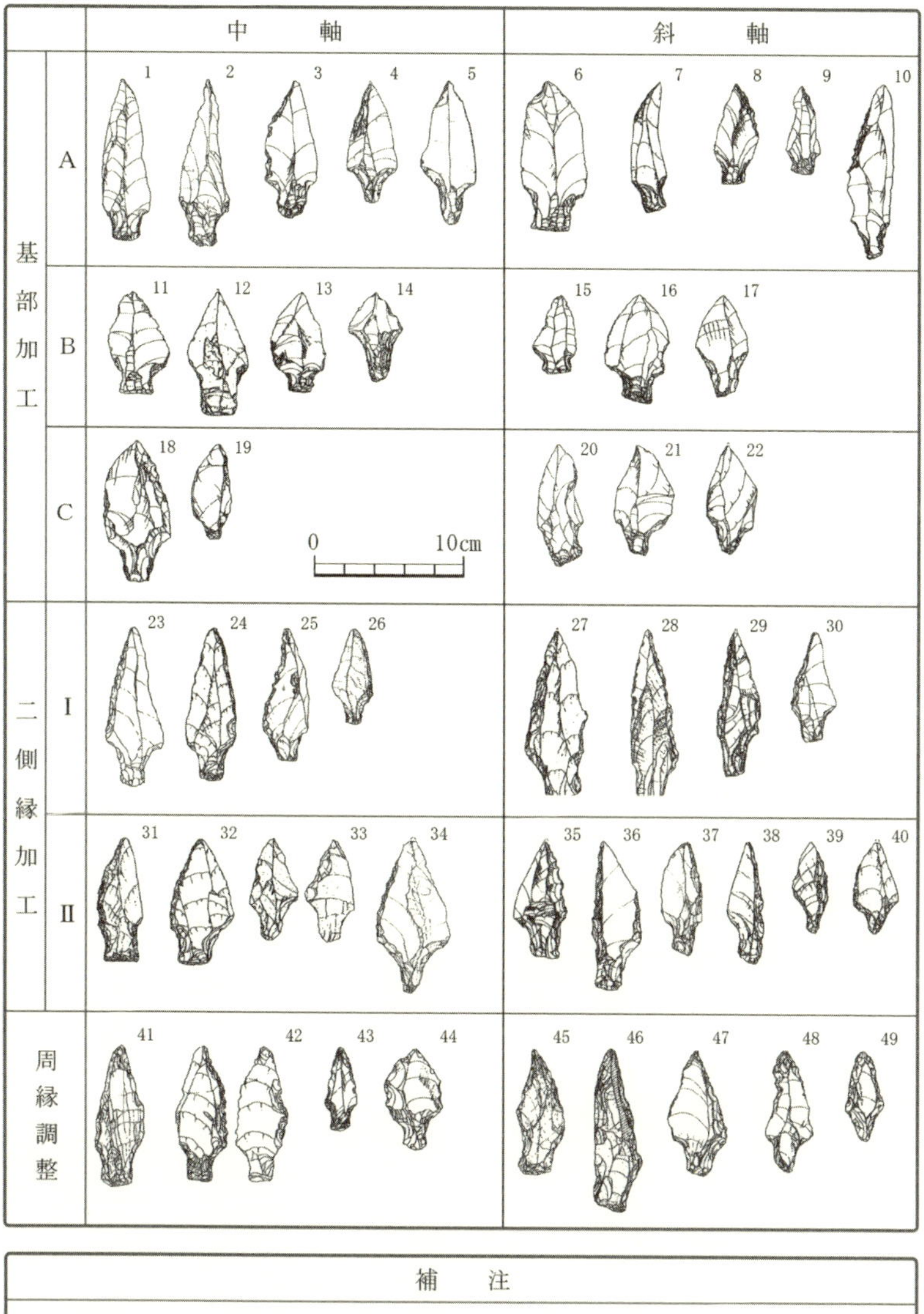

補　注
基部加工のAは細長の，BはAよりも高さが低い，それぞれ二等辺三角形状の縦長剝片が主な素材。　の素材は不明。また，加工が素材を変形する度合いからみて，二側縁加工のⅠは加工度が相対的に小さく，Ⅱは大きい。なお，各区画中，四辺形状の中子を左に，収斂形状の中子を右に配置した。

図 28　日本列島の剝片尖頭器

ハンドル柄に装着されて用いられた機能と用途もそう大差ないと推定できる（安蒜二〇一三）。

この部分加工と比べると、基部加工・一側縁加工・二側縁加工のナイフ形石器は、鋭い先端部とシャフト柄用の中子があり、突き刺しが専用であったとみてよい。前者を切截形ナイフ、後者を刺突形ナイフともいう（安蒜一九八六）。その刺突形ナイフを刃先のかたちから三分するのがいま一つの分類法だ。刺突形ナイフの刃先には、剣先のような尖刃（図9の上2参照）、切り出し小刀の刃に似た斜刃（図9の上3参照）、鉋に似た平刃（図9の上1参照）の三者がある（安蒜二〇一三）。切截と刺突それに尖刃・斜刃・平刃の分類は、体系的で確かな使用痕分析の裏付けをへたとき、機能形態学的な石器研究の扉を開くことになるだろう。

さて、旧移住民は、日本式のナイフ形石器と一緒に、刃の部分を研ぎ上げた石斧を携えていた（図29）。この局部磨製石斧には、一個の礫そのものでできている石器と、礫を打ち割った剝片から作り出されている石器とがある。その意味で、局部磨製石斧は、礫核石器でもあり剝片石器でもある。ただし、礫核石器の敲打器で礫器と二分される握斧とは区別しておく必要がある。もちろん、握斧のうちの最古の両面石器を指すハンドアックス（Hand axes）とは、存在する世界旧石器標準時間帯が明らかに違う。

ちなみに、岩宿遺跡出土の石斧は、発見後しばらく、握斧やハンドアックスと呼ばれた期間があった。一方、朝鮮半島における敲打器文化の握斧は、前期に発達した両面石器作りが世界旧石器標準時間帯の中期に嵌入している特異な事象である。一般に、縄文時代の石器については、今日のかたちをそのまま石に置き換えた形状がみられ、例えば、石鏃や石槍などより具体的な機能と用途を表現する名称が与えられている。石斧もその一つである。だが、旧石器時代の場合、例えのそれを鏃形石器や槍先形尖頭器などと呼び習わしてきた。これにしたがえば、石斧も斧形石器とすべきかも知れない。とはいえ、握斧やハンドアックスとは別物だという点を強調して、慣用されている石斧の名を踏襲する。

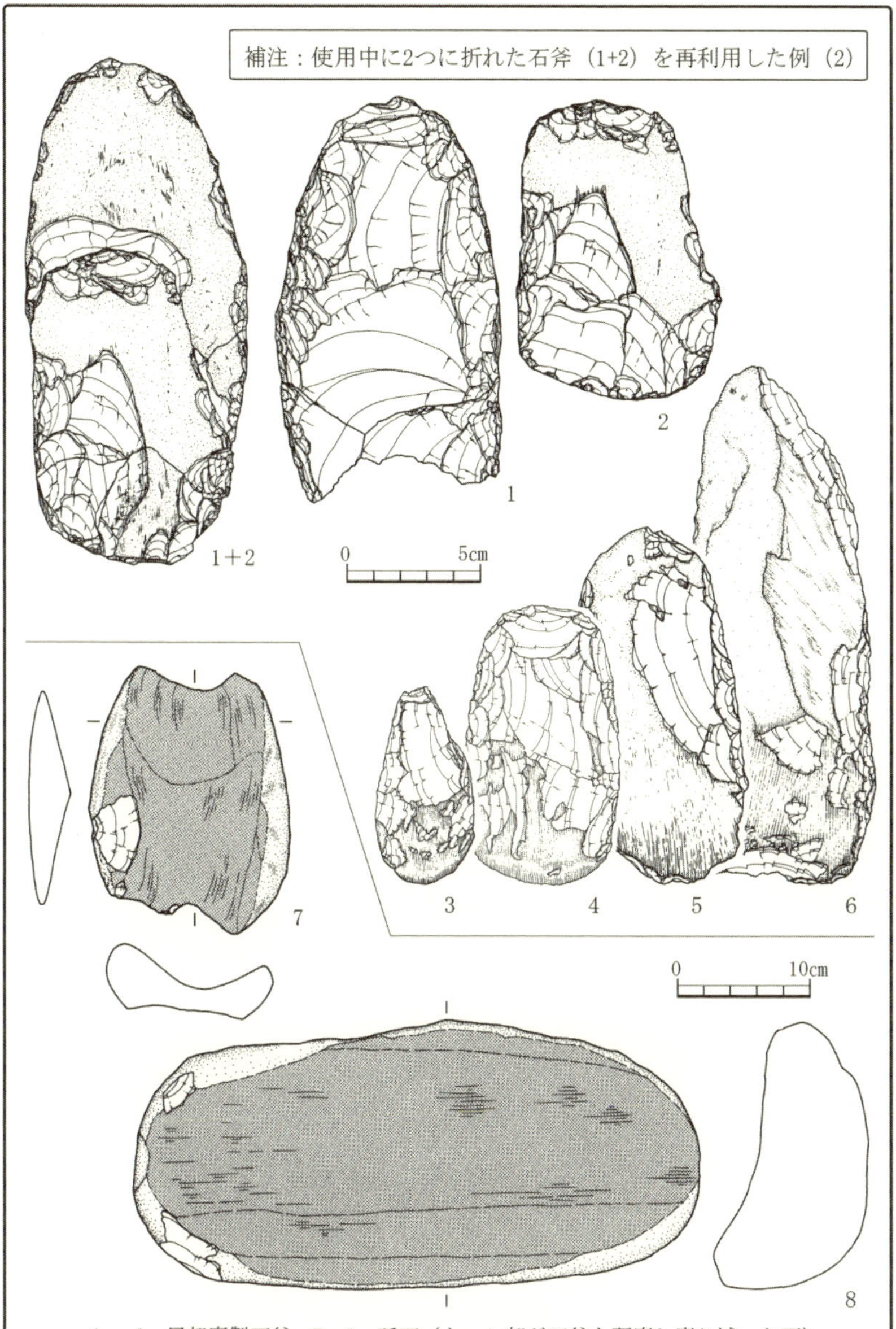

1～6：局部磨製石斧　7・8：砥石（トーン部が石斧を研磨し磨り減った面）

図 29　局部磨製石斧と砥石

ここで、その石斧を図で表わす方法にも触れておく。通常、一点の石器は、最大で六つの方向別に観察し、各方向から実測した図を組み合わせて表現される。表からみた図（正面図、表面図、腹面図）と裏からみた図（裏面図、背面図）、右横からみた図（右側面図）と反対の左横からみた図（左側面図）、それに真上からみた図（上面図）と逆の真下からみた図（下面図）の六面である。正面図だけの場合も多いが、必要に応じて他の図を添える。

ヨーロッパの石器実測図は、機能した部位を上に向けて正面図が描かれる。それにならって、岩宿遺跡出土の石斧も、発掘調査報告書中で、刃を上にした状態で図示されていた（杉原 一九五六）。しかし、現在では、縄文時代の石斧と同様に、刃を下に置く実測図が普通だ（図5参照）。日本列島固有の石斧を表現する方法として、尊重したい。なお、日本では、狩猟具などの利器は機能部位を上に向け、工具類は機能部位を下向きとする作図法が定着している。

そうした、石斧および石斧を出土する遺跡の諸特徴を列挙してみよう。まず、石斧を出土する遺跡の多くが、日本列島の中央部を横断するように分布する。そして、関東には、平野部の武蔵野・下総両台地と山地部の赤城山南麓という分布の中核地がある。その関東から発見される石斧の石材は、凝灰岩・ホルンフェルス・砂岩で共通するかたわら、各中核地の近辺で産出する石材を用いている。すなわち、石斧には使用された中心的な場があり、製作に当たっては必要に応じ各地で原料を追加する傾向がみてとれる。

つぎに、それら石斧の大きさと作りを観察する。大きさは最大でおよそ長さが二五センチで幅が一三センチ、最も小さいもので約長さ四センチで幅二センチを測る。どの大きさにも打ち欠きで整えた打製石斧と刃部を中心に研ぎ上げた磨製石斧とがあるが、後者が最終的な完成状態と考えてよいようだ（赤星 二〇一五）。また、破損品の再利用例が検出されているが、いずれも同じ機能の刃を付け直す再生で、新たに別の機能をもつ刃に付け替えた転用例はない。粗く大まかな作業から細かく入念な作業までの一連の仕事を、相似したかたちの石器がこなしていたとすると、それは、再生と転用が一体化した石器であったことにもなる。何に使われたのか。

（二）　局部磨製石斧の破損状況

ここで遺跡から出土するナイフ形石器と局部磨製石斧が、どんな壊れ方をするものかを比較してみたい（表5）。まずは、ナイフ形石器の先端部を上に向けて表面にすえ、先端部の方向を刃先の側、刃先の側とは一八〇度反対方向の柄が取り付けられた方向を柄元の側とする。つぎに、刃先の側に三分の二が残る刃先の側a類、刃先の側に二分の一が残る刃先の側b類、刃先の側に三分の一が残る刃先の側c類、柄元の側に三分の二が残る柄元の側a類、柄元の側に二分の一が残る柄元の側b類、柄元の側に三分の一が残る柄元の側c類の六つの状況を区分しておく。また、刃先の側と柄元の側を欠く一群を中間部とする。これを基準として、破損したナイフ形石器の遺跡内遺存状態を探る。分析の対象を、埼玉県砂川遺跡に求めてみよう（所沢市教育委員会　一九七四）。

砂川遺跡からは、ヤリの穂先とみなされる刺突形ナイフが二七点出土した。作られた時のままないしそれに近い完形品が一二点で破損が一五点と、双方に大きな差はない。破損品のうちに接合して完形品に戻る例はなく、その破損品は刃先の側六点と中間部一点それに柄元の側八点に分かれる。刃先の側の詳細はa類が一点・b類が二点・c類が三点で、柄元の側はa類が七点でb類が一点。これにより、ヤリの穂先が壊れても柄の側に二分の一以上残っていれば、柄ごと遺跡に持ち帰ったとわかる。なお、刃先の側の穂先は、その大半が仕留めて持ち帰った獲物の体内にあったと推定されている（安蒜　二〇一三）。いうまでもなく、刺突形ナイフの破損現場は居住地の遺跡ではなく、狩場であった。砂川遺跡には、狩猟具とは別に、使い方が今日のカッターナイフに似た工具の切截形ナイフが一六点ある。完形品が七点で破損が九点と、刺突形ナイフと同様、大差はない。破損品のうち四点が接合して完形に戻り、残り五

表5　石器の破損

<table>
<tr><td colspan="9">砂川遺跡の刺突形ナイフ</td></tr>
<tr><td colspan="9">総数 27</td></tr>
<tr><td rowspan="5">完形</td><td colspan="8">破損 15</td></tr>
<tr><td rowspan="4">接合して完形</td><td colspan="7">接合せず 15</td></tr>
<tr><td colspan="3">刃先の側が残る　6</td><td rowspan="3">中間部が残る</td><td colspan="3">柄元の側が残る　8</td></tr>
<tr><td>a類</td><td>b類</td><td>c類</td><td>a類</td><td>b類</td><td>c類</td></tr>
<tr><td>⅔以上</td><td>ほぼ½</td><td>⅓以下</td><td>⅔以上</td><td>ほぼ½</td><td>⅓以下</td></tr>
<tr><td>12</td><td>0</td><td>1</td><td>2</td><td>3</td><td>1</td><td>7</td><td>1</td><td>0</td></tr>
</table>

<table>
<tr><td colspan="9">砂川遺跡の切截形ナイフ</td></tr>
<tr><td colspan="9">総数 16</td></tr>
<tr><td rowspan="5">完形</td><td colspan="8">破損 9</td></tr>
<tr><td rowspan="4">接合して完形</td><td colspan="7">接合せず 5</td></tr>
<tr><td colspan="3">刃先の側が残る　0</td><td rowspan="3">中間部が残る</td><td colspan="3">柄元の側が残る　5</td></tr>
<tr><td>a類</td><td>b類</td><td>c類</td><td>a類</td><td>b類</td><td>c類</td></tr>
<tr><td>⅔以上</td><td>ほぼ½</td><td>⅓以下</td><td>⅔以上</td><td>ほぼ½</td><td>⅓以下</td></tr>
<tr><td>7</td><td>4</td><td>0</td><td>0</td><td>0</td><td>0</td><td>5</td><td>0</td><td>0</td></tr>
</table>

<table>
<tr><td colspan="9">関東の局部磨製石斧</td></tr>
<tr><td colspan="9">総数 215</td></tr>
<tr><td rowspan="5">完形</td><td colspan="8">破損 122</td></tr>
<tr><td rowspan="4">接合して完形</td><td colspan="7">接合せず 97</td></tr>
<tr><td colspan="3">刃先の側が残る　61</td><td rowspan="3">中間部が残る</td><td colspan="3">柄元の側が残る　36</td></tr>
<tr><td>a類</td><td>b類</td><td>c類</td><td>a類</td><td>b類</td><td>c類</td></tr>
<tr><td>⅔以上</td><td>ほぼ½</td><td>⅓以下</td><td>⅔以上</td><td>ほぼ½</td><td>⅓以下</td></tr>
<tr><td>93</td><td>25</td><td>2</td><td>14</td><td>45</td><td>0</td><td>22</td><td>8</td><td>6</td></tr>
</table>

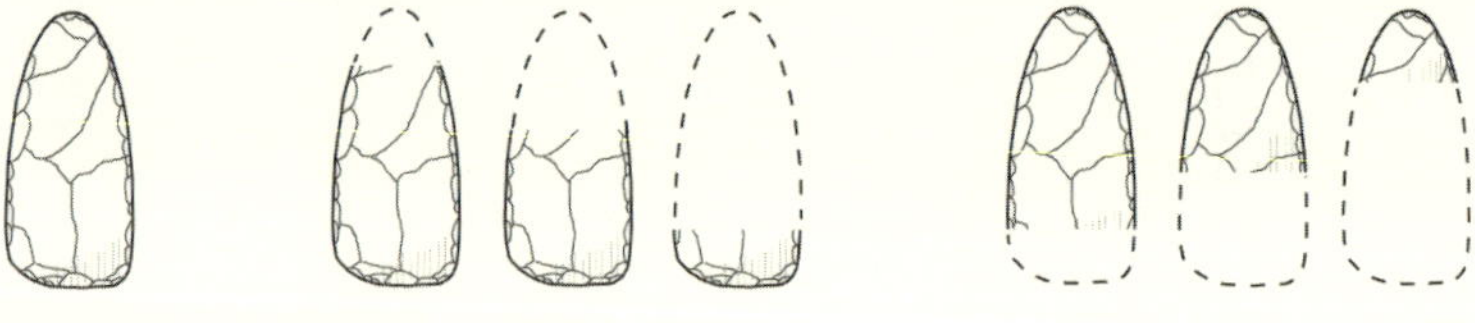

点はみな柄元の側a類で切っ先をわずかに欠くものばかり。明らかに、居住地の遺跡が作業現場であった。

局部磨製石斧はどうか。石斧の機能と用途については、これまでに、大形獣の解体具（春成 一九九六）や木材の伐採具（稲田 二〇〇二）、それにオノからカンナ・ノミまでの働きを大きさをかえて一点の石器でこなすフネ造り用の万能工具（安蒜 二〇一三）など、諸説が示されてきた。念頭に置いて、分析してみよう。関東から出土した磨製石斧の半数以上が破損した状態で、残りが完成した形のままの完形の状態で発見されている（赤星 二〇一五）。破損品の約二割は壊れたもの同士で接合し元に戻るが、ほぼ八割は出土遺跡内で接合せず完形品に戻らない。

そうした破損状況を検討するに当たっては、最初に、磨製石斧の刃を下に向ける実測位置にすえ、ナイフ形石器の観察法に準じて、刃の方向を刃先の側、刃先の側とは一八〇度逆方向の柄が付けられたとみられる方向を柄元の側とする。つぎに、柄元の側に三分の二が残る柄元の側a類、柄元の側に二分の一が残る柄元の側b類、柄元の側に三分の一が残る柄元の側c類、刃先の側の三分の二を残す刃先の側a類、刃先の側の二分の一を残す刃先の側b類、刃先の側の三分の一を残す刃先の側c類の六つの状況を区分する。また、刃先の側と柄元の側を欠く一群を中間部とする。これを基準として、破損した磨製石斧の遺跡内遺存状態を探る。

すると、遺跡から出土する壊れた局部磨製石斧の部位は、柄元の側がa類二二点・b類八点・c類六点の計三六点で、刃先の側がa類二点・b類一四点・c類四五点の計六一点となる。刃先の側の残りが柄元の側の残りを圧倒して多い。何と狩猟具とは違い、柄元を遺跡外の破損現場に捨て去っているではないか。半々に折れたときばかりか（柄元の側b類と刃先の側b類）、刃先が三分の一欠けただけでも（柄元の側a類と刃先の側c類）そうなのだ。その目的は、小さくなった刃先から小形品を作ったためとしか考えられない。当然、寸法の違う柄がつぎつぎと準備されていたに相違ない。そして、破損の現場は、狩場とはまた別の場所にあったと想定されてくるのである。

（三）日本列島の横断と旧石器古道

旧移住民は、そうした壊れ方をするナイフ形石器と局部磨製石斧を携えていた。ナイフ形石器は、ヨーロッパ式・朝鮮式・日本式など旧世界に広く分布する。そのナイフ形石器を手掛かりとして、旧移住民が日本列島に渡来した経路を探ることは可能か。日本列島のナイフ形石器は、立川ローム第Ⅹ・Ⅸ層期の、縦長剥片・基部加工系列と横長剥片・二側縁加工から始まる。朝鮮半島のナイフ形石器は、クラック帯の下位から姿をみせ、以後も縦長剥片・二側縁加工系列と縦長剥片・基部加工系列という組み合わせがかわらない。ヨーロッパ大陸のナイフ形石器については、縦長剥片を打ち割る技術がルヴァロワ技法からブレイド技法に移行する中、仕上げの打ち欠きも一側縁加工に二側縁加工が加わってくるとの指摘があってから久しい（Breuil 1912）。

そうした各地のナイフ形石器作りを、古い順に並べてみる。日本列島の立川ローム第Ⅹ・Ⅸ層から出土する石器群の古さは、およそ37,000～33,000cal BPを中心とした時期と推定されている（工藤 二〇一二）。朝鮮半島で最も古いナイフ形石器は龍湖洞遺跡（韓昌均ほか 二〇〇二）や禾岱里遺跡（崔福奎・柳惠貞ほか 二〇〇五）の発掘例があり、年代は前者が38,500±1,000BP（AMS）で後者が31,000±900BP（AMS）という。となれば、ナイフ形石器の出現は、中期旧石器時代からの伝統を受け継ぐヨーロッパ大陸が先行し、それに遅れて、朝鮮半島と日本列島がほぼ時を同じくしてつづいたと考えてよい。

その出現時における各地のナイフ形石器には、上記したような系列の組み合わせが認められ、ヨーロッパ大陸では縦長剥片・一側縁加工系列と縦長剥片・二側縁加工系列、朝鮮半島では縦長剥片・二側縁加工系列と縦長剥片・基部加工系列、日本列島が縦長剥片・基部加工系列と横長剥片・二側縁加工系列であった。明らかなように、ヨーロッパ大陸と朝鮮半島は縦長剝片・二側縁加工系列で共通し、朝鮮半島と日本列島は縦長剝片・基部加工系列を共有する。したがって、ナイフ形石器作りに、縦長剝片・一側縁加工系列から縦長剝片・二側縁加工系列ついで縦長剝片・基部加工系列へと進む序列を組めそうだ。

とはいえ、このナイフ形石器作りの技法的な序列は、現生人類がヨーロッパ大陸から朝鮮半島ついで日本列島の順で世界に拡散した、その経路の証明にはつながらない。そもそも、現生人類の世界拡散は、人類学上、アフリカ大陸を出て間もなく、ヨーロッパ方面とアジア方面に分岐したと想定されている（小田・馬場 二〇〇一）。仮に、ナイフ形石器作りが、ヨーロッパ大陸から朝鮮半島を経由して日本列島に伝播したとしよう。ならば、朝鮮半島の後期旧石器時代に残る敲打器文化の伝統が、日本列島に伝わっていてもよい。だが、日本列島のナイフ形石器出現期（第Ⅰ期）に握斧やＰＳＳＢはなく、当該時期の朝鮮半島に局部磨製石斧はない。旧移住民が朝鮮半島からやってきたとは考えがたい。今後、旧移住民が日本列島に渡来した経路を絞り込むためには、アフリカ大陸を含めてより広域でナイフ形石器作りの技法と系列を検証し、起点と分岐の詳細な系統樹の作成が必要となる。すなわち、いまのところ、旧移住民が朝鮮半島を経由して渡来したとする確たる証拠はない。いいかえると、現生人類は拡散の最終段階に、海を渡って日本列島に移り住んできた可能性が大きい。

だとして、旧移住民の渡来地を特定したり、上陸後の動きを追跡したりすることができるだろうか。ここで、日本列島における旧石器時代遺跡の分布図に目を向ける（図30）。遺跡の分布状況は、時系列に沿って、少なくとも三度にわたり大きく変化した（日本旧石器学会 二〇一〇）。まず、「台形石器・斧形石器を含む遺跡／文化層」の分布は、北海道に希薄で九州と本州中央部の関東・中部に集中する。九州の遺跡分布は日向灘方面と玄界灘方面に、本州中央部のそれは荒川水系と信濃川水系にまとまる。と同時に、日向灘方面と玄界灘方面それに荒川水系と信濃川水系の遺

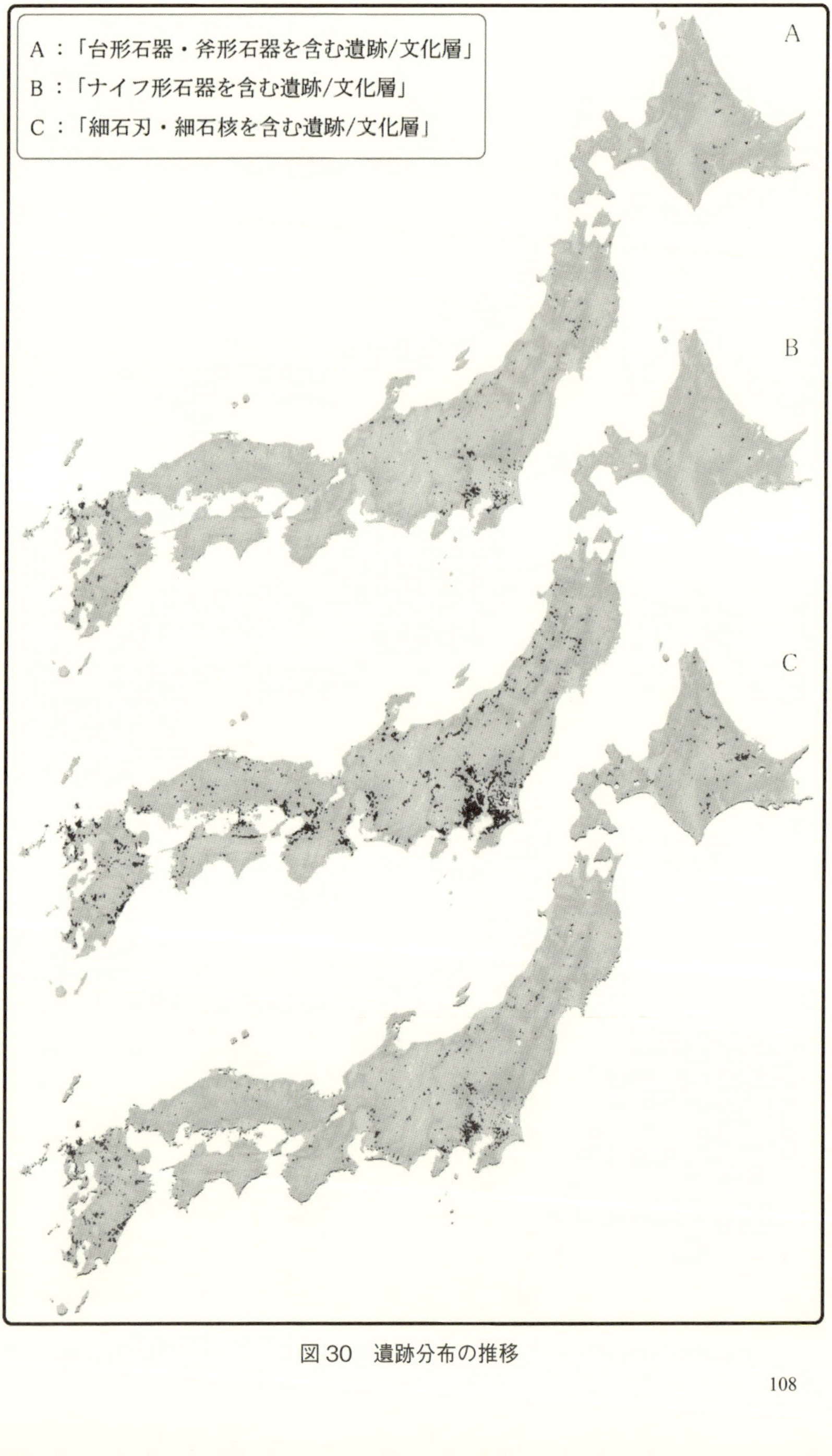
A：「台形石器・斧形石器を含む遺跡/文化層」
B：「ナイフ形石器を含む遺跡/文化層」
C：「細石刃・細石核を含む遺跡/文化層」
A
B
C

図30　遺跡分布の推移

跡分布をつなぐと、太平洋側と日本海側とから日本列島を横断するかにみえる。つぎに、「ナイフ形石器を含む遺跡／文化層」の分布に目をやると、九州と本州中央部にあった横断的な分布範囲が拡充するとともに、双方が一つとなり東北へと伸びて、日本列島を縦貫する方向に向かっている。ただし、その分布も北海道にまでは達していない。それが、「細石刃・細石核を含む遺跡／文化層」の分布になると、中心が九州・本州中央部・東北に分かれ、北海道が加わってくる。

こうして、旧石器時代の遺跡は、おおむね、日本列島を横断するかたちから縦貫するかたちへと、分布状態を移し変えている。その最古の日本列島横断的な分布を示す一連の遺跡こそ、局部磨製石斧（「斧形石器」）および杉久保系ナイフ形石器と台形系ナイフ形石器（「台形石器」）を携えた、旧移住民の生活地であり足跡に他ならない。したがって、海を渡ってやってきた旧移住民の上陸地としては、日本海側の玄界灘沿岸と信濃川水系の河口付近、それに太平洋側の日向灘沿岸と荒川水系の河口付近の四カ所辺りが候補にあがってくる。

そうした上陸地から、日本列島を横断し分け入る、いく筋ものミチが切り開かれていったのではなかったか。別けても、遺跡の分布密度が際立って高い荒川水系の河口付近は、現生人類が渡来した拠点だったかのようだ。この上陸拠点に発し、日本海側と太平洋側を結ぶ旧移住民が最初に歩んだミチ筋を、旧石器古道と呼んでいる（安蒜二〇一三）。局部磨製石斧を出土する遺跡の多くは、正しく、旧石器古道沿いに残されているわけだ。のちに、旧石器古道は新移住民が拓いた日本列島を縦貫するミチ筋と交わり、本州の中央部で交叉することとなる。

第三節　新移住民と環日本海旧石器文化回廊

（一）　スムベチルゲと湧別系細石器

地球が最終氷期の最寒冷期を迎えた第Ⅲ期、北海道と九州に新しい石器作りが現れる。新移住民の渡来だ。北方系の新移住民は湧別系の細石器を、南方系の新移住民は朝鮮式のナイフ形石器（スムベチルゲ）をそれぞれ携えていた。この新移住民の石器作りが、旧移住民の石器作りと接触し、日本列島の南北で実に対照的な事象を引き起こすのである。旧移住民は、第Ⅰ期の杉久保系ナイフ形石器（尖刃ナイフ）と台形系ナイフ形石器（平刃ナイフ）を併用する段階から、第Ⅱ期で第Ⅰ期の二者を兼ねる茂呂系ナイフ形石器（斜刃）へと推移する段階を踏んでいた。ただし、北海道は、依然として、第Ⅰ期以来の人類活動が不活発な状態に置かれたままであった。その日本列島へ、第Ⅲ期に新移住民が南と北からやってきたのである。

だが、九州に伝播したスムベチルゲ（朝鮮式ナイフ形石器）が、他にどんな種類の石器と一緒であったかは定かではない。というのも、スムベチルゲ石器群が本来もっていた固有の石器組成を突き止めることができないからである。とはいえ、九州在来のナイフ形石器とは違った石材で作られる傾向があり、そこにかつてはナイフ形石器群とは別の石器組成を組んでいた名残りを感じさせる。いいかえると、スムベチルゲは、ナイフ形石器と共伴し同化したと考えられる。その証拠に、スムベチルゲ作りが九州を出て純粋なかたちで本州に入り北上した形跡はなく、第Ⅲ期の後半にはスムベチルゲ自体が九州からも姿を消してしまう。

これに対し、湧別系細石器石器群については、北海道に先行する石器群がなかったこともあって、その固有で豊かな組成をつぶさに観察できる（図31ａ）。細石核から打ち剥がされた細刃器（細石器）の他に、まず尖頭器がある。

この尖頭器は、第Ⅳ期の本州中央部で発達した槍先形尖頭器と同種の石器ながら、双方は全く別の地に分布し、相互に技術上の親縁関係もない。槍先形尖頭器と区別し、単に尖頭器と呼ぶ。これに、荒屋型を代表例とする多種類の彫器に掻器、それに船底状の石器を含む削器など、細石器（細刃器）に比べれば大形の、一連の剝片石器が加わる。さらに、磨製と打製の石斧もある。

湧別系細石器石器群は、第Ⅲ期は北海道に留まるが、第Ⅳ期で本州東北部に渡り、第Ⅴ期には本州の中央部をへて西南部にまで南下する。第Ⅳ期の本州東北部には杉久保系ナイフ形石器が分布し、同時期の本州中央部では槍先形尖頭器作りが進展していた。その本州中央部から九州にかかる一帯は、つぎの第Ⅴ期で矢出川系細石器作りへと転じる。そうした状況下にあって、湧別系細石器が、ナイフ形石器や槍先形尖頭器それに矢出川系細石器と共伴することは決してなかった。そして、併存して境界を設けついには湧別系細石器石器群と矢出川系細石器石器群が、日本列島を東西に二分する文化圏を築く。

しかし、その間、湧別系細石器石器群の組成にも変化が起きる（図31ｂ）。本州の湧別系細石器石器群には、彫器・掻器・削器があるが、尖頭器はない。しかも、彫器は荒屋型のみで、船底状削器もなく石斧もみられない。北海道と本州とでは、同じ湧別系細石器石器群とはいっても、ずいぶんと大きな組成の差が生じている。石器の種類が多彩で細石器と尖頭器という複数のヤリの穂先を揃える組成を北海道型とし、それとは反対に石器の種類も少なく細石器をヤリの穂先とする組成を本州型と呼ぶ（安蒜二〇一二）。

ここで、朝鮮半島でスムベチルゲ石器群と接触した湧別系細石器石器群を、組成のうえから再考する。本論は、前章でスムベチルゲと湧別系細石器が共伴しないとの見解に立ち、湧別系細石器が朝鮮半島からスムベチルゲを日本列島に押し出したと結論付けた。とはいえ、スムベチルゲと湧別系細石器が朝鮮半島で共伴したかどうかは大きな研究

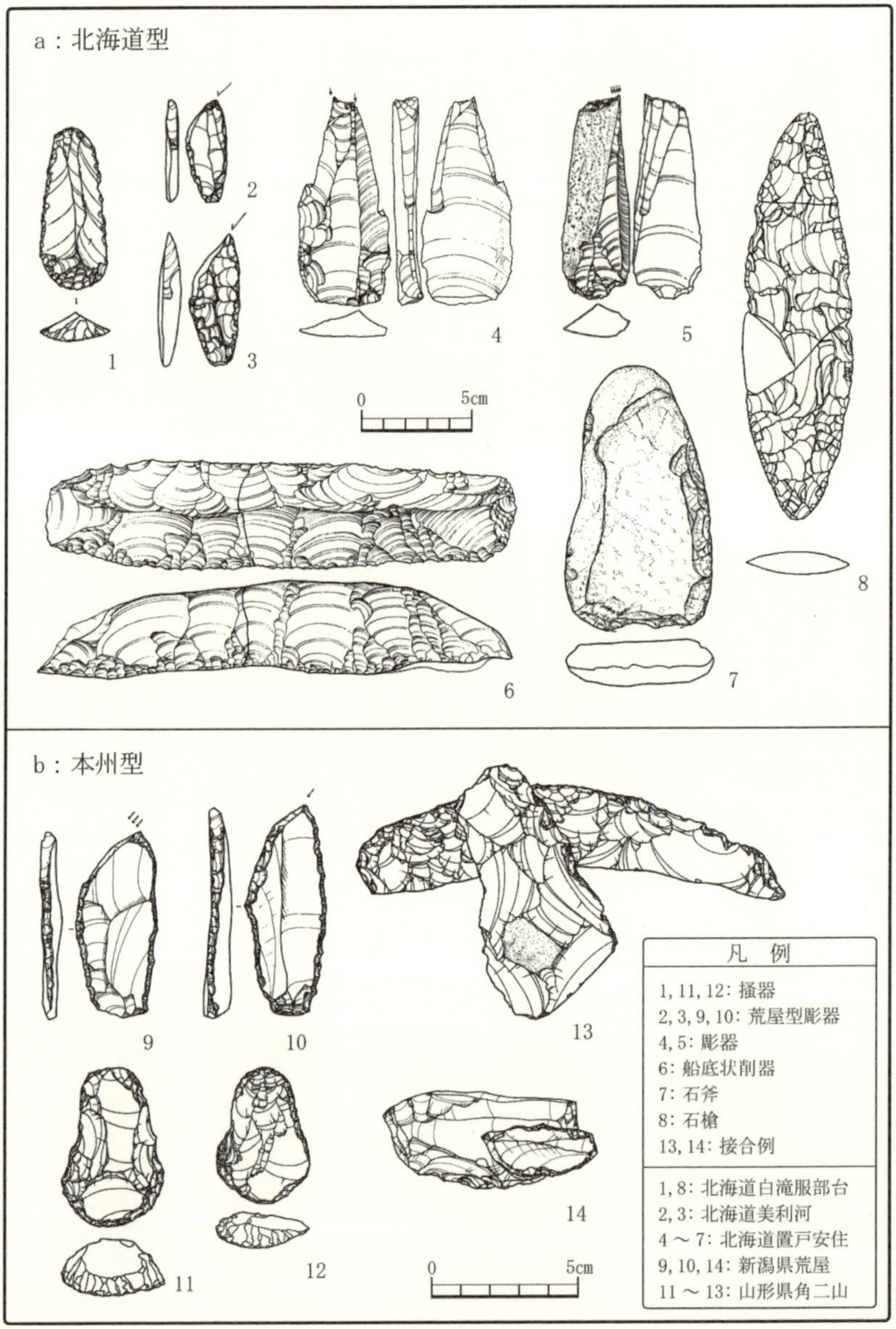

図 31　湧別系細石器の組成

上の課題である。そこで、改めて両石器群の組成を検討してみたい（表6）。朝鮮半島に残されている旧石器時代の細石器石器群のどれもが、湧別系細石器とかかわりをもつという（張龍俊 二〇〇七）。その湧別系細石器石器群には、先行するスムベチルゲが同じ遺跡からに出土するものとそうではないものとがみられる。前者をⅠ類の後者をⅡ類の、それぞれ石器組成とする。と同時に、湧別系細石器石器群には、初期（世界旧石器標準時間帯の中期）の敲打器文化の示準石器でもある、敲打器やPSSBと一緒に発掘されるものとそうではないものとが認められる。前者を、A類の石器組成とし、後者をB類の石器組成とする。このⅠ・Ⅱ類とA・B類の在り方を組み合わせると、湧別系細石器石器群の組成が、ⅠA・ⅠB・ⅡA・ⅡBの四群に分かれてくる（安蒜 二〇一五）。この分類枠に当てはめながら、対象となる三三遺跡を観察し、湧別系細石器石器群が帯びている組成の性格をとらえることとする。

すると、例数の少ない方から、スムベチルゲと敲打器やPSSBのどれもがあるⅠA群四遺跡、スムベチルゲはあるが敲打器やPSSBはないⅠB群六遺跡、逆に敲打器やPSSBはあるがスムベチルゲはないⅡA群八遺跡、スムベチルゲもなく敲打器やPSSBもないⅡB群一五遺跡の順で並ぶ。そして、スムベチルゲがあるⅠA群とⅠB群が一〇遺跡と少ないのに対し、スムベチルゲのないⅡA群とⅡB群が二三遺跡と多数を占めている。そのうえ、ⅠB群の垂楊介遺跡Ⅰ地区（李隆助 一九八五）とジングヌル遺跡（이기길 二〇一一）では、同一地層中にはあるものの、スムベチルゲと湧別系細石器がそれぞれ別々のブロックに分布している。こうしてみると、湧別系細石器がスムベチルゲと共伴したとはいいがたい。反面、スムベチルゲがないのに敲打器やPSSBがあるⅡA群が八遺跡もあり、スムベチルゲを押し出した湧別系細石器が初期以来の伝統的石器を引き継いだ様子さえうかがえる。これらの事象は、湧別系細石器石器群がスムベチルゲ石器群を朝鮮半島から日本列島へと押し出したとする考えを支持し補強するだろう（図24参照）。

表６　朝鮮半島における湧別系細石器石器群

（● 荒屋型彫器出土）

	A類　敲打器類やPSSB類がある	B類　敲打器類やPSSB類がない
I類　スムベチルゲがある	IA群 ●中里ヌルゴリ遺跡第２文化層 （25,150 B.P.） ○月坪遺跡第４文化層 ○曲川遺跡 ○竹山遺跡　など	IB群 ●新北遺跡 （25,500~18,500 B.P.） ●ジングヌル遺跡 （22,850~17,310 B.P.） ●石壮里遺跡第12文化層 （20,830 B.P.） ○下加遺跡上文化層 （19,700~19,500 B.P.） ○垂楊介遺跡第I地区 （18,600~16,800 B.P.） ○砧谷里遺跡　など
II類　スムベチルゲがない	IIA群 ○好坪洞遺跡第２文化層 （24,100~16,190 B.P.） ●中里ヌルゴリ遺跡第３文化層 （19,250~19,770 B.P.） ○沙倉遺跡第３文化層 ○三里遺跡第１文化層 ●上舞龍里遺跡 ●大田遺跡 ○松田里遺跡 ○堂下山遺跡第２文化層　など	IIB群 ○沙根里遺跡上文化層 （28,460 B.P.） ○長興里遺跡第１文化層 （24,400~24,200 B.P.） ○上絲里遺跡第１文化層 （23,040~14,670 B.P.） ●老隠洞遺跡 （22,870 B.P.） ○集賢遺跡 （20,480~13,160 B.P.） ○大井洞遺跡 （19,680 B.P.） ○全州中洞遺跡トクドンC-2地点第１文化層 （14,820 B.P.） ●月城洞遺跡 ○中洞遺跡 ●壬佛里遺跡 ○民楽洞遺跡 ○西豆里２遺跡第１文化層 ○新幕遺跡上文化層 ○寒洞遺跡 ○舟山里遺跡　など

朝鮮半島の湧別系細石器がスムベチルゲと接触して表面化した、決して共伴しないという文化の体質は、日本列島における湧別系細石器石器群の性格とも合致する。その文化の体質こそが、ナイフ形石器と槍先形尖頭器それに矢出川系細石器と接触しながらも、湧別系細石器が日本列島に独自の文化圏を形成しつづけた最大の要因だ。ちなみに、朝鮮半島の湧別系細石器石器群は、どちらかといえば、北海道型よりも本州型に近い石器組成を組んでいる。ただし、北海道型であれ本州型であれ、組成を組む一連の石器を一つの同じ原石から作り出す仕組みにかわりはなく、朝鮮半島の湧別系細石器石器群も同様だ。

なお、細石器に削器と礫器だけしか伴わない矢出川系細石器作りが、細石核と削器それに礫器を別々の原石から仕上げることも、湧別系細石器と矢出川系細石器が文化圏を分けもった原因の一つと考えられる（安蒜 二〇〇八）。だが、何故、朝鮮半島では直接接触したスムベチルゲと湧別系細石器の両者が、日本列島では北海道に湧別系細石器で九州にスムベチルゲと南北に分かれて登場し接触しなかったのか。その背景に迫りたい。

（二）　環日本海旧石器文化回廊

最終氷期最寒冷期の環境変化は、旧石器時代人の生活に大きな影響を与える二つの事態を引き起こした。大形動物の絶滅が加速され、海岸線が著しく沖へと後退しだしたのである。狩りの最大の獲物であった大形動物の衰退は、主要な食糧源が失われることを意味し、旧石器時代人にとっては死活の問題となっただろう。現在生息しているシカとウシそれにゾウの体重を、シカを約五〇〇キロとして比較すると、ウシで二～三倍、ゾウで一〇倍に達する。また、もし、一トンの食用の肉を一人当り二〇〇グラムに切り分けると、五、〇〇〇人分。一日二食として二、五〇〇人分にもなる。それは、一〇〇人でおよそ一カ月間も食べつなげる量に匹敵する（安蒜 一九九六）。実際にマンモスで最大一一トンという体重が推定されてもいる（冨田ほか 二〇一一）。マンモスやナウマンゾウなど旧石器時代の大形動物は、格好な狩猟の対象であり食糧源であった。

その大形動物の絶滅を早めた最終氷期最寒冷期の気温低下が、水を氷の状態で陸地にとざし、海水位を一挙に下げた。この海退が、東アジアの景観を大きくかえていった（図32）。渤海と黄海は陸地化し、北海道は大陸と連なる半島となった。また九州と四国それに本州は、一つの島に合体する。朝鮮半島と九州が向き合う朝鮮海峡および対馬海峡の幅は一段と狭まり、北海道・本州間の津軽海峡も同様で、日本海は半ば巨大な湖と化したようだ。この時、旧石器時代人は、間近に迫った対岸へと、南下し北上する狩りの獲物を追い求めて、互いに移り住んだに違いない。そうした後期旧石器時代中頃に当たる第Ⅲ期に、スムベチルゲと湧別系細石器が日本列島に渡ったわけだ。そして、両石器の分布を追跡していくと、東アジアの各地を結ぶ旧石器時代のミチ跡が浮かんでくる。たどってみよう。

まず、湧別系細石器の分布を日本列島内に追うと、第Ⅲ期の北海道に濃密で第Ⅳ期と第Ⅴ期に本州へと伸びる。その分布を日本列島外の対岸に求めると、北海道の西隣りはロシアの沿海州から中国をへて朝鮮半島まで達する。ついで、スムベチルゲの分布を日本列島内に追っていくと、第Ⅲ期の九州にまとまり同時期に本州の数遺跡で出土する。そのスムベチルゲの分布を対岸に求めると、九州の北隣りの朝鮮半島から大陸をへて沿海州へとつづく。そして、この二つの分布を重ね合わせると、日本海を一巡する。後期旧石器時代の東アジアに、あたかも日本海を巡ってヒトやモノが動く回廊が現出したかのようである（図33）。これを、環日本海旧石器文化回廊と呼ぶ（安蒜 二〇〇五）。

その環日本海旧石器文化回廊の起点は、一体、どこにあったのか。湧別系細石器はシベリアに最も古い一群があり（加藤博文 二〇一四）、最古のスムベチルゲ（朝鮮式ナイフ形石器）は前述したように朝鮮半島の南部から出土している。どちらの年代も、世界旧石器標準時間帯の後期初頭に遡る。となれば、第Ⅲ期にシベリアを発した湧別系細石器が、

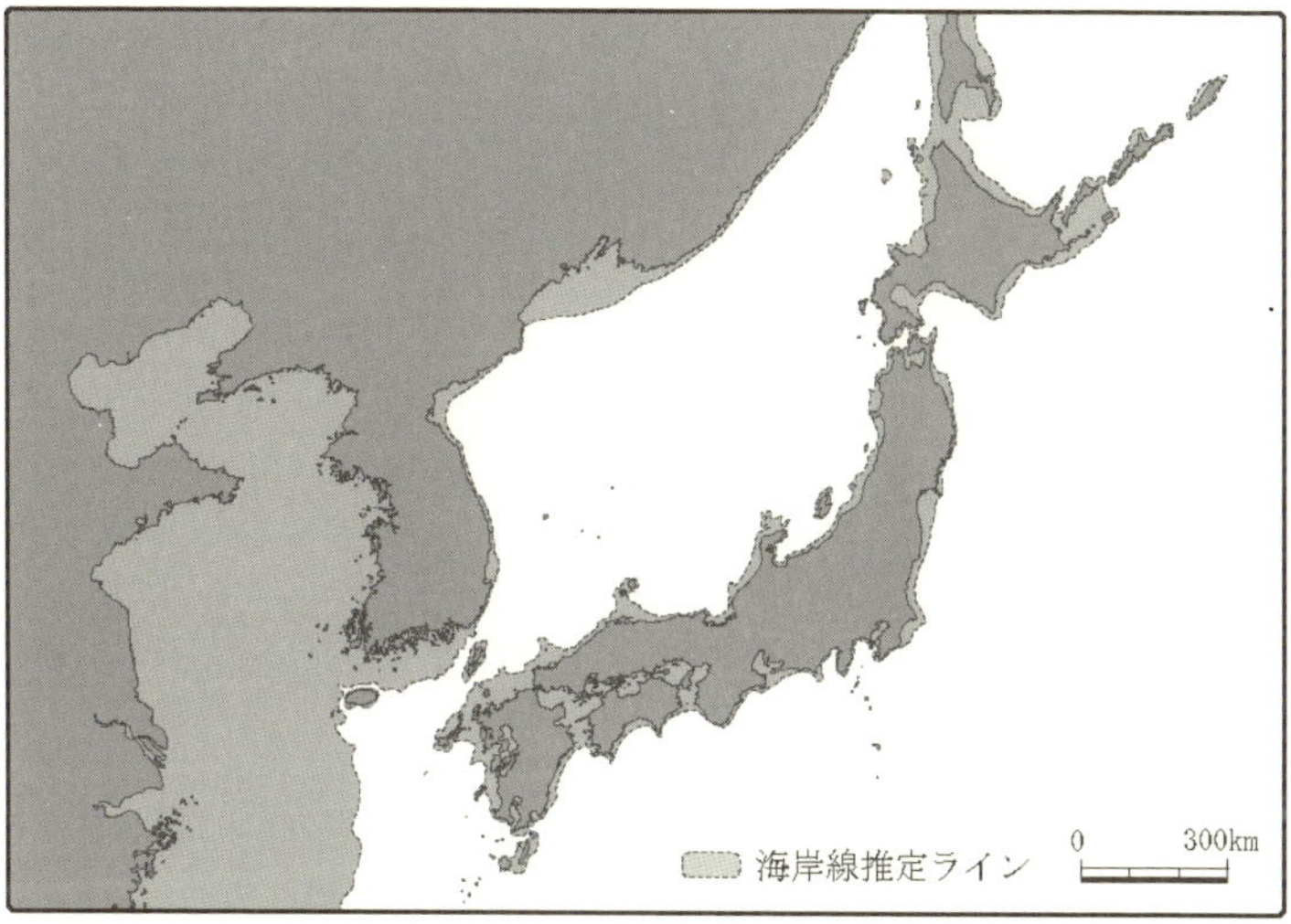

図 32　最終氷期最寒期の海岸線

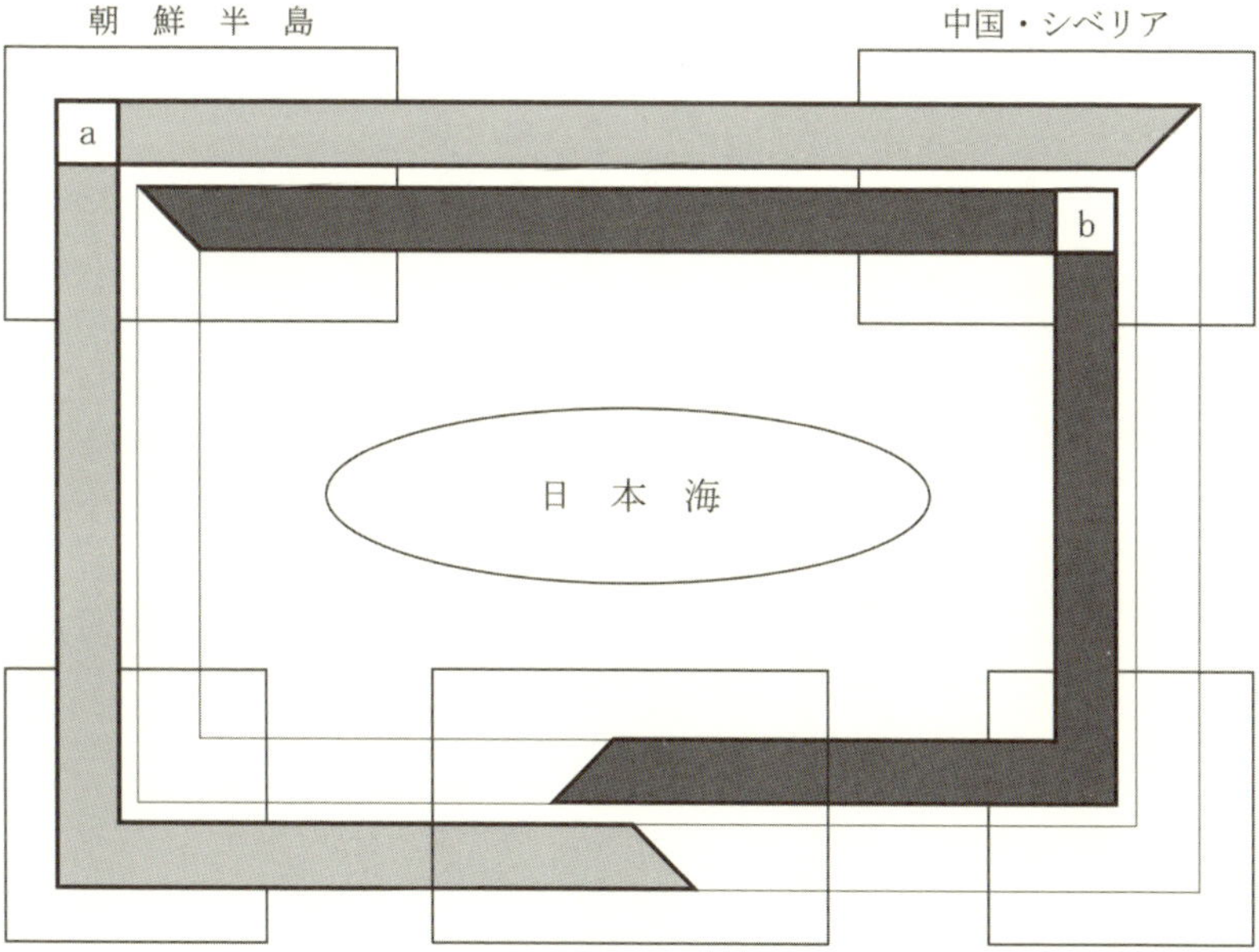

a　スムベチルゲ（剝片尖頭器）の動き［朝鮮半島起点］
b　湧別系細石器の動き［シベリア起点］

図 33　環日本海旧石器文化回廊

右回り（時計回り）に回廊を渡って、北海道を経由し本州まで南下した経路をたどれる。また、同じく第Ⅲ期に朝鮮半島南部を出たスムベチルゲには、左回り（反時計回り）に回廊を伝い、九州を経由しながら本州を北上した経路が想定されてくる。

しかし、右回りに本州を南下した湧別系細石器が、九州にまでおよんだ痕跡はない。にもかかわらず、その右回りからみると九州のさらに先に位置する朝鮮半島には、湧別系細石器が色濃く分布する。それは、シベリアを起点とする湧別系細石器が、環日本海旧石器文化回廊を、右回りと左回りの二手に分かれて動いたからではないのか。つまり、日本列島へは右回りで、朝鮮半島へは左回りに、それぞれ回廊を進んだと考えられるのである。スムベチルゲも同様で、九州経由の左回りばかりではなく、右回りで沿海州に届いている。したがって、環日本海旧石器文化回廊には、右回り（北回廊）と左回り（南回廊）という二つのミチ筋があり、その対向する経路を介してヒトやモノが動いたことになる。

こうして、シベリアを発した湧別系細石器は、右回りで、北海道を経由し本州を南下するとともに、左回りで朝鮮半島に入った。すなわち、環日本海旧石器文化回廊は、日本列島と朝鮮半島のみならず、東アジアに湧別系の細石器文化圏を築き上げた、ヒトやモノが動く大動脈であった。ただし、北回りの湧別系細石器と南回りの湧別系細石器は、いずれも九州に達せず、また、北回りのスムベチルゲと南回りのスムベチルゲも、ともに北海道に届かない。九州と北海道は南方系と北方系の新移住民の入口であり、本州は双方の移住の分水嶺であったかのようだ。

とはいえ、北海道と九州から、それぞれ日本列島を南下し北上する縦貫路のミチ筋が拓かれたのである。この日本列島を縦貫する環日本海旧石器文化回廊が、日本列島を横断する旧石器古道と、本州中央部で交叉することとなる。以上が、第Ⅲ期の日本列島では湧別系細石器が北海道でスムベチルゲが九州と両地に分かれて登場し、同時期の朝鮮半島では、先行するスムベチルゲに後続の湧別系細石器が接触した背景であった。

第V章　旧石器時代人の思考と行動

第一節　旧石器時代人の石器作りと移動

（一）遺跡の成り立ち

渡来した旧移住民と新移住民は、日本列島にどんな社会を築いたか。それを探る前に、旧石器時代人の社会を支えていた生活の一般原理に触れておきたい。旧石器時代人は、自然の恵みのもと、ヤリを手に集団を組んで狩りをし、頻繁に住まいを移し替えて暮らしを立てていた。ヤリの穂先には石器。そう推定されている。だが、何故、移動が繰り返されたのか。ヤリの使い手であった旧石器時代人が、ヤリの穂先の作り手でもあった事実を思い起こしてみよう。そもそも、旧石器時代人が猟に出ようとすれば、ヤリが必要となる。狩りにおけるヤリの使用は、穂先となった石器の破損や消失を招き、徐々にヤリは失われていく。ヤリがなければ狩りはできず、獲物も手に入らない。

一方、旧石器時代人が石器を作るためには、黒耀石などの原料となる原石の入手が不可欠となる。原石を打ち割り打ち欠いての石器作りは、原料の消費につながり、やがて原石は尽きてしまう。原石がなければ穂先は準備できず、ヤリを手にできない。ヤリが手元になければ、猟には出られない。このように、狩りはヤリを、石器作りは原石の入手を、それぞれ前提としている。どちらも欠かさぬよう、調和と均衡が図られたに違いない。そうした意味で、石器の使い手側に立った食糧の調達と石器の作り手の立場から求められる原料の確保とは、旧石器時代人にとって、思いやる生活の全てであった。

では、どこで食糧を調達し、原料が確保されていたのだろう。食糧と原料を一カ所で賄えればよいが、より良質で高品位の原石がどこででも手に入るわけではなく、産出場所（石材原産地）も限られている。また、作った石器を効率よく使用できる場所（狩場）も特定されてくる。そのうえ、狩場内にも獲物が動く折々にかわる猟の要地があっただろう。当然、石器の使い手は、要地をねらい定めて狩場内を周回することになる。

したがって、旧石器時代人には、石器の使い手としての狩場内での周回移動と、石器の作り手としての狩場と石材原産地との間の往復移動とが、どちらも不可避とされていたのである。これが、旧石器時代人が繰り返し移動した要因であり、契機となっていたのではないか。そう推測できるし、実際そうだったに違いない。だとすれば、旧石器時代人が移動していたことを示す、はっきりとした証拠があるはずだ。そして、日本で開発された石器群の個体別資料分析法が、確かな移動の裏付けをとった。

いま、椅子に座り、原石とハンマーを手に持ち、その一個の原石が尽きるまで剝片石器を作る実験をしたとする。最後の石器を作り終えた時、足下には残核や大小様々な不要な剝片と砕片が散らばり、出来上がった石器とのちに石器に仕上げようとした素材用剝片が並べられていることだろう。それらの原料の残滓と製品を寄せ集めてつなぎ合せると、互いに接合して原石の最初の状態に戻る。このように、同じ原石から打ち割り打ち欠かれたものどうしは、必ず過不足なく元の状態に接合するという、同一原石の接合原則を利用して、遺跡から出土する全石器（石器群）を原石ごとに区分して観察する方法を、個体別資料分析法という。一九七四年に、著者が考案した石器の研究法である（安蒜　一九七四）。では、実際の石器群を個体別資料分析にかけると、どんな結果と情報が得られるのか。

埼玉県砂川遺跡出土の石器群が、個体別資料分析法を適用する初の実践例となった（所沢市教育委員会　一九七四）。その砂川石器群の計七五九点が六六個体の個体別資料（資料番号1～66）に区別されたように（表7）、普通、どの遺

表7　砂川遺跡の石器群と個体別資料

A

個体別資料番号	石器群の資料点数	残核	石核整形剥片	各種の調整剥片	砕片	素材用剥片	使用痕が残る剥片	二次加工のある剥片	彫器	ナイフ形石器	類型
1	3	1	1			1					A
2	61	1	4	2	42	11	1				A
3	7	1		2	3	1					A
4	3	1	2								A
5	22	1	1	8	6	6					A
6	46		5	2	24	15					B
7	43	1	4	21	8	6	1	1		1	A
8	15			3	3	6				3（2）	B
9	13			1	8	2				2	B
10	111		7	48	36	6	3	1	1	9	B
11	19			7	6	4				2	B
12	34		1		16	10	2			5	B
13	10			1	5	3				1	B
14	50		3	3	39	3	1			1	B
15	11			2	2	6	1				B
16	2				1	1					B
17	7		2	1	1	3					B
18	2	1		1							A
19	1									1	C
20	1									1	C
21	1									1	C
22	1									1	C
23	4			2		2					C
24	2					2					C
25	3				3						B
26	1			1							C
27	1			1							C
28	1				1						B
29	33		1	17	13			2			B
30	24		2	11	7	1				3	B
31	6	1			5						A
32	7			1		6					C
33	6			3	2			1			B
34	3			1		2					C
35	2			2							C
36	24	1	1	12	5		2			3	A
37	143	1	2	51	73	1	5	7		3	A
38	8			5		1				2	C
39	4			3	1						B
40	5			1	4						B
41	2			2							C
42	3			1						2	C
43	1			1							C
44	1							1			C
45	1						1				C
46	1					1					C
47	1			1							C
48	1			1							C
49	1					1					C
50	1								1		C
51	1									1	C
52	1					1					C
53	1					1					C
54	1			1							C
55	1			1							C
56	1	1									A
57	1					1					C
58	1			1							C
59	1									1	C
60	1			1							C
61	1					1					C
62	1			1							C
63	1					1					C
64	1									1	C
65	1	1									A
66	1							1			C
砂川遺跡	769	12	36	224	314	106	17	14	2	44(43)	石器群の組成
A地点	359	6	25	44	173	82	5	0	1	23(22)	
F地点	410	6	11	180	141	24	12	14	1	21	

B

類型別個体数		
類型	資料番号	数
A	1	12個体（ナイフ形石器数7点）
A	2	
A	3	
A	4	
A	5	
A	7＊	
A	18	
A	31	
A	36＊	
A	37＊	
A	56	
A	65	
B	6	18個体（ナイフ形石器数26(25)点）
B	8＊	
B	9＊	
B	10＊	
B	11＊	
B	12＊	
B	13＊	
B	14＊	
B	15	
B	16	
B	17	
B	25	
B	28	
B	29	
B	30＊	
B	33	
B	39	
B	40	
C	19＊	36個体（ナイフ形石器数11点）
C	20＊	
C	21＊	
C	22＊	
C	23	
C	24	
C	26	
C	27	
C	32	
C	34	
C	35	
C	38＊	
C	41	
C	42＊	
C	43	
C	44	
C	45	
C	46	
C	47	
C	48	
C	49	
C	50	
C	51＊	
C	52	
C	53	
C	54	
C	55	
C	57	
C	58	
C	59＊	
C	60	
C	61	
C	62	
C	63	
C	64＊	
C	66	

＊はナイフ形石器がある個体別資料

（ナイフ形石器のうち2点は直接つながらないが同一品の破損品）

跡から出土する石器群も、数十例の個体別資料に分かれる。ただし、実験とは違って、ほとんどの個体別資料は、余すところなく接合しても原石には戻らず、三つの類型に分かれる在り方を示す。残核を含む原料の残滓と製品がある類型A、原料の残滓と製品はあるが残核がない類型B、原料の残滓が一切なく製品だけがある類型Cの三者である。そして、接合しても原石に戻らない原因を知る鍵は、接合状況自体に秘められていた（図34）。

類型Aの接合例は原石の外側を欠いており、類型Bの接合例は原石の芯側が欠けている。しかも、類型Aと類型Bの接合は、所々に隙間があいていて、素材用剝片の抜け落ち（類型X）がある。片や、類型Cは接合しない。すなわち、類型Aの外側と類型Bの芯側は遺跡の外で打ち割り打ち欠かれ、類型Cも遺跡の外で製品化されたとみてよい。では、その遺跡外とは、一体どこか。個体別資料が基本的にA・B・Cの三類型に分かれる在り方は、他のどの遺跡にも共通する事象だ。そこで、別々の遺跡にある類型Aと類型Bを互いに結び合わせ、それに類型Cと類型Xを補ったらどうなるか（図35）。

すると、あたかも遺跡をこえて、石器作りが連続・完結し、原石が元の礫の状態に復元されてくるではないか。実に、一つの原石を消費する石器作りは、場所（遺跡）を移し替えて継続していたのである。それは、旧石器時代人が、古い居住場所から新しい居住場所へと、原料と製品を携行しながら、移動生活を繰り返していた確かな証しともなった。つまり、類型Aの外側は移動元の遺跡で作業され、類型Bの芯側は移動先の遺跡で作業されたとわかる。また、類型Cは移動元の類型A・Bに抜け落ち（類型X）を生んだ既製品で、逆に類型A・Bに抜け落ち（類型X）を起こさせた製品が、移動先で類型Cとなったことも明らかとなる。

いいかえると、どの遺跡にも、半分使った原石（石核）それに完成品と移動の途中で補給された原石が搬入され、どの遺跡からも半分使った原石と完成品が搬出されているのである。こうして、原料と製品を携えて旧石器時代人が

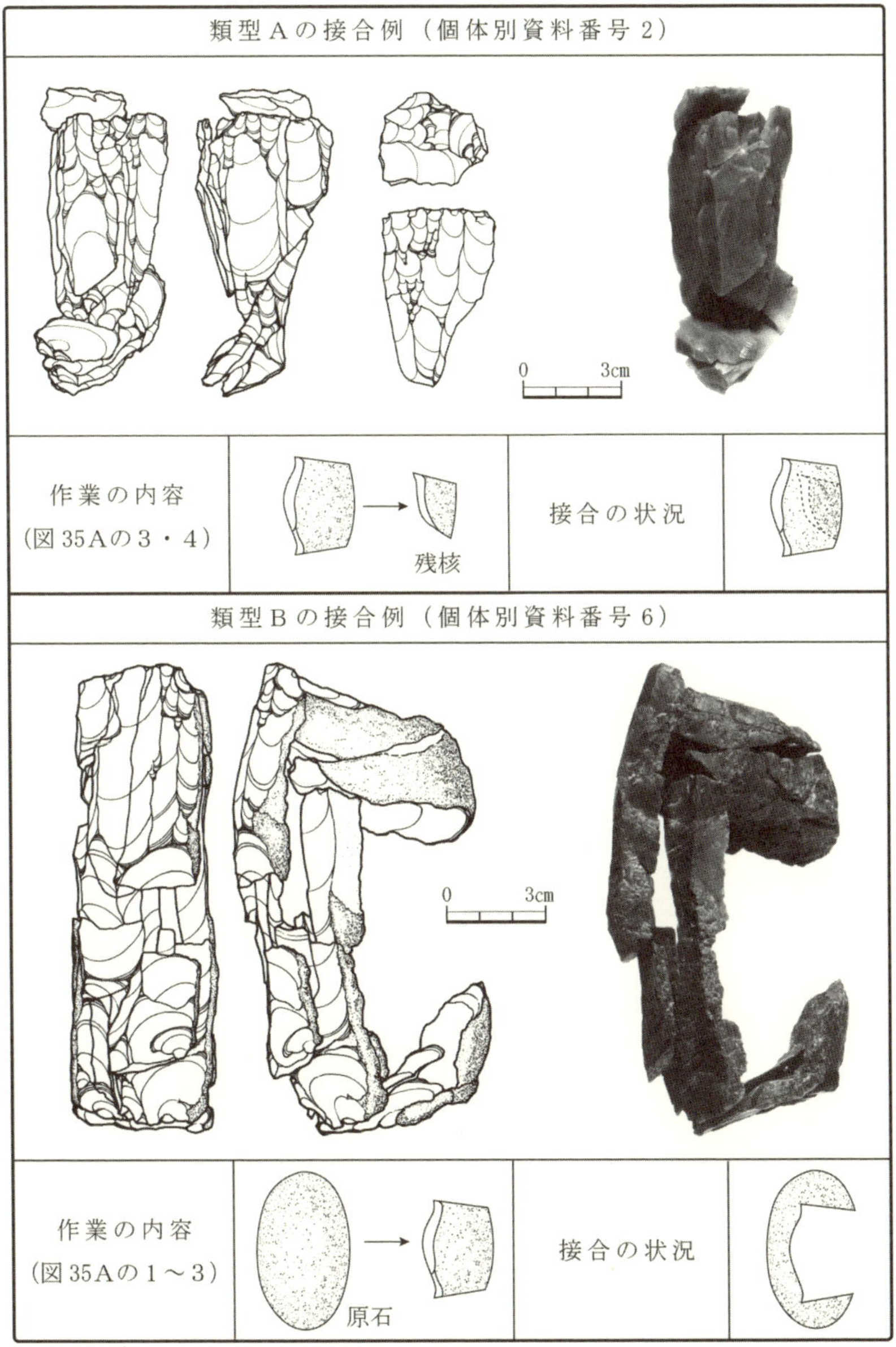

図34　砂川遺跡の接合例

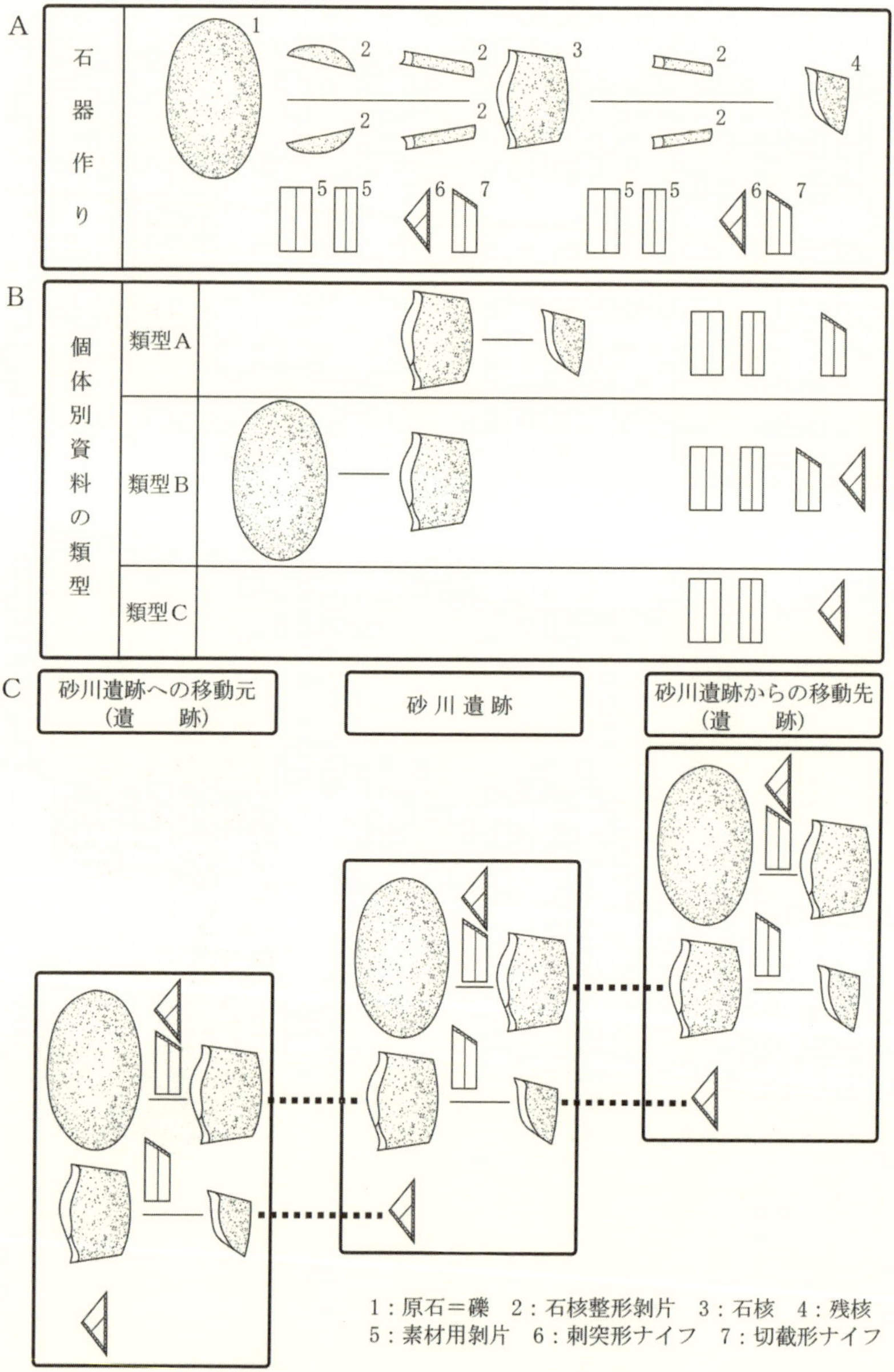

図35　砂川遺跡の石器作りと個体別資料

居住地を移し替えた移動の実態が証明されるに至ったのである。併せて、同一原石の接合原則から、一個体に余るものは他からの持ち込み（搬入）で足らないものは他への持ち出し（搬出）という、石器の搬入と搬出の定理が導かれることともなった。

（二）　遺跡の構成

旧石器時代人は、時に応じて居住する場を移し替える移動生活を送っていた。その意味で、旧石器時代の遺跡は、どこが本拠地でどこが出先といった区別のない、どれもがみな等しい移動先の住まいであった。そうした遺跡には、ブロック・礫群・炭化物集中が残されており、時として、落とし穴や炉跡が発見されることもある。ブロックは石器が作られた場所で、礫群は煮る・焼く・蒸すの食物調理に用いられたと考えられている。炭化物集中は、焚き火の跡。また、落とし穴は罠猟の仕掛け穴で、炉跡は文字通りの囲炉裏の跡。いずれも出土すれば、一目でそれとわかる、いわば可視的な遺構である。この他に、ブロックを個体別資料分析法にかけると可視化してくる、遺跡の発掘時には直接目にすることができない遺構がある。

まず、発掘後に整理し個体別資料ごとに区分した石器群の全点を、再度、図上で元の出土位置に戻す。すると、個体別資料が、一つのブロックにしか分布しない一群とそうではなく複数のブロックにまたがって分布する一群とに二分されてくる。前者は特定の一ブロックに固定されている定置個体で、後者は数ブロック間を動いた転送個体である（表8）。砂川遺跡の場合、六六個体別資料のうち四七が定置個体で一九が転送個体であった。そして、六ブロック中の五ブロックがそうであるように、通常、多くのブロックに定置個体と転送個体の双方が揃って認められる。その遺跡内での転送のされ方は、遺跡間移動時の類型A・Bと類型C・Xで搬出入された状況と相似した、原料（類型a・

表８　砂川遺跡の定置個体と転送個体

個体別資料番号	資料点数	類型	分布するブロックとスポットの場 A1	A2	A3	F1	F2	F3	個体別資料数
8	15	B*	b＊						47（定置個体）／66
25	3	B	b						
28	1	B	b						
19	1	C*	c＊						
20	1	C*	c＊						
21	1	C*	c＊						
24	2	C	c						
26	1	C	c						
27	1	C	c						
1	3	A		a					
4	3	A		a					
18	2	A		a					
16	2	B		b					
22	1	C*		c＊					
31	6	A				a			
47	1	C				c			
48	1	C				c			
49	1	C				c			
50	1	C				c			
51	1	C*				c＊			
52	1	C				c			
36	24	A*					a＊		
65	1	A					a		
33	6	B					b		
39	4	B					b		
40	5	B					b		
32	7	C					c		
34	3	C					c		
35	2	C					c		
41	2	C					c		
44	1	C					c		
59	1	C*					c＊		
60	1	C					c		
61	1	C					c		
62	1	C					c		
63	1	C					c		
64	1	C*					c＊		
66	1	C					c		
56	1	A						a	
43	1	C						c	
45	1	C						c	
46	1	C						c	
53	1	C						c	
54	1	C						c	
55	1	C						c	
57	1	C						c	
58	1	C						c	
2	61	A	a		b				16／19（転送個体）
5	22	A	a	c					
3	7	A		a	b				
9	13	B*	b	b＊	b				
11	19	B*		b	b＊				
12	34	B*	b＊	c＊	b＊				
13	10	B*	c＊	c	b				
14	50	B*	b＊		b				
15	11	B	b		b				
17	7	B		b	b				
23	4	C	c	c					
37	143	A*				a＊	b＊		
29	33	B				b	b		
30	24	B*				b＊	b		
38	8	C*				c	c＊		
42	3	C*				c	c＊		
7	43	A*	b		b	b＊	a	b	3
10	111	B*	c＊	b＊	b＊	c	b＊		
6	46	B	c		b			c	
ブロック加算個体別資料数	95	-	20	14	12	14	24	11	

（＊はナイフ形石器がある個体別資料の類型と場）

b）と製品（類型c・x）という二つのかたちをとっておこなわれている。

さて、ここで石器作りの実験を再開する。今度は、自分と相手方の二人が、原石とハンマーをもって離れた場所に座り実験を進める。すでに、二人は、一つ目の原石を消費し尽して、二つ目の原石に取り掛っているとする。この実験の合間に、相手方に二つ目の原石から作った製品の一部を分け与えれば、のちに接合した時、その分の空白が手元にできる（類型x）。反対に、相手方から製品の一部を譲り受ければ、接合する原石とは違い、残滓のない別の原石の一部が手元で余る（類型c）。また、実験中に、相手方と原石を交換したとなると、交換前の途中まで消費した原石の接合例（類型b）と途中から消費し使い切った原石の接合例（類型a）が相手方と手元の双方に残る。いうまでもなく、交換前の原石と交換後の原石は別原石で、一回目の原石と合わせて、二人は都合三つの個体別資料を手にしたこととなる。一回目の原石が定置個体で、二回目の二つの原石が転送個体だ。

ところで、定置個体が占めている分布域は、移動してきたばかりの居住開始時に搬入された原料や製品が据え置かれた、正にその場所を動いていないものと見做してよい。だとすると、そこは、場所取りや位置決めを左右する、ブロックの設置基準点だったに違いない。その後、各設置基準点を中心に、居住時の石器作りが進む中、順次、ブロック全体の分布域が形作られていくことになったと考えられるのである。そうした状況下、定置個体だけや転送個体のみのブロックがあり、場所取りはしたものの居住中に廃絶されたり、位置決めのなかったところに新設されたりした石器作りの場があったのではないかと推察されている（安蒜 二〇〇四）。

そうした各ブロックを構成する一個体別資料ごとの分布域を、スポットと呼んでいる（安蒜 一九九〇）。つまり、ブロックにはスポットの分布が重なっていることになる。したがって、スポットは、発掘時には直ちに確認することのできない、ブロックを個体別資料分析法にかけてはじめて認定できる遺構なのである。一方、互いに共通する転送個体が分布する一連のブロック群を、ユニットと呼ぶ（安蒜 一九八六）。このユニットもまた、ブロックを個体別資料分析法にかけなければ存在を認知できない、不可視遺構の一つである。

こうして、各遺跡から出土する石器群は、スポットの重なるブロックとブロックが集合するユニットの三者からなる、スポット（Spot）―ブロック（Block）―ユニット（Unit）という分布の構造性を帯びていることがわかってくる（図36）。そして、遺跡の構造については、例えば、砂川遺跡には、それぞれ20・14・12・14・24・11のスポットが重なるＡ１・Ａ２・Ａ３・Ｆ１・Ｆ２・Ｆ３の計六カ所のブロックがあり、前三者と後三者のブロック群に分かれる二つのユニットが残されている、などと表現する場合が多い。では、スポットが重なりユニットを組むブロックとは、遺跡の中のどんな性格をもつ空間を占めているのだろうか。そこは、単なる石器作りの仕事場だったのか。

ブロックとは何かという問題意識は、実は、「珪岩製旧石器」の検証ともつながっていたのである。というのも、杉原が自からに発した問い掛けの答えが用意されていたからである。杉原は、一九五三年、青森県の金木を発掘した（杉原 一九五四）。そして、偽石器が出土する砂礫層を目の当たりにし、既述したように、「遺跡という概念から見れば、それ（偽石器、安蒜注）が角礫層中に発見されるということから、一次的な生活を知ることは全然できない」と判断し、「遺跡としての観察や、岩石の産地よりする方法などから、これらの破砕礫を人工のものだとすることは困難」との結論に達した。しかし、当時、杉原はもとより学界に、旧石器時代に関しての「遺跡という概念」はなく、「遺跡としての観察」をおこなう方法も定まってはいなかった。

そうした中、個体別資料分析法が、旧石器時代の遺跡から出土する石器群はスポット―ブロック―ユニットという分布の構造性をもつ事実を突き止めた。ここに、「珪岩製旧石器」が人工品か自然石かを、遺跡という概念から検証する方法の一つが用意されようとしていたのである。だが、研究史は、この個体別資料分析法を手立てとして論争を

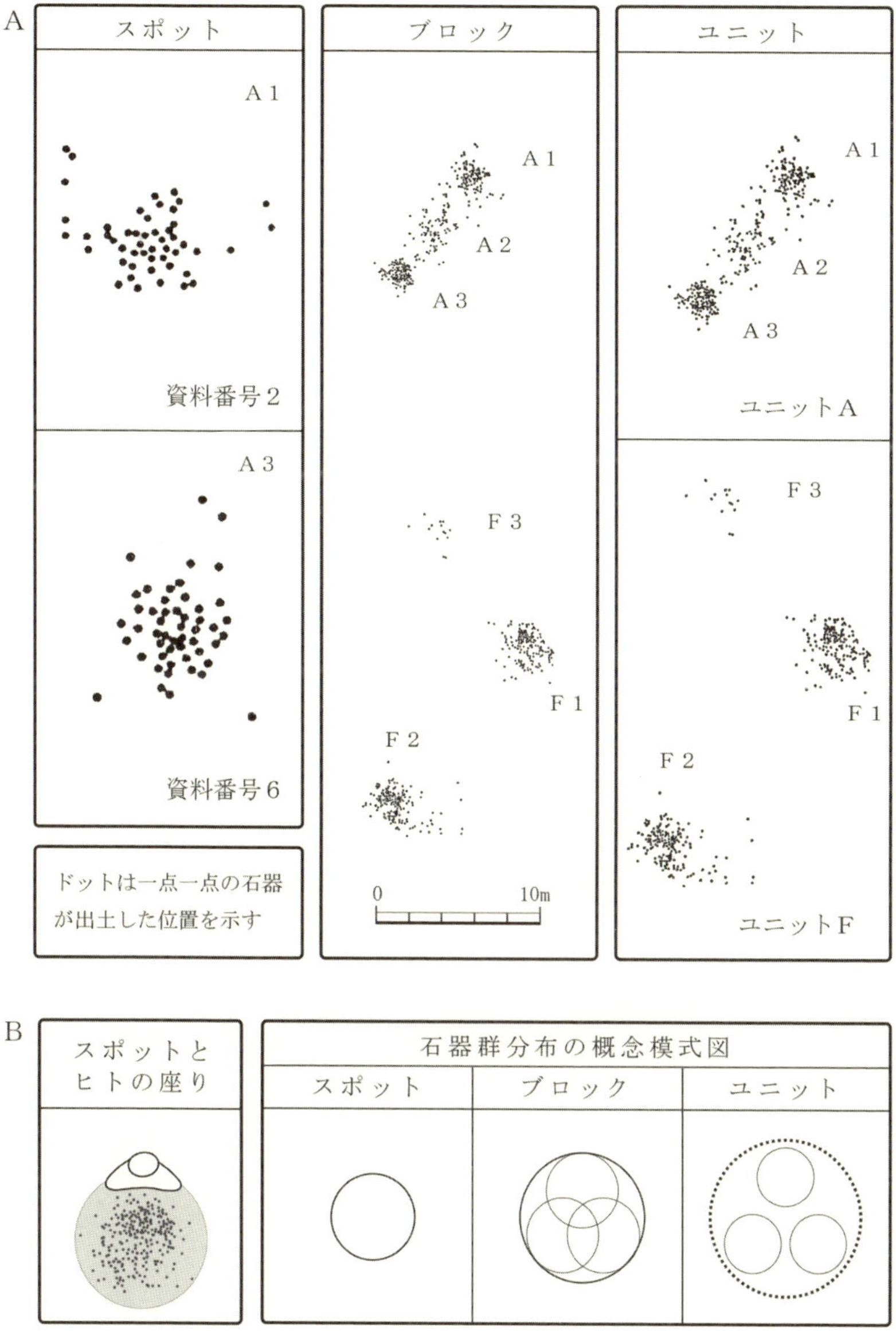

図 36　砂川遺跡のスポット—ブロック—ユニット

解決する方向には進まず、捏造による二五年の歳月を失ってしまった。それは、さておき、本題に戻る。

第二節　旧石器時代の住まいと集団

（一）イエの存在と認定

ブロックが遺跡の中で占める空間とは、一体どんなところだったのか。それを考察する前に、解決しておかなければならない懸案が二つある。第一が、ブロックとは、そこが石器を作った本来の場所そのものなのか、あるいは石器を作った場所から離れたゴミ捨て場なのかの問題だ。ブロックが出土した場所の土を水洗いして調べると、原石の打ち割りや打ち欠きで生ずる、大きさが数ミリほどの石屑が多数回収される。果して、石器作り時に飛び散るそうした微細物までもを一片残さず別の場所に移し替え、投げ捨てられるものだろうか。はなはだ疑問といわざるをえない。この微細遺物をみても、ブロックに重なり合っているスポットの分布は、基本的に場所を変更することなく本来の位置を保っているとみてよい。その本来の位置こそが、居住開始時にあらかじめ割り振られた定置個体の置き場所に他ならない。

第二が、ブロックが屋内にあったのか、それとも屋外にあったのかの問題である。一九九七年、神奈川県の田名向原遺跡（図37）が、この設問を解く鍵をもたらせた（相模原市教育委員会二〇〇四）。田名向原遺跡からは、中央の二基の炉を取り囲んで一二カ所の柱の穴跡が巡り、その外側を径一〇メートルの円を描くようにして大小の礫石が点々と置かれた遺構が出土したのである。置き石は、天幕の裾をおさえる重しだったようだ。すぐにも住まいとわかる、

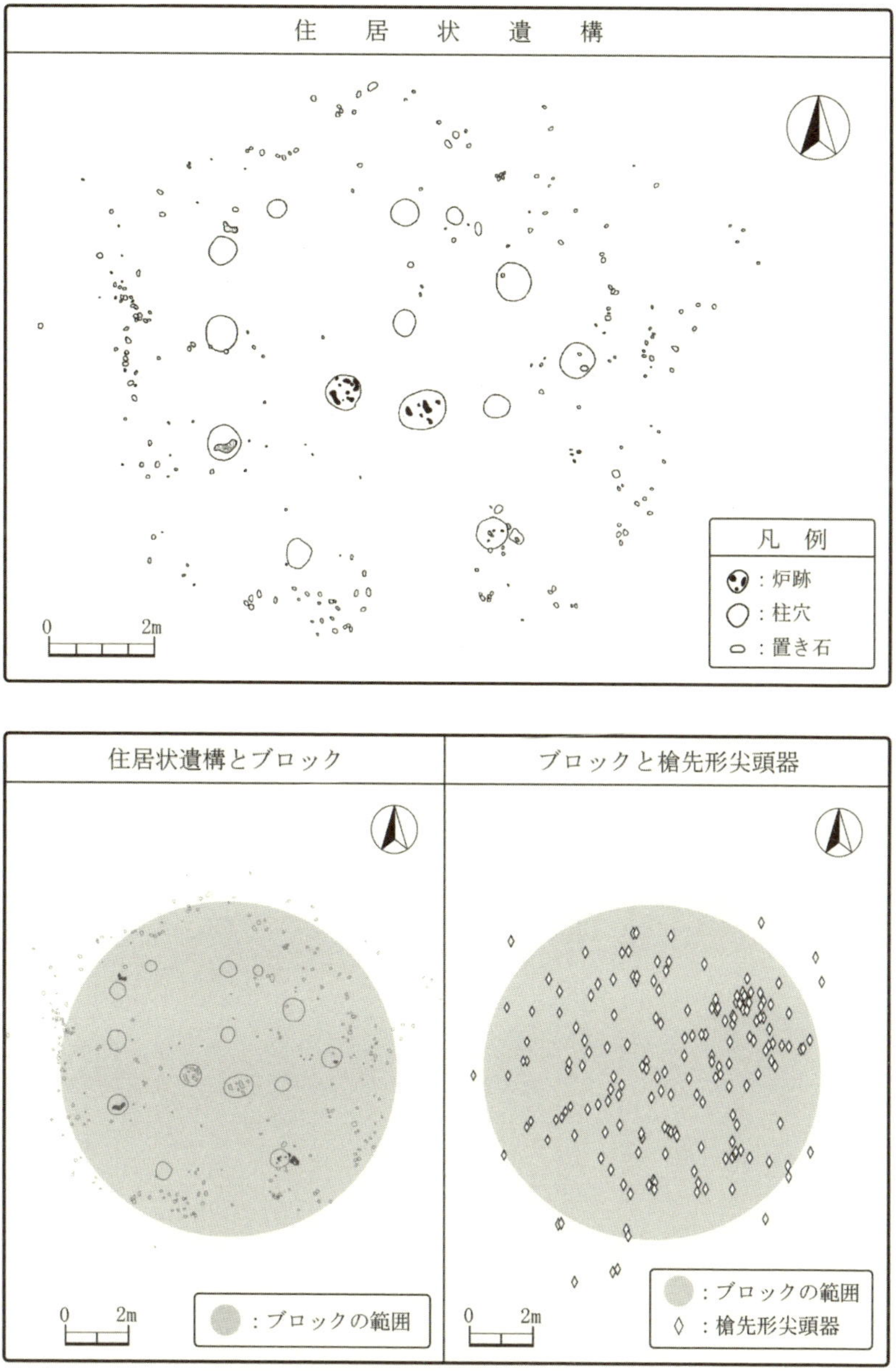

図 37　田名向原遺跡の住居状遺構とブロック

旧石器時代のイエの跡が発掘されたのである。

しかも、田名向原遺跡のイエ跡から、順番に炉や柱穴そして周りの置き石を取り除いていくと、最後には日本列島各地の旧石器時代遺跡のどこにもあるブロックが残る。明らかに田名向原遺跡では、イエの中にブロックがあり、イエの中で石器作りがおこなわれていたのである。それは、石器作りの作業場であるブロックがイエの跡でもあった証拠ともなる。実際、ヨーロッパでも、木材を組み上げたり大形動物の骨を積み重ねたりして屋根を葺き、屋内で火を焚き石器を作った、後期旧石器時代の住居状遺構が発見されている。

では、全てのブロックが田名向原遺跡と同質なイエの跡だったのか。二〇一〇年の時点で一四、五四二カ所にのぼる日本列島の旧石器時代遺跡のうち（日本旧石器学会 二〇一〇、重層遺跡の各文化層も一遺跡とする）、田名向原遺跡の類例はわずかに数カ所を数えるに過ぎない。火山灰が降り積もってできた酸性の強いローム層中で、建築資材などの有機質は朽ちて溶け去ってしまったのか。それにしても、火災にあって炭化するなどした建材の一部や、上屋を支えた柱の穴跡などが残っていてもよいはずだ。あるいは、かつての居住地から新しい居住地への移動時に、石器作りの原料や仕上げた製品と一緒に、上屋を組み立てる主要資材が搬出され搬入されていたのかもしれない。また、その上屋も数本の支柱を準備し、一端を束ね他端を開き円錐状に地面に据え置く程度であれば、地表に深い痕跡を刻み込むこともないだろう。

そうであれば、日本列島の旧石器時代には、少なくとも二種類の造りの違うイエが存在していたとみてよい。一つは、田名向原遺跡例のように、穴を掘って柱を固定するなど、極めて耐久性に富んだ造りのイエ。もう一つが、柱の跡もなく組み立てと解体が容易な、とても簡単な造りのイエ。前者を堅牢な造りのイエ、後者を簡便な造りのイエと呼んでいる（安蒜 二〇〇〇）。堅牢な造りのイエは住み直しがきき、簡便な造りのイエは建て替えに便利だったろ

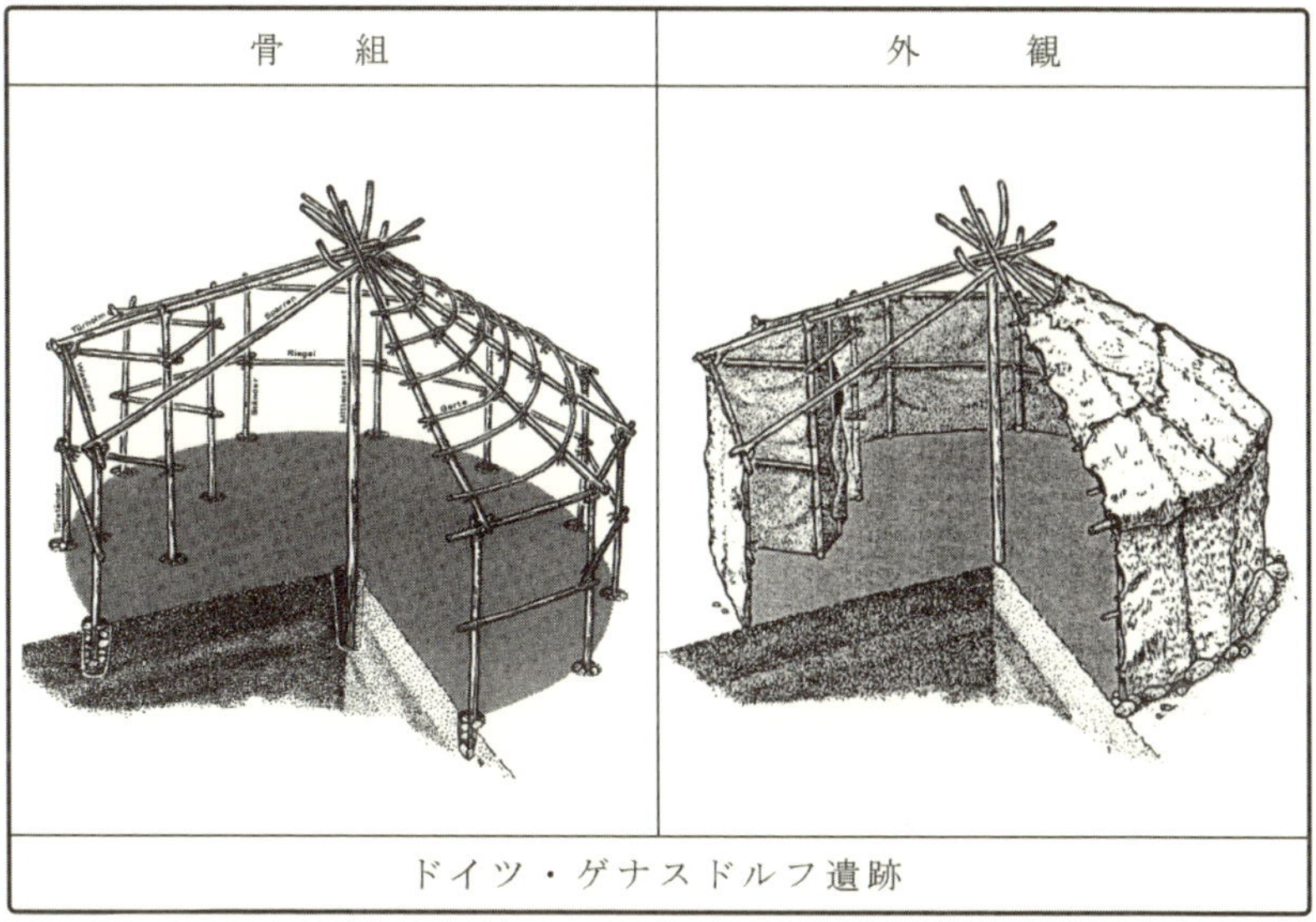

図 38　堅牢な造りのイエ

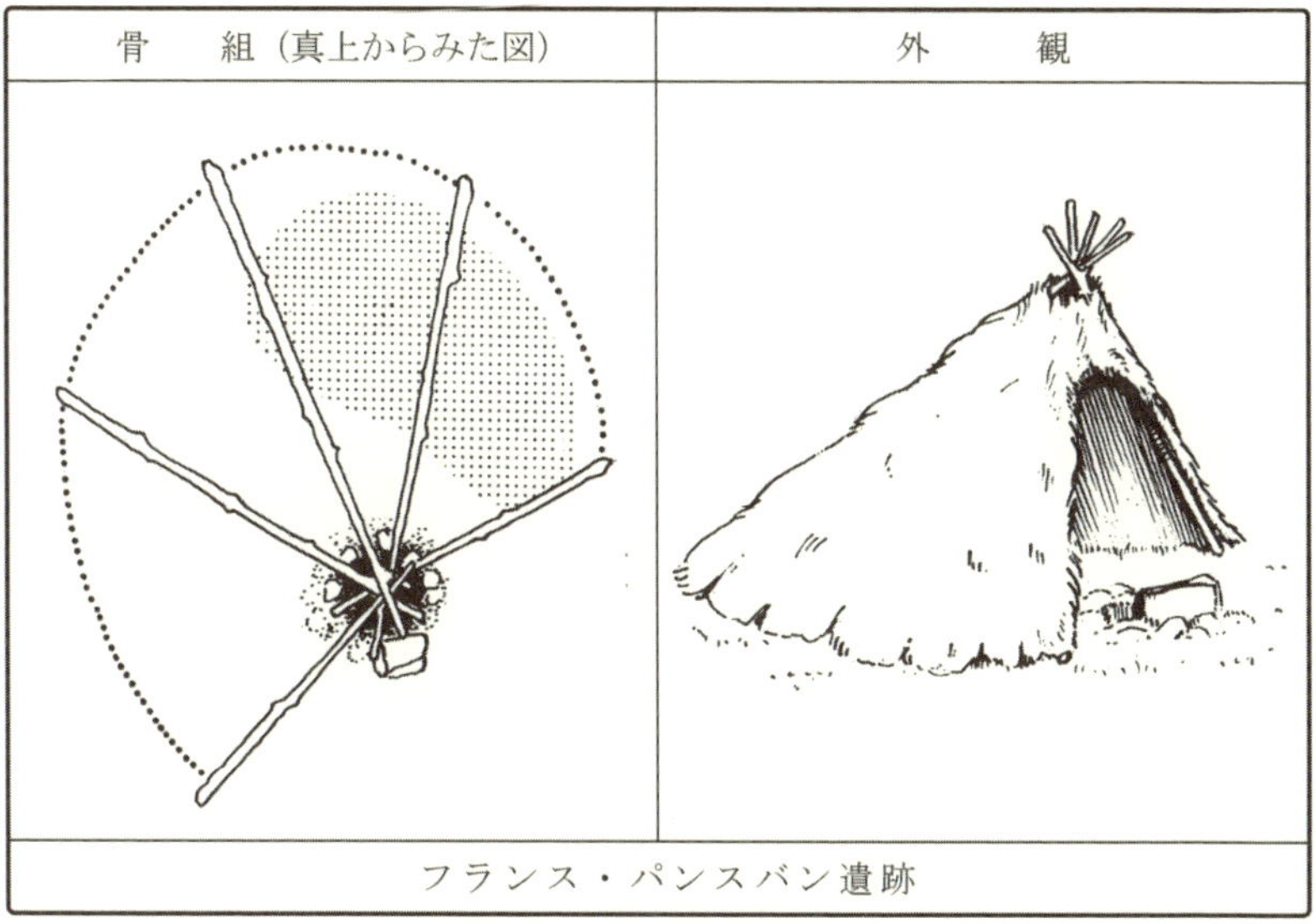

図 39　簡便な造りのイエ

う。移動する狩猟採集民であった旧石器時代人にとって、簡便な造りのイエこそが標準的な住まいだったに違いない。その簡便な造りのイエの出土数が圧倒的に多く、堅牢な造りのイエの発見例が非常に少ない点もうなずける。

だが、そうなると、どうして堅牢な造りのイエが建ったのか、また堅牢な造りのイエの住人は誰かを説明する必要に迫られてくる。後述する。なお、田名向原遺跡と同じ世界旧石器標準時間帯のヨーロッパにも、二種類の違う造りのイエがあった（図38・39）。ドイツのゲナスドルフ遺跡（小野 二〇〇四）とフランスのパンスバン遺跡（Leroi-Gourhan ほか 1996）の復元例がその代表で、前者が堅牢な造りのイエで、後者が簡便な造りのイエに当る。

ちなみに、縄文時代の竪穴式住居は、周りの地面よりも一段低く掘り下げた床があり、柱を垂直に立てる穴があって、中央には囲炉裏が設けられている。この床・柱穴・炉の三要素のどれかと共通する旧石器時代の遺構を、住居状遺構と呼ぶ場合も多い。この用語は遺構の特徴を適格に表わすとても便利な言葉である反面、住居状遺構以外は住居すなわちイエではないという誤解を招く恐れがある。現に、三要素のいずれももたないブロックがイエの跡と考えられているのである。住居状遺構の住居状とは、その意味で、縄文時代の竪穴式住居状であるという但し書き付きと理解すべきだろう。

(二)　ヒト個人の識別

ブロックがイエの跡であったとすると、当然、そこに居住したヒトたちがいたことになる。では、旧石器時代のイエの住人は、どんな群れの単位と階層をもつ集団構成のもとで暮らしていたのか。有機質を朽ち果てさせ溶かし去るローム層中では考えがたいが、イエの全住人が発見されたとすれば群れの人口を知る大きな材料となる。しかし、ブロックと一緒に人骨が出土した例はない。したがって、あくまでも、遺跡の中の遺物をとおして、ヒト個人を識別することから始め、順次、旧石器時代人の集団構成を明らかにしなければならない。ブロックには、何個もの違った原石を原料とした石器作りがスポットとなって累積している。そのスポットに留められている石器作りの痕跡が、何人の手によるものかを突き止められないものか。そうした発想にもとづいて、砂川遺跡出土のナイフ形石器を対象に、石器を作ったヒトの数を算出しようとする研究が試みられた（安蒜 一九七七）。

砂川遺跡では、縦長剝片を素材として、二側縁加工で仕上げる刺突形ナイフと、部分加工で完成させる切截形ナイフが作られている。それを実際に作ってみた。ナイフ形石器は、素材用剝片を裏面から加撃し細かく打ち欠きながら、全体のかたちが整えられている。この作業を踏んで、ナイフ形石器の尖った先端部と柄に取り付けられる石器の基部とが出来上がる。これにならい、縦長剝片を裏に返して左手で支え、右手に持ったハンマーで加撃しながら、ナイフ形石器作りの実験を進めた（図21参照）。すると、石器の基部を剝片のバルブ（打瘤）と同じ位置に合わせる（同位置）か逆の位置に定める（逆位置）か、また刃の向きを右にする（右刃）か左にする（左刃）かで、ナイフ形石器の仕立てがかわり差異が生じてくる（図40）。同位置・右刃、同位置・左刃、逆位置・右刃、逆位置・左刃の四つの仕立て方である。この実験で起こる仕立ての差が、実際の遺跡ではどんな在り方をするのか。

砂川遺跡のA2ブロックには、複数のナイフ形石器が、それぞれに前後して打ち割られた縦長剝片と互いに接合する、二つの事例がある。個体別資料番号9と10のスポットに観察される接合例で、前者を接合例のαとし、後者を接合例のβとする（図41・42）。接合例αには刺突形ナイフと切截形ナイフが、接合例βには切截形ナイフが、それぞれ含まれている。その接合例αのナイフ形石器二点はともに逆位置・左刃で、接合例βのナイフ形石器三点はみな同位置・右刃と、双方の仕立て方は一通りしかない。この同じブロックでほぼ同時に連続して作られているナイフ形石器間の仕立ての一致を、石器の作り手個々がもつ癖の反映とすると、一ブロックの石器作りには、一人とは限らず、

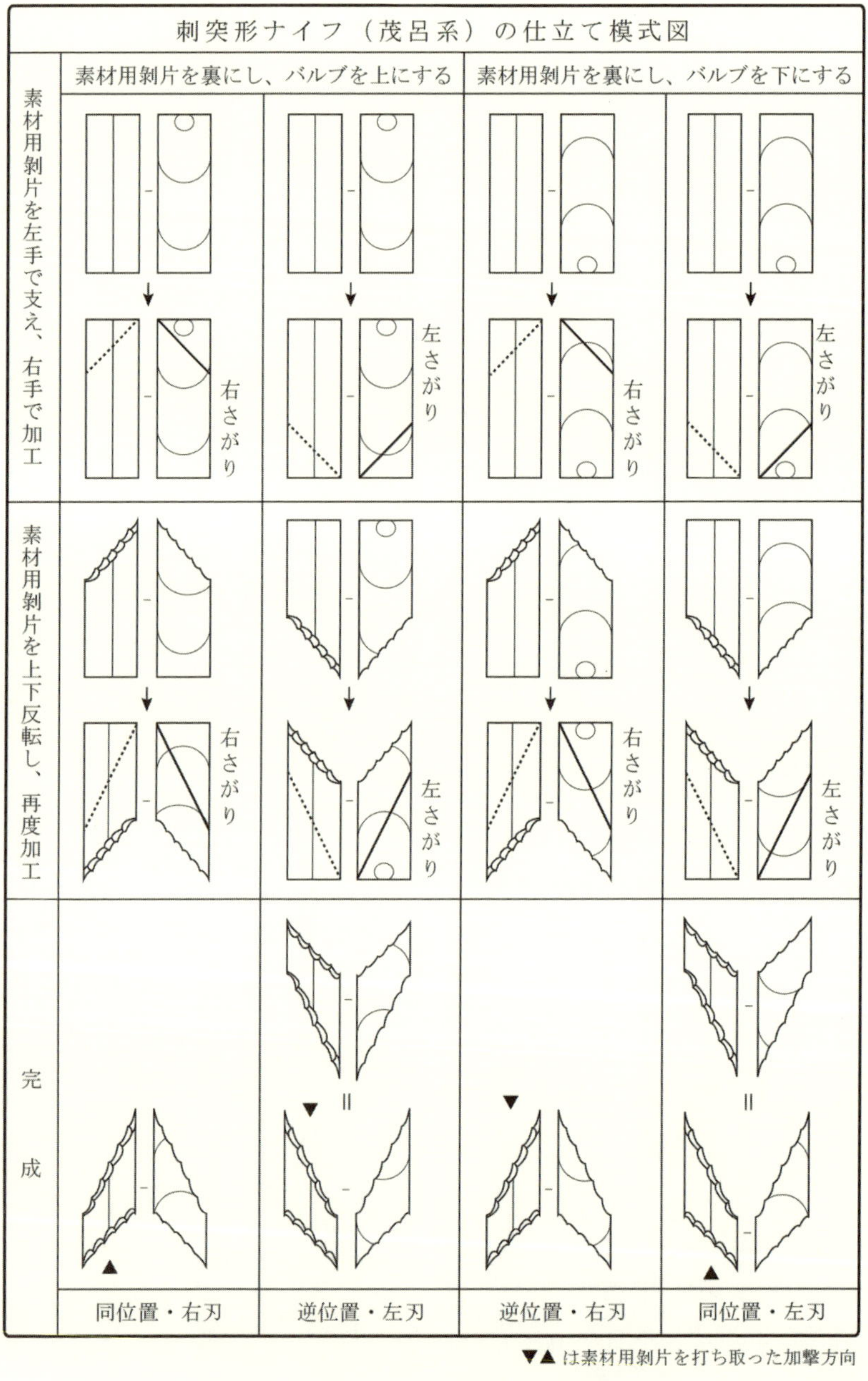

図40　刺突形ナイフ（茂呂系）の仕立て方

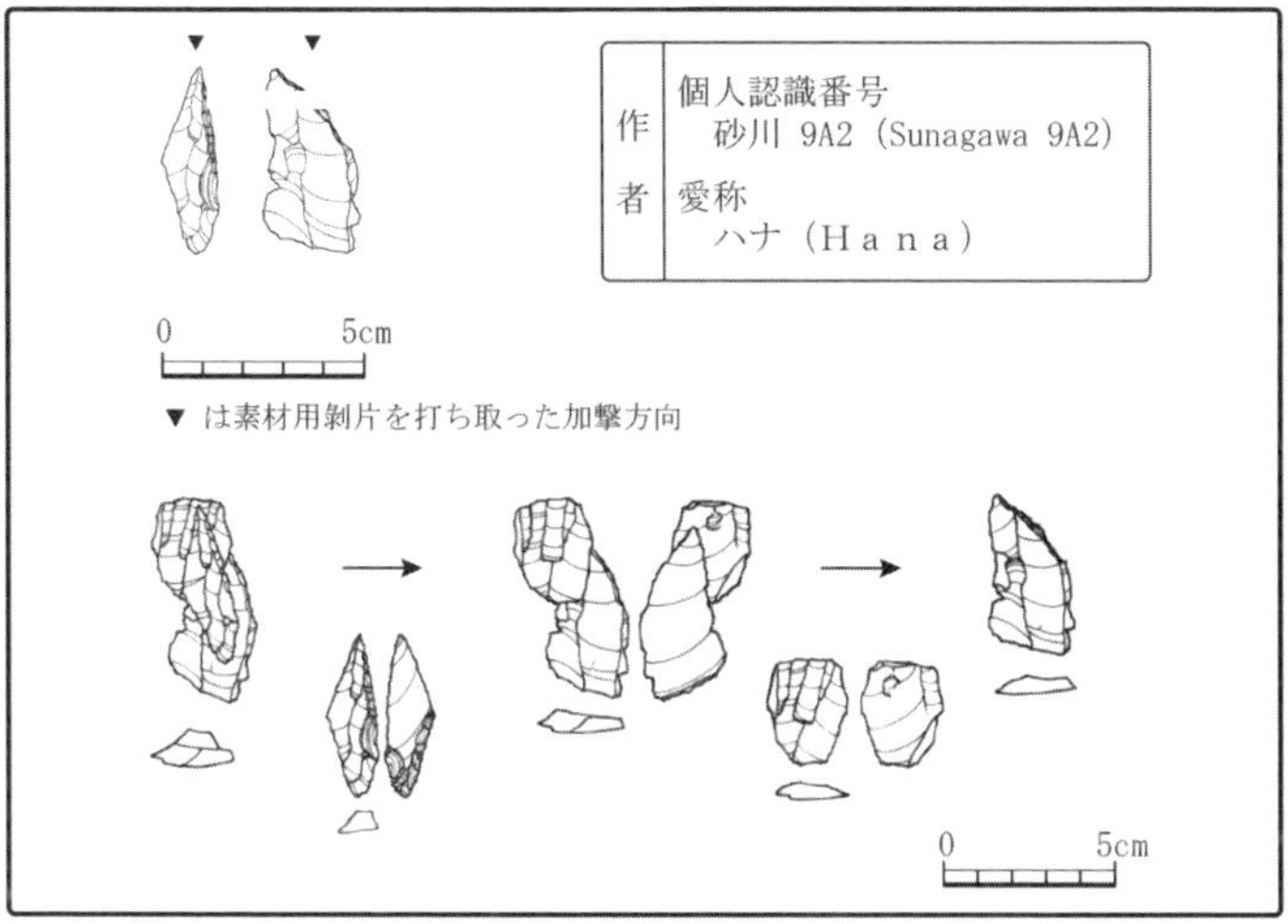

図 41　砂川遺跡 A2 ブロックの接合例 α

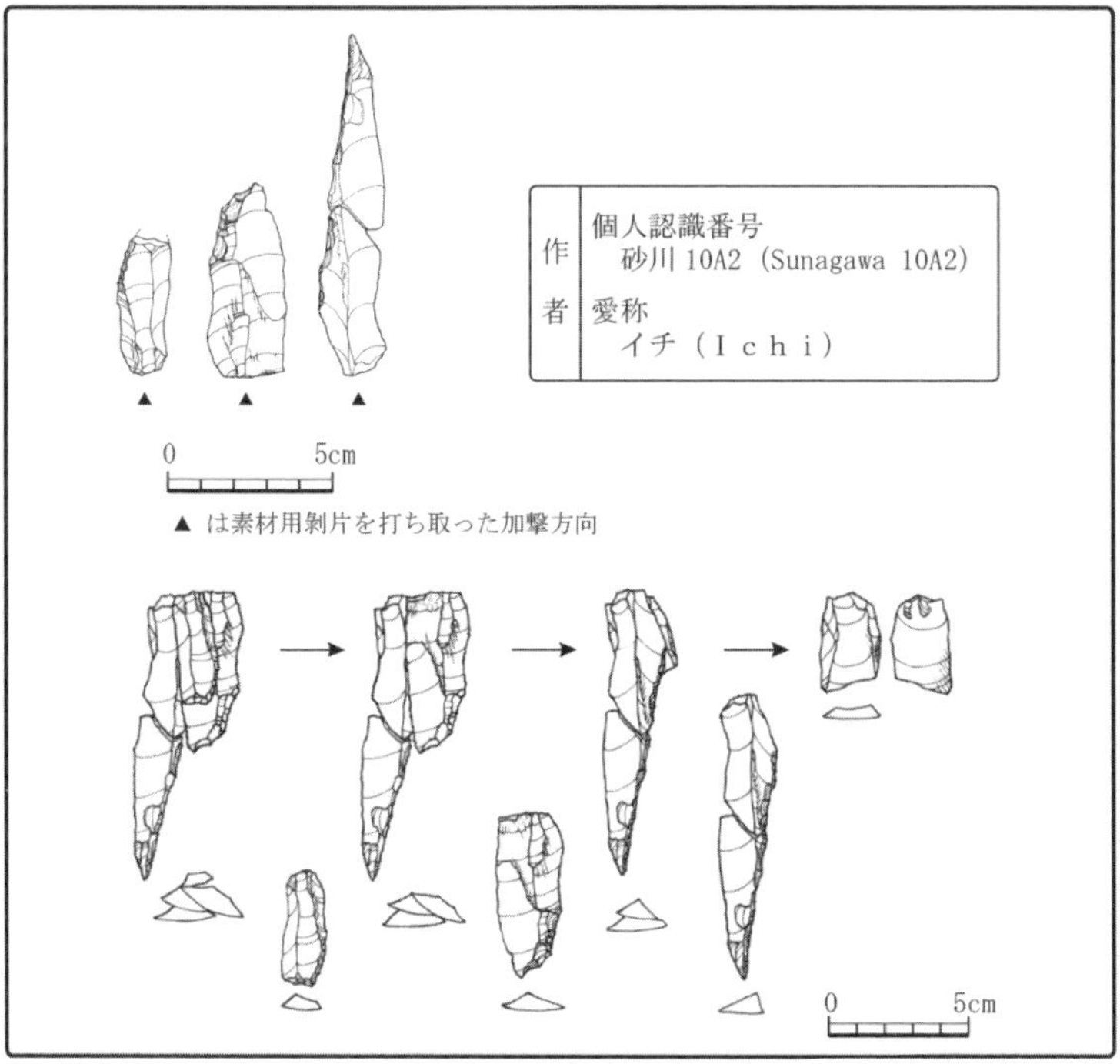

図 42　砂川遺跡 A2 ブロックの接合例 β

数人の作り手が関与していた可能性が強まる。

そこで、この仕立て方の四つの差異を手掛かりとして、砂川遺跡のＡ１～Ａ３・Ｆ１～Ｆ３全六ブロックを検討したところ、平均して一ブロック当たり約三という数値が割り出された。こうして、石器の作り手個々の癖を介してヒト個人の存在を識別するとともに、ブロックには三人ほどの石器の作り手がかかわっていたとする数値が導かれたのである。そして、接合例のαとβの製作者には、遺跡名・個体別資料番号・出土ブロック名を付し、Sunagawa9A2とSunagawa10A2という個人名を登録したところである（安蒜 二〇一三）。併せて、前者にハナ（Hana）の、後者にはイチ（Ichi）の愛称も与えた。

遺跡から出土する石器群は、スポットが重なるブロックとブロックが集合するユニットという、分布の構造性を帯びている。この石器群分布の構造に仕立て方の違いを投影すると、石器の作り手が群れる枠組みが浮かび上がる。まず、ブロックに重なるスポットからは、接合例のαやβのように、石器の作り手一人一人が識別されてくる。ついで、その接合例のαとβが同じブロックに残されていることから、石器の作り手は個々ばらばらなのではなく、数人づつに分かれ、遺跡の中で互いの仕事場を別々にしていたとわかる。さらに、転送個体で結ばれるユニットは、この数人の作り手どうしが盛んに原料と製品を遣り取りする仲間意識をもっていたことを示している。こうして、スポットとブロックそれにユニットをとおして、作り手一人一人と数人の作り手それに作り手仲間といった石器を作ったヒトの群れの単位が取り出されてもくる。なお、現代の社会では、男性が石器作りを好み、急速に知識を修得し、技量を向上させるという。旧石器時代も同様だったのではないか。

さて、ブロックは、石器作りの場であると同時に、イエの跡でもあった。そのイエには、何人のヒトが住んだか。各イエに集ったヒトの数は、砂川遺跡で割り出された石器の作り手三人の他に、婦女子など二人程度でもあったろうか。すると、ブロックには、都合五人前後のヒトが関係していたものと推測されてくる。これこそが、イエの住人であり、同じ屋根の下に住まう、旧石器時代の世帯にも相当する、最も少人数のヒトの群れではなかったか。ユニットとは、原料と製品を共有しながら常に一緒となって移動し居住した、数世帯がまとまる小集団であったようだ。砂川遺跡にはA・F二つのユニットがあり、各ユニットは三つづつのブロックをもつ。したがって、一ブロック五人前後とした場合、小集団の人数を約一五人のヒトの群れと見積もることができる。以上のように、石器群分布のスポット—ブロック—ユニット構造から、ヒト個人—世帯—小集団という単位で群れた、旧石器時代における集団の階層と人口が導き出されるのである。

（三）　旧石器時代人の絆

現生の類人猿は、血縁関係を絆とした群れで生活をおくっている。その群れは、最大で、テナガザルが一〇頭台、ゴリラで三〇頭台、チンパンジーが六〇頭台だという。ならば、猿人・原人（前期旧石器時代）、旧人（中期旧石器時代）、新人（後期旧石器時代、現生人類）の順に進化したヒトはどうか。イギリスの人類学者ダンバー（Robin Dunber）は、サルの平均的な群れの規模と大脳新皮質の量とが相関する事実を発見し、現生人類の群れの平均規模がおよそ一五〇人となることを突き止めた（Dunbar1996、松浦・服部訳 一九九八）。

また、ダンバーは化石人類の頭蓋から脳容量を復元し大脳新皮質の量を割り出して、現生人類の群れの規模がサルとかわらぬ猿人の段階から、徐々にサルの群れの上限をこえ始める原人の段階をへて、旧人の段階で急増しおよそ一〇万年前には一五〇人に達したと予測する。それが、言葉の出現と時を同じくするとも結論付けた。さらにダンバーは、現代のアフリカやオーストラリアそれに南アメリカなどに、旧石器時代以来の生活様式と階層状の組織を保つ狩猟採集生活民の社会があるとする。そして、その階層状の組織について、以下のように述べている。

「〈前略〉最下層には、あわせて五～六家族で三〇～三五人の、一時的に野営をともにする野営地《キャンプ》がある。これらは本質的に生態学的に形成される集団であり、しばらく資源を共有したり、協力し合って狩りや食料探しをしたりするほうが好都合だと思った幾つかの家族が、一時的に一緒になっている。最上層は、最大の集団である部族で、一般的な例では約一五〇〇～二〇〇〇人に達する。部族は言語的な群れ、すなわち同じ言語（または、広く使用されている言語の場合、同じ方言）を話す一団の人々である。

この二つの段階の間にはときおり、通常『メガバンド』と呼ばれる、約五〇〇人の集団が見られる。ときどきその下には、しばしば氏族《クラン》とよばれる、より小さな集団が認められる。これは平均するとまさにほぼ一五〇人であることや、前述のどんな種類の集団よりも規模の変動幅の小さいことがわかっている。

氏族はいくつかの儀礼行事と関連があるため、我々の見地からはとりわけ興味深い。たとえばオーストラリアのアボリジニは、氏族が年に一度集まって、若者の通過儀礼を執り行なったり、婚約を取り決めたりしているし、さらに広く言えば、古い儀礼を繰り返したり民族の祖先や精神世界との関わりを述べる古来の神話や言い伝えを物語ったりすることによって、集団の一体感を高めている。氏族の一員は互いの関係を知っている。誰それの曾祖母が誰の曾祖父母と姉妹だとか、誰それの従姉妹は誰それのきょうだい《ママ》の孫娘だということを、正確に述べることができる。」

この現代狩猟採集生活民が形作っている群れの階層的な社会と、旧石器時代人のそれとを比べてみよう。砂川遺跡にA・F両ユニット合わせて六ブロックを残した旧石器時代人の群れ、いいかえると、移動先の砂川遺跡に居住した二小集団からなる計六世帯の約三〇人という数は、現代狩猟採集生活民が五ないし六家族で群れる三〇～三五人に近似する。だが、現代狩猟採集生活民の氏族やメガバンドそれに部族と該当する、より大規模なヒトの群れが旧石器時代にも存在したかどうかは定かではない。ただし、その存否を探る手掛かりがないわけではない。というのも、旧移住民は、旧石器時代で最大規模の集団を組んで渡来してきたからである。それについては、次章で述べるとして、旧石器時代の集団とは、一体どんな絆で結ばれていたのか。まずは、それを明らかにしておこう。

個体別資料の類型A・B・C分類を、石器作りに伴う原料の消費という観点から見直すと、移動する小集団を結ぶ絆の一端がみえてくる。半分消費済みの原料を移動元から持ち込んだ類型Aは、残り半分を新たな居住地で消費し尽くしている。一方、移動の途中で入手した未消費の原料を持ち込む類型Bは、新たな居住地で半分だけ消費し、残した半分を移動先へ運び出している。なお、いうまでもなく、類型Cは既製品であって、移動元で原料が消費されたものの、新たな居住地ではもはや原料ではない。ここで類型Aを旧原料とし類型Bを新原料とすると、新たな居住地での石器作りは、消費度が違う新旧二群の原料のもとで始まり、旧原料を使い切り新原料の使用半ばで終わったことになる。

つまり、個々の原料である原石の一つ一つは、第一の居住地での新原料から第二の居住地で旧原料となって、その役目を終えている。そうした一連の原石が消費度に差をもつ二群に分かたれて、移動の先へ先へと連鎖していくわけである。こうすれば、仮に移動の途次で新しい原料を入手・補給できなかったとしても、旧原料のみで当座の石器作りを賄うこともできたに違いない。正に、この原料の二重構造と時差消費があってこそ、小集団は、移動の先々への切れめのない原料の備蓄と繰り越しが可能となったのである。そして、この小集団による原料の二重構造と時差消費は、原料を世帯間で頻繁に取り交わしながら、実にきめ細かく全体の調整が図られていた。定置個体に加え、各ブロック（各イエ）に数々の転送個体が分布する事実が、それを如実に物語っている。

こうして、原料の新旧二重構成とその時差消費が、小集団が原石を定置個体と転送個体とに振り分けて管理し、それぞれの世帯を単位に互いに協同して石器作りの作業に当たるという仕組みで運営されていたのである。これは、一緒に移動生活をおくる旧石器時代人が、計画的に資材を備蓄し合理的に労働（労力）を分担するかたちをとった、したがって、全ての財が共有される生活原理を絆とする社会に暮らしていたことを示唆している。その結果として、当然、完成した石器も各世帯が相応に分け持っていただろう。また、当然、石器の作り手は、あくまでも石器の使い手でもあったと考えてよい。この時点での集団の絆が、現代狩猟採集生活民の野営する一団の家族群にも引き継がれているようだ。そうした旧石器時代人が、日本列島に渡来したのである。

第Ⅵ章　旧移住民の足跡

第一節　旧石器古道の開拓

（一）　遺跡出現期の景観

最終氷期の最寒冷期を迎えた時、東京湾の海水面は現在より一〇〇メートル以上低下し、古渡良瀬川・古利根川・古荒川・古多摩川が合流する古東京川が、三浦半島の先端付近を河口とし、太平洋に注いでいた（柴田 二〇一五）。古東京川水系のそれら諸河川流域には、広大な氾濫原が開け、随所に河原石が顔をのぞかせていたようだ。最終氷期も後半に入り、関東がそうした景観に移行しつつあった頃、旧移住民が渡来し、第Ⅰ期の遺跡が出現する。相模灘は、旧石器古道の太平洋側入口だった。古東京川を遡ってみよう。

日本列島の中央部は、日本有数の旧石器時代遺跡密集地である。別けても、古東京川の下流域と上流域に当る、関東平野と赤城山麓には、一際数多くの遺跡が残されている。上空から望むと、台地や山麓を刻む諸河川に沿って並ぶ遺跡群を俯瞰することができる。だが、日本列島に最初に上陸した第Ⅰ期の旧移住民が、いまとかわらぬ風景を目にしていたわけではなかった。一帯には、想像を絶する全く別の世界の景観が広がっていた。

東西を東京湾と関東山地に南北を多摩川と荒川で囲まれた、武蔵野台地の野川流域には、野川遺跡をはじめとする超重層遺跡が連なる（図43のA）。その野川流域遺跡群の一つに、東京都下原・富士見町遺跡がある（明治大学校地内遺跡調査団 二〇〇六）。遺跡のすぐ北を野川が流れ、野川のさらに北側は崖を登って一段と高い台地（武蔵野面）につづく。野川が流れる低い台地（立川面）と崖上の武蔵野面のどちら側にも、旧石器時代の遺跡が多数分布する。下原・富士見町遺跡の南側に開ける立川面の先には、多摩川の大きな低地がある。

この下原・富士見町遺跡の地下を掘り下げると（図43のB）、古多摩川の「泥流・河床の時代」にできた礫層に達する。以後、そこから現在に向かい、古多摩川の「河原・岸辺の時代」のB層をへて、離水が進んだ「陸地化の時代」のA層に至り、ついで、火山灰が降下した「ロームの時代」の第Ⅶ層から第Ⅲ層へと、地層が重なる。A層の下底が立川ローム層の第Ⅹ層の時期で、下原・富士見町遺跡の各層序には、第Ⅰ期以来の人類の活動が跡切れることなく連綿と印されている。その間に、遺跡の景観は大きくかわった（図43のC）。

第Ⅰ期の下原・富士見町遺跡は、川向こうの崖を削り取った、古多摩川の河原に点在する中州の一つであった。河原で拾った原石を用いた石器作りがおこなわれている。同じ頃、上流の中州では、東京都野水遺跡第Ⅳ文化層（調布市遺跡調査会　二〇〇六）など、イエも建ち並んでいた。やがて、多摩川の流れが南へ移り、第Ⅲ期には、河原全体が立川ローム層で覆われた低い台地となり、崖下にできた野川に沿って、にわかに数々の遺跡が分布しだす。こうして、第Ⅲ期になると、野川左岸の崖上までであった狩場の領分が、崖下の野川右岸へと一挙に拡大したのである。

一方、東京湾から、直線距離にして一〇〇キロほど北西の内陸に入ると、赤城山の西南麓に達する。その赤城山の裾野に連なる峯岸丘陵の付け根から寄居山台地にかかる地区に、大規模に槍先形尖頭器が作られた群馬県武井遺跡群がある（武井遺跡群調査団　二〇一五）。すぐ東の崖下を鏑木川が流れ、その先に大間々扇状地が望まれ、南には浅く広い谷が開く（図44のB）。当該地区には、一大製作址を取り巻いて、第Ⅳ期に槍先形尖頭器を作った、様々な規模の第Ⅳ期の遺跡が寄り集まっている。また、最も標高の高い寄居山の頂部に、第Ⅰ期のイエが建っていた。寄居山山頂の標高は一六〇メートルをこえ、第Ⅳ期の遺跡は一五六メートル以上の標高に立地する。

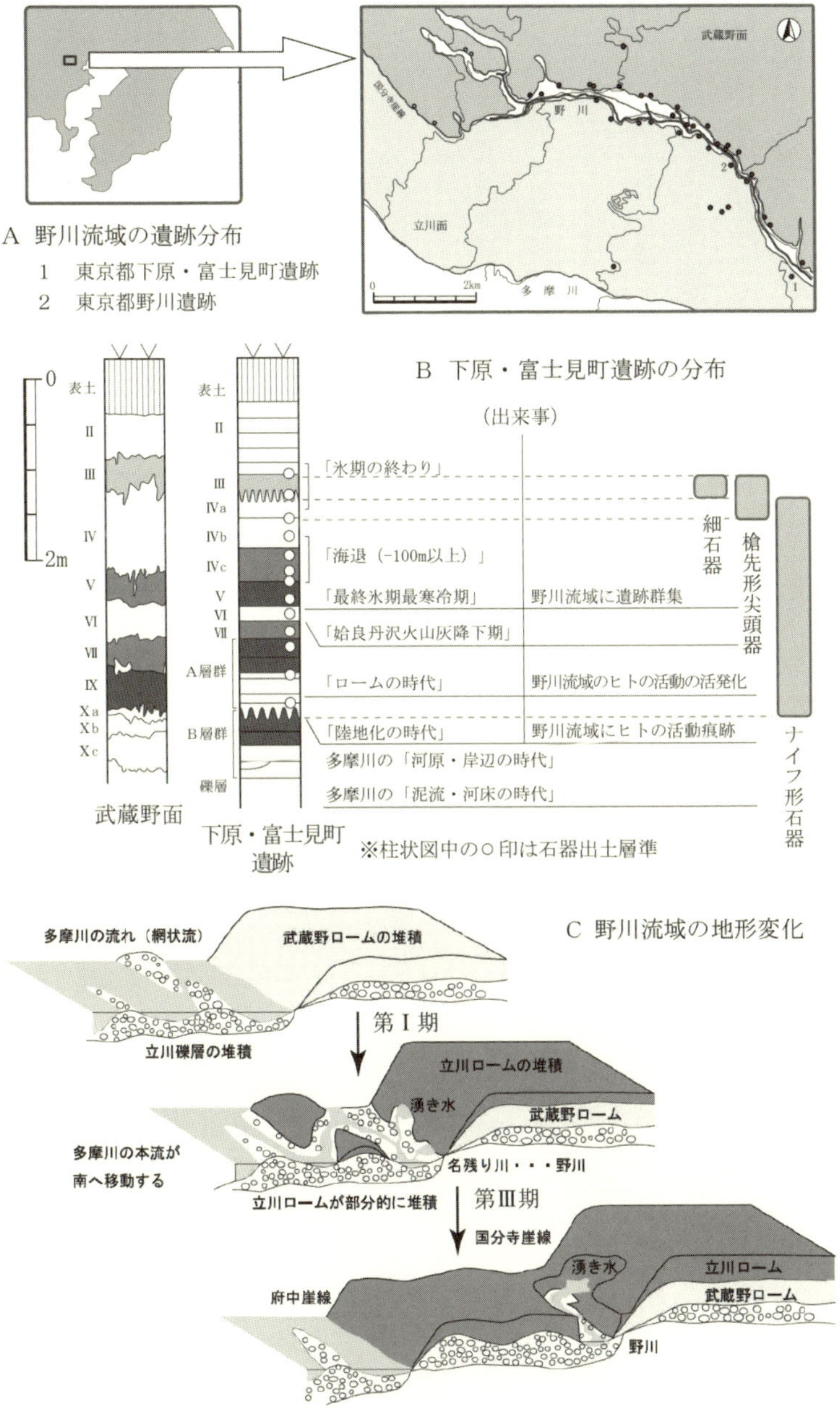

図43　下原・富士見町遺跡の景観

ところが、遺跡分布の密集度は、一六〇メートル台の高位、一五八メートル以上の中位、一五六メートル以上の低位の三エリアで異なりを生じている。ただし、各標高エリアの層序は、基本的にみな同じで、表土の腐植土層下に、浅間―板鼻黄色軽石（Ａｓ－ＹＰ）を含む黄褐色細粒砂層軟質部、浅間―板鼻褐色軽石群（Ａｓ－ＢＰグループ）が認められる同層硬質部、最上部に姶良丹沢火山灰（ＡＴ）がある暗褐色粘土層（暗色帯）の順番で堆積している。暗色帯が立川ローム層の第Ⅹ・Ⅸ層に該当する。

そこで、遺跡の分布に密度の差が起きた原因を探ると、中位と低位の標高エリアにある暗色帯が著しく粘土化していたり、そこまで掘り下げた深さで水が湧いたりすることがわかってきた（武井遺跡群調査団 二〇一二）。これが当時の地表が冠水していた影響であれば、第Ⅰ期の寄居山台地は、南の峯岸山北台地とともに、水に浮かぶ島となる（図44のＣ上）。この後、徐々に水位が下がって、第Ⅳ期の武井遺跡群は大間々扇状地に突き出す、細長い岬となった（図44のＣ下）。その武井島に旧移住民のイエが建ち、のちの武井岬で槍先形尖頭器が大々的に作られたのである。

この武井遺跡群から五キロほど東方に進むと、岩宿遺跡に行き着く。旧石器時代の存在を実証した岩宿遺跡は、大間々扇状地の扇頂部にある（図44のＡ）。赤城山と足尾山地、それに利根川で区画される大間々扇状地には、足尾山系に水源をもつ渡良瀬川が流れをかえるたびごとに別の場所にできた、五つの扇状地面がある。古渡良瀬川の流路が移って、水が引いた河原にローム層が堆積し始めた、早い順に、第Ⅰ期よりも古い桐原面、第Ⅰ期の岩宿面、第Ⅴ期の藪塚面、それと旧石器時代以後の現渡良瀬川沿いに広がる「相生面」などである（澤口 二〇一〇）。

岩宿遺跡は、東の岩宿面と西の藪塚面の接線上に取り残された岩宿小丘に位置している（図45）。岩宿小丘は稲荷山と琴平山とからなる丘陵で、鞍部の現渡良瀬川方向に開く浅い谷頭を取り巻く場所に遺跡がある。一帯に降り積もった火山灰の層序は武井遺跡とかわらず、第Ⅰ・Ⅲ・Ⅳ期の石器群が出土している。八つのうちの五地点までが、

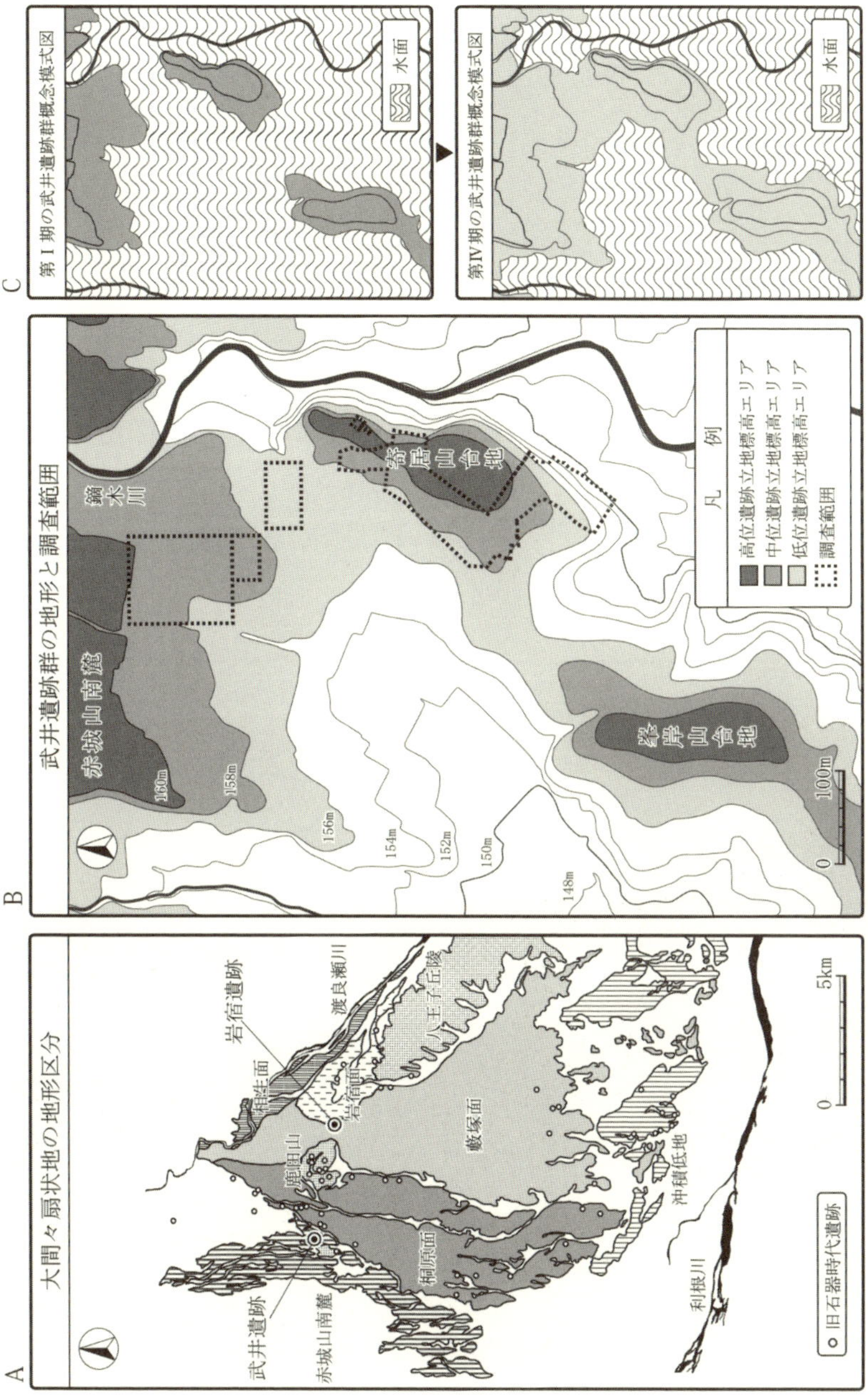
A
大間々扇状地の地形区分
武井遺跡
赤城山南麓
鹿田山
岩宿遺跡
相生面
岩宿面
渡良瀬川
八王子丘陵
藪塚面
桐原面
冲積低地
利根川
旧石器時代遺跡
0
5km
B
武井遺跡群の地形と調査範囲
赤城山南麓
鏑木川
寄居山台地
峯岸山台地
160m
158m
156m
154m
152m
150m
148m
0
100m
凡　例
高位遺跡立地標高エリア
中位遺跡立地標高エリア
低位遺跡立地標高エリア
調査範囲
C
第Ⅰ期の武井遺跡群概念模式図
水面
第Ⅳ期の武井遺跡群概念模式図
水面

図44　武井遺跡の景観

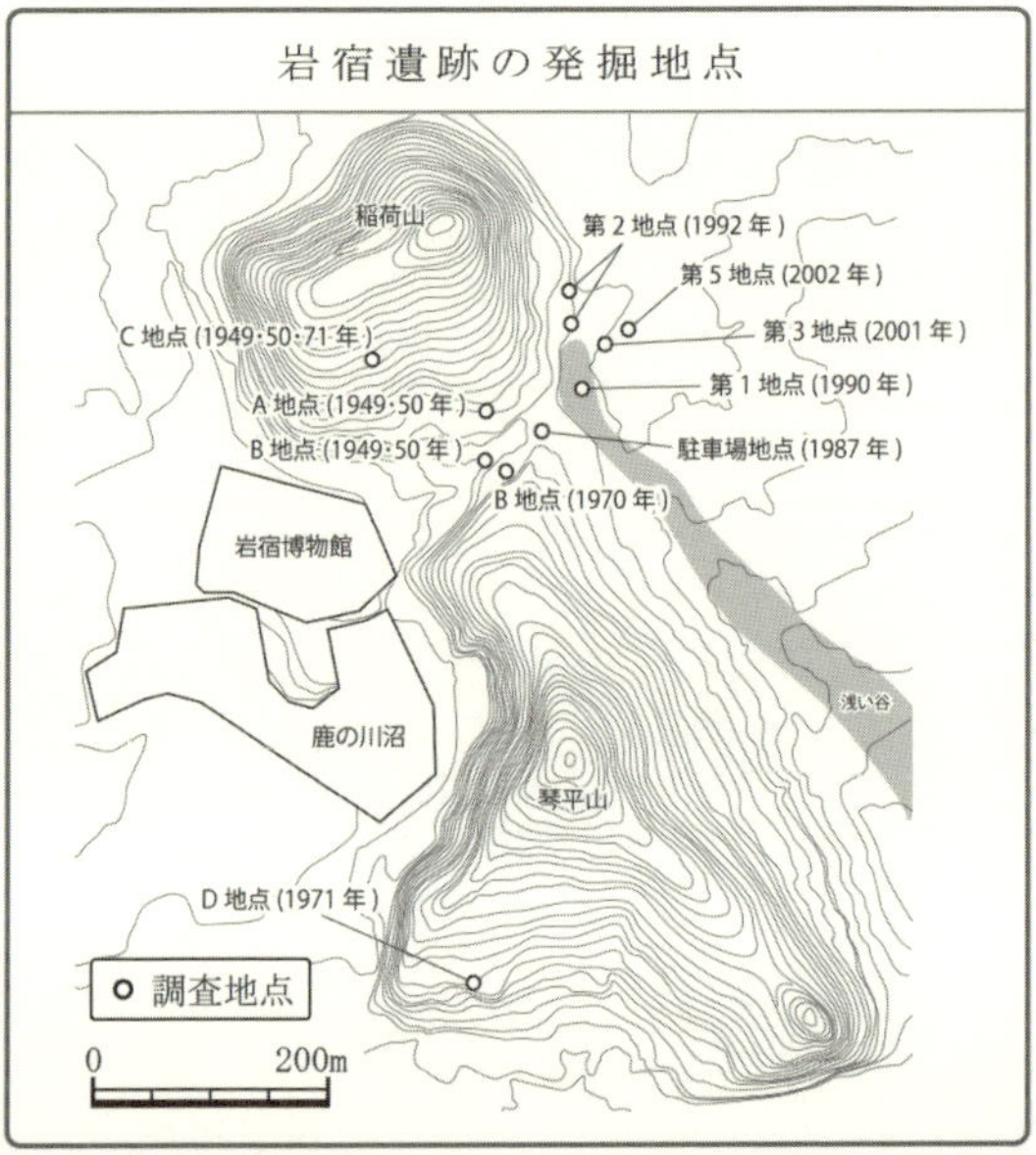
岩宿遺跡の発掘地点
稲荷山
第2地点（1992年）
第5地点（2002年）
第3地点（2001年）
第1地点（1990年）
C地点（1949·50·71年）
A地点（1949·50年）
B地点（1949·50年）
駐車場地点（1987年）
B地点（1970年）
岩宿博物館
鹿の川沼
浅い谷
琴平山
D地点（1971年）
調査地点
0
200m

C地点
A地点
B地点

図45　岩宿遺跡の景観

第Ⅰ期の遺跡である。したがって、第Ⅰ期の岩宿小丘に立ったとすると、西南は藪塚面で、まだ古渡良瀬川が流れ、離水していない広大な氾濫原を展望できただろう。振り向けば、岩宿面の河原が広がり、長く深い谷が現渡良瀬川方面に延びている。岩宿小丘は、島にも近いたたずまいをみせていた。

このように、第Ⅰ期の下原・富士見町遺跡や野水遺跡それに武井遺跡や岩宿遺跡は、現況から直ちに思い描くことが難しいほど、水辺の近くに立地している。その水に浮かぶ小さな中州や島のそこかしこは、対岸に渡るただの飛び石ではなく、イエが建つ居住地であった。この第Ⅰ期に、古東京川の河口を出発し赤城山麓を目指す時、フネなくしては目的地にたどりつけなかったのではないか。中州や島の居住地付近には、旧移住民が幾度となくフネを寄せた船着場があったろう（安蒜 二〇一三）。そうした一連の船着場こそが、旧石器古道を開拓する橋頭堡であったに違いない。その船着場に、ナイフ形石器と局部磨製石斧を携えた、旧移住民が降り立ったのである。岩宿遺跡に近い長く深い谷は、格好な船着場だった。

（二）　局部磨製石斧と船着場

旧石器古道に連なり古東京川水系で結ばれた、第Ⅰ期の遺跡からは、ナイフ形石器が出土し、しばしば局部磨製石斧が伴出する。ナイフ形石器作りは、原料の二重構成と時差消費の生活原理にのっとって、どの移動先でも作られ使われた。だが、局部磨製石斧は、やや様相が異なるようにみえる。というのは、東京都多摩ニュータウンNo.72遺跡（鈴木 一九九五）や同野水遺跡第4文化層（前出）など、局部磨製石斧を作った遺跡に完成品が少なく、東京都鈴木遺跡御幸第1地点第Ⅸ層（小平市教育委員会 一九八二）や同多摩蘭坂遺跡第1文化層（国分寺教育委員会 一九八〇）など、完成品が多く出土する遺跡に局部磨製石斧を作った痕跡が乏しいという、対照的な傾向が認められるからである。

あたかも、移動の先々に、局部磨製石斧を作る場所と局部磨製石斧を使う場所とを別々に設けていたかのようだ。

長野県日向林B遺跡Ⅰ文化層は、局部磨製石斧が最も数多く発見された遺跡として著名だ（長野県埋蔵文化財センター 二〇〇〇）。同遺跡出土の局部磨製石斧六〇点は、長さが最小約四センチで最大約一九センチと、大きさの変化に富む。石材は全て蛇紋岩製だが、蛇紋岩の残滓はわずかしかなく、いずれの局部磨製石斧も製品の状態で搬入されたものと考えられている。それらの局部磨製石斧にハンドル柄が付いていたとすると、大きさの大小に応じて、それぞれに専用の柄が準備されていたことだろう。各局部磨製石斧には、どんなかたちの柄が取り付けられていたのだろうか。石斧の機能と用途は、柄と取り付け方の違いで大きくかわる（佐原 一九九四）。

石斧の柄には、真っ直ぐな棒状の直柄と、先が鉤状に曲がる膝柄とがある。その柄に刃先を平行するように取り付ければ縦斧となり、刃先を直交するように取り付ければ横斧となる。さらに、シャフト柄の先端に埋め込む先斧もあったろう。こうして、一点の石斧には、直柄の縦斧と横斧や膝柄の縦斧と横斧、それにシャフト柄の先斧が加わる、少なくとも五つの機能と用途が想定されてくる。そのように考えを巡らせると、石斧とは、寸法の違いをこえて同じかたちを保った、狩猟と採集の生活全般にかかわる万能石器ではなかったかと思われるほどである。そうであれば、石斧は正に文化の象徴で、局部磨製石斧作りは、樹木の伐採から始まって自らの柄の取り出しに至るまでの、非常に高度な木工技術に支えられていたはずだ。だが、そうした万能石器が、では何故、第Ⅰ期にだけ発達し、その後は突如として姿を消してしまったのか。

局部磨製石斧は万能石器だったのではなく、旧移住民の渡来と直結した、一定の機能・用途を担っていたからではないか。そして、その特定された機能と用途として、樹木の伐採と加工（稲田 二〇〇一）や大形動物の狩猟と解体（春成 一九九六）などが推定されてきているわけだ。これに対して、著者は、石斧が旧石器古道の開拓に不可欠な、フネを造る一式の道具だとする見解を抱いている（安蒜二〇一三）。日向林B遺跡Ⅰ文化層には、その局部磨製石斧が六〇点もある。しかも、いずれも完形品やそれに近い状態で、破損した例がない。どうしてか。

古東京川水系沿いの遺跡から出土する局部磨製石斧の半数は、破損している（赤星二〇一五）。また、破損した局部磨製石斧の八割方が、出土した遺跡内では接合しない。ちなみに、ナイフ形石器の場合、シャフト柄の先端に取り付けた刺突形ナイフは、移動の先々で作られ居住地から出向いた狩場で使われ、ハンドル柄に装着した切截形ナイフは、移動先の居住地で作り使われたと考えられる（安蒜二〇一三）。すなわち、完成品の破損は使用された場所で起こり、当然、刺突形ナイフは居住地となった出土遺跡内で接合する度合いが低く、逆に切截形ナイフの接合度は高い。したがって、出土遺跡内での接合度が低い局部磨製石斧は、刺突形ナイフの在り方に類似し、使用され破損した場所が居住地ではなかったと推定されてくる。すると、局部磨製石斧は、刺突形ナイフと同様に狩りの現場で壊れ、やはり大形動物の狩猟や解体に用いられていたのだろうか。

果して、そうか。狩場でナイフ形石器や槍先形尖頭器が破損した時、柄を居住地に持ち帰る事例が多い（安蒜二〇一三）。だが、局部磨製石斧の場合、前章で観察したとおり、柄ごと捨ててきてしまう頻度が高い。そこで、狩りの現場の他に、破損した局部磨製石斧が付いた柄を、そのまま置き去りしたような場所があったと想定してみよう。船着場の近くにフネ造りの作業場があり、完成半ばの丸木船や筏と櫂、それにフネ造りの工具一式である一連の局部磨製石斧が、各種の柄とともに並んでいたのではないか。局部磨製石斧を駆使してのフネ造りは、狩りとは別の現場と時間帯でおこなわれていたものと考えてみたい。破損していない六〇点もの数の局部磨製石斧が出土した、日向林B遺跡Ⅰ文化層は、正しくフネ造りに備えた石斧一式を用意しているようだ。そうした、局部磨製石斧が出土する遺跡の多くに、環状ブロック群が残されている。

第二節　環状ブロック群の成り立ち

（一）　環状ブロック群の発見と分類

環状ブロック群とは、円を描くブロックの並びを指す。最初の環状ブロック群は、一九八五年に群馬県下触牛伏遺跡の第Ⅱ文化層中から発見された（群馬県埋蔵文化財調査事業団 一九八六）。しかし、その発見は、発掘現場での出来事ではなかった。いきさつについては、説明が必要だ。下触牛伏遺跡の発掘は、一九八二年から三年がかりでおこなわれ、調査面積は約四万三千平方メートルにおよんだ。発掘の経緯を記録した諸図面は膨大な枚数に達し、発掘の終了後に二年をかけて整理されていった。そして、一年後の一九八五年、石器群が分布する全体像がとらえられ、第Ⅱ文化層出土のブロックが、径五〇メートルの円を描いて並ぶ事実が明らかになったのである（図46）。

これが、環状ブロック群発見の瞬間で、発掘調査報告書が刊行される、わずか一年前のことであった。しかも、円を描くブロック間を、製品の授受と原料の交換を示す、石器の接合線が行き交っていたのである。それは、環状ブロック群が数回の居住が重なってできたものではなく、一回の居住で残されたことを示していた。だが、この発見時に、環状ブロック群の名前はまだなかった。環状ブロック群という名称についても、解説が必要だ。下触牛伏遺跡の発掘調査報告書が刊行されるや、他の遺跡での見直しが進み、たちまちのうちに類例が加わり、環状ブロック群の名が与えられた（橋本・須田 一九八七）。

ところで、遺跡から出土する石器群は、スポット―ブロック―ユニットという分布の階層性を帯びている（安蒜 一九九〇）。そして、砂川遺跡では六つのブロックが二つのユニットを構成している。したがって、厳格にいえば、環状ブロック群を環状ユニット群と呼ぶ方が、より適切かも知れない。しかし、下触牛伏遺跡の発掘調査報告書が刊

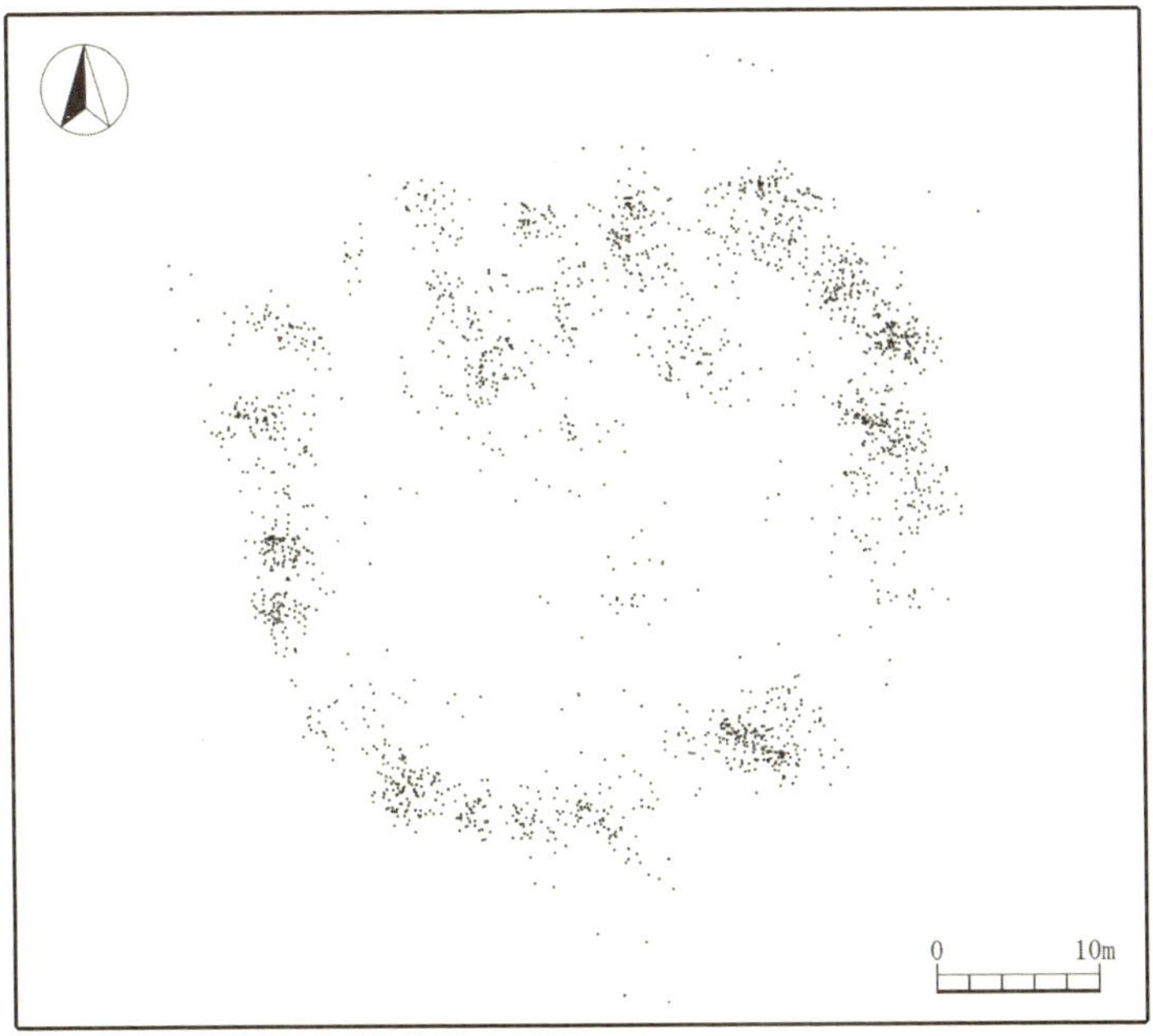

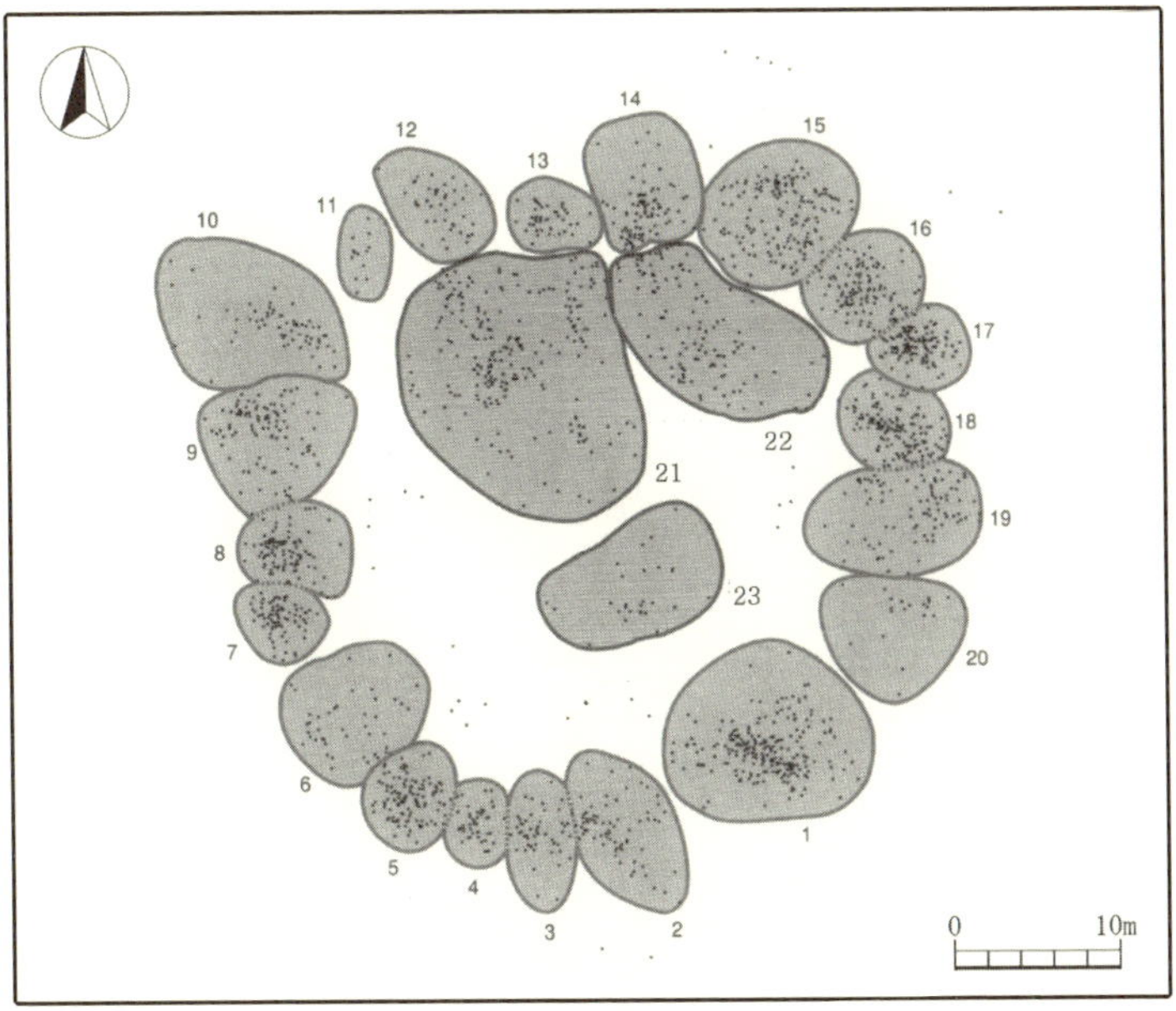

図 46　下触牛伏遺跡のブロック群

行された時点では、まだ石器群の分布を階層的にとらえる方法が確立してはいなかった。また、石器の石材によっては、個体別資料分析法の適用が難しく、ユニットを抽出しにくい遺跡もある。それ故、著者は、一度は環状ユニット群と改めたが（安蒜二〇一三）、研究史上初出で、今日も通称となっている環状ブロック群の名に戻したいと思う。

さて、下触牛伏遺跡第Ⅱ文化層の発見に端を発した環状ブロック群の検出は、現在、本州の中央部を中心に一〇〇例をこえている。いずれも、旧移住民が日本列島に渡来した、第Ⅰ期の遺跡からの出土例だ。そして、確かに、どの環状ブロック群にも円を描いて周回するブロックがみられる。その周回ブロックの径を測ると、一〇メートルに満たない静岡県中見代第Ⅰ遺跡例（沼津市教育委員会一九八九）が最小で、最大が長径八〇メートル・短径五〇メートルの栃木県上林遺跡例（佐野市教育委員会事務局文化課二〇〇四）と、随分と大きさが違う。

とはいえ、環状ブロック群の大半は、径二〇メートルから四〇メートルの範囲におさまる。これを基準にとり中形とすると、環状ブロック群の規模は、径が一〇メートルに前後する小形と、径五〇メートル超級の大形とに三分されてくる。一方、環状ブロック群には、円を描くブロックの並びが輪をなす円環形と丸くかたまる充塡形の二者がある（図47の上）。前者は大形や中形の、後者は小形の環状ブロック群に多い。そして、円環形の環状ブロック群には、周回ブロックの内側や外側に接する一群のブロックがみられる。そこで、内接ブロックや外接ブロックの有無を基準にして、円環形をとる環状ブロック群の配置を類別しておきたい（図47の中）。千葉県関畑遺跡例（千葉県文化財センター二〇〇四）など周回ブロックのみの配置Ⅰ、下触牛伏遺跡第Ⅱ文化層例など内接ブロックを伴う配置Ⅱ、千葉県出口・鐘塚遺跡例（千葉県文化財センター一九九九）など外接ブロックを伴う配置Ⅲ、千葉県坊山遺跡例（千葉県文化財センター一九九三）など内接ブロックと外接ブロックがある配置Ⅳの四者となる。なお、周回ブロックには、閉じて輪を結ぶ並びと完全に一周せず入口が開いているかのような並びとがある。

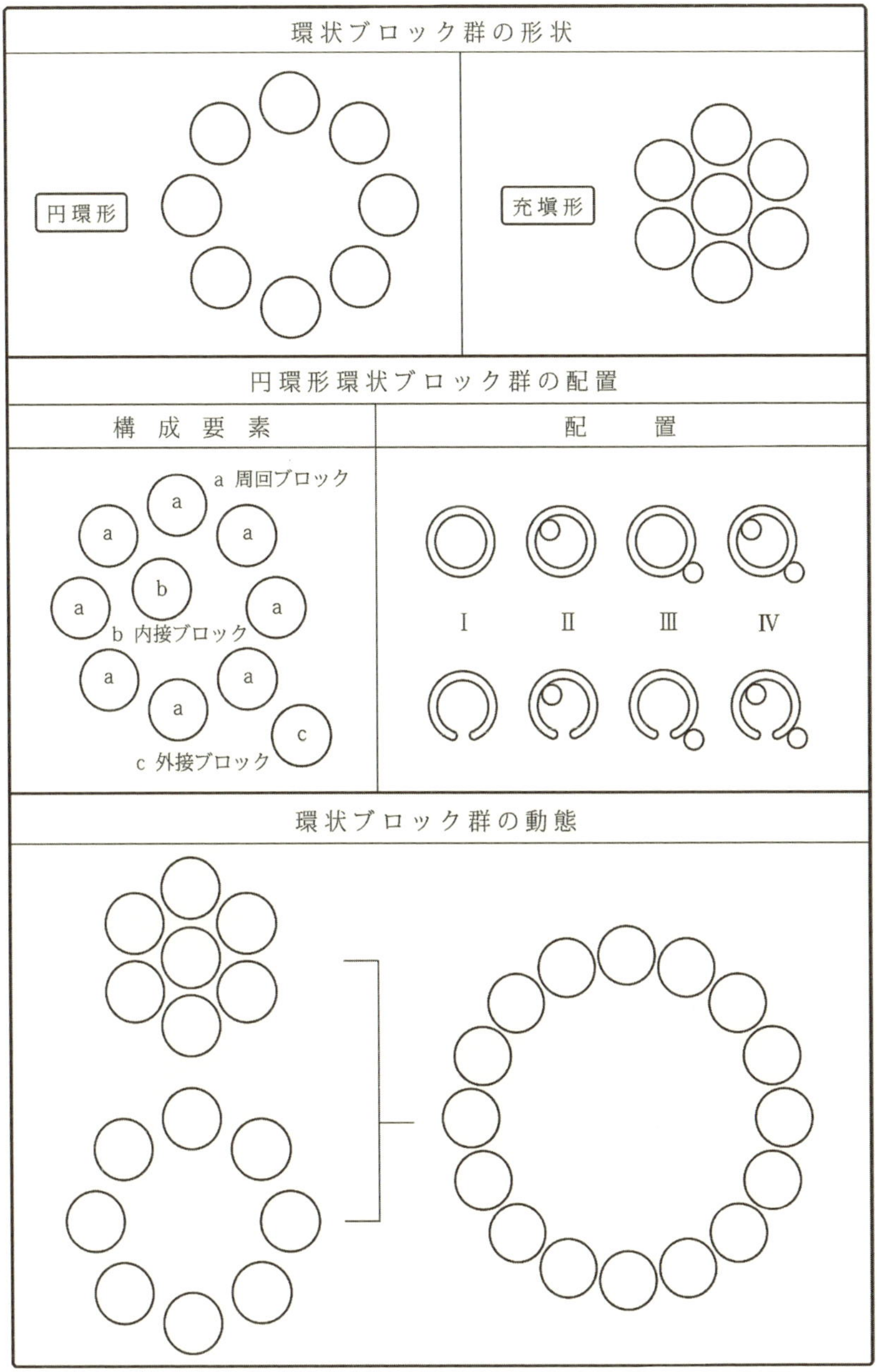

図 47　環状ブロック群の形状と配置

では、環状ブロックがみせる配置と規模の違いは、どのように連関し合っていたのか。ここで、定置個体と転送個体をとおして分析した、砂川遺跡に立ち戻りたい。砂川遺跡からは、Ａ１・Ａ２・Ａ３・Ｆ１・Ｆ２・Ｆ３の六ブロックが出土した（図36参照）。定置個体が占める分布域は、移動してきたばかりの居住開始時に搬入された原料や製品が据え置かれた場所で、そこは新たな居住地に場所を取り位置を決める、配置の起点であった（安蒜 二〇一三）。Ａ１・Ａ２・Ｆ１・Ｆ２・Ｆ３各ブロックに定置個体があり、この五カ所が配置の起点だ。その起点を中心に、居住時の石器作りが進む中、順次、ブロック全体の分布域が形作られていく。この間に、ほぼ定置個体のみのＦ３ブロックと転送個体だけのＡ３ブロックが生じた。前者は場所取りはしたものの居住中に廃絶されたブロックで、後者は位置決めのなかったところに新設されたブロックである。

こうして、Ａ１・Ａ２・Ｆ１・Ｆ２・Ｆ３の五ブロックが並ぶ居住開始時と、Ａ３ブロックが新設されＦ３ブロックが廃絶され一増一減した段階をへて、Ａ１・Ａ２・Ａ３・Ｆ１・Ｆ２の五ブロックが残った居住終了時という、新旧二段階に分けて遺跡の成り立ちをとらえることができる。すなわち、移動先の居住地では、ブロックの配置と数が組み直されているのである。ブロックの廃絶は世帯単位のヒトの群れの転出で、逆にブロックの新設は世帯単位のヒトの転入と考えられる。いいかえると、遺跡から出土する全てのブロックが居住終了時に実在したわけではないのである。環状ブロック群についても、そうした動態的な観点に立った分析が必要だ。

（二）　環状ブロック群の動態

ここで、近場に残された環状ブロック群どうしを比較してみよう。千葉県四ツ塚遺跡には、一〇メートル離れて、小形で配置Ⅱの第１環状ブロック群と中形で配置Ⅱの第２環状ブロック群がある（千葉県文化財センター 二〇〇一）。

そして、第1環状ブロック群の剝片一点が第2環状ブロック群の剝片三点と残核に接合する。また、千葉県関畑遺跡には、約四〇メートルの間隔をおいた小形で配置IのAユニット（A環状ブロック群）と中形で配置IのBユニット（B環状ブロック群）がある（千葉県文化財センター 二〇〇四）。そして、A環状ブロック群出土のハンマーの破片二点とB環状ブロック群出土のハンマー本体およびハンマーの破片一点が接合する。環状ブロック群どうしの石器接合は遺跡内のブロック間の接合とは区別され、いわゆる遺跡間接合と見做される。

遺跡間の石器接合には、時間連鎖接合と空間連鎖接合とがある（安蒜 二〇〇四）。時間連鎖接合とは、集団が移動した新旧の居住地（遺跡）間に生じる石器の接合をいう。集団単位で原料と製品が繰り越されるため、旧居住地（遺跡）の類型Bと新居住地（遺跡）の類型Aが接合する。これに対する空間連鎖接合とは、同じ時間帯にある居住地（遺跡）間に生じる石器の接合を指す。前述した砂川遺跡例が示すような、世帯（ブロック）単位の転出と転入の他、個人単位の行き来で持ち出し持ち込んだ原料や製品が居住地（遺跡）間で接合する。四ツ塚遺跡と関畑遺跡二つの環状ブロック間で生じているのは、この空間連鎖接合だ。したがって、両遺跡の二つの環状ブロック群は、同時に残されたといってよい。

一方、群馬県下では、白倉下原遺跡B区から東に同A区、天引向原遺跡A区、天引狐崎遺跡の四つの環状ブロック群が連なる（群馬県埋蔵文化財調査事業団 一九九四）。順に、小形の配置I、小形の配置II、中形の配置IV、小形の配置IIで、それぞれ五〇メートル、一五〇メートル、二〇〇メートルの間隔を置く。遺跡間の接合はないが、各環状ブロック群は「すべて同一層準から出土しており、非常に近接した時間幅のなかで残されたもの」と報告されている（関口ほか 一九九三）。

このように、古東京川水系下流の下総台地と上流の赤城山麓には、特定の近接する範囲に幾つもの環状ブロック群が同時に残されている。千葉県下の中山新田Ⅰ遺跡と大松・農協前・原山・市野谷芋久保の各遺跡（千葉県教育振興財団 二〇〇八・二〇一一・二〇〇九・二〇一五）などはその典型例と考えられ、一帯は一大船着場となっていた観がある。また、長野県下の日向林B遺跡Ⅰ文化層など、野尻湖の周辺にも環状ブロック群が群集しており、当該地区が広大な船着場の一つだったことを示しているようだ。

ただし、集中する環状ブロック群は、いずれも小形ないし中形である。その一方で、大形の環状ブロック群は、それらの集中区を離れて点在する傾向をみせる。となると、環状ブロック群には、場所を移し替えて、複数の小形と中形から単独の大形へと数と大きさを組み直す、二段階にわたる動態的な成り立ちがあったと想定されてくる（図47の下）。その小形・中形の環状ブロック群が大形に向かったり、大形が小形や中形と化する過程で、周回ブロックに外接ブロックや内接ブロックが加わる、形状Ⅱ・Ⅲ・Ⅳが生じたと考えておきたい。

第三節　旧移住民のムラと集団の構成

（一）　集団の大きさと最古のムラ

いま、大形の環状ブロック群を残したヒトの数を概算してみる（図48の下）。旧石器時代の遺跡は、スポット―ブロック―ユニットという分布の構造性を帯びている。それは、ヒト個人―世帯―小集団という、階層状の組織をもつヒトの群れの反映でもある。移動生活をともにする、最も小さな単位の集団であったとみられるユニットは、普通、二ないし三ブロックで構成されている。ブロックすなわち世帯は、五人前後。この砂川遺跡の人口算出例にもとづけ

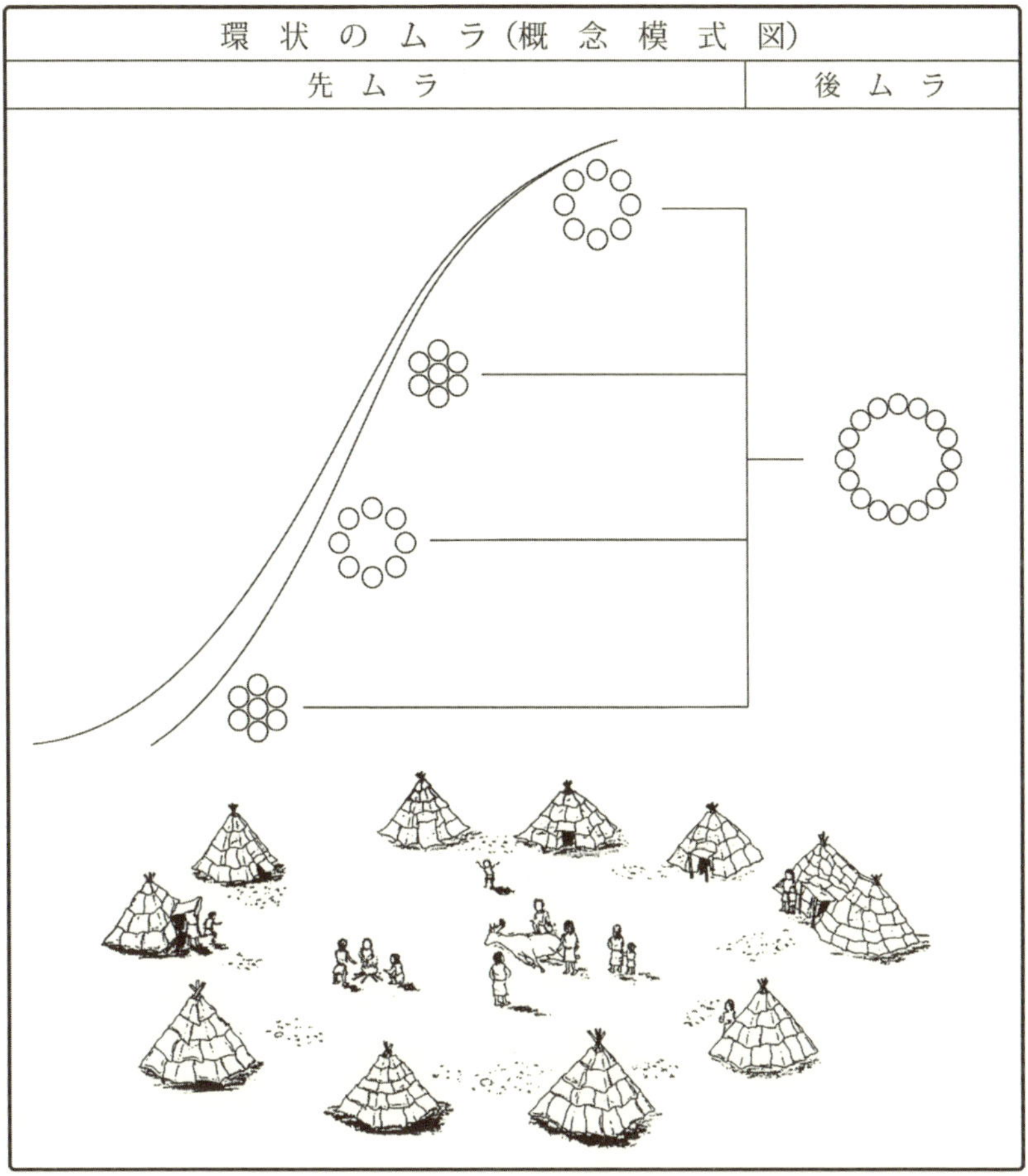

<table>
<tr><th colspan="5">環状ブロック群と集団</th></tr>
<tr><th colspan="3">遺跡（石器群分布）の構造</th><th colspan="2">ヒトの群れ</th></tr>
<tr><td rowspan="2">環状ブロック群</td><td>後ムラ</td><td rowspan="2">ユニットの集まり</td><td>大集団</td><td>150人前後</td></tr>
<tr><td>先ムラ</td><td>小集団群</td><td>数10人</td></tr>
<tr><td>ユニット</td><td colspan="2">ブロックのまとまり</td><td>小集団</td><td>15人前後</td></tr>
<tr><td>ブロック</td><td colspan="2">スポットの重なり</td><td>世帯</td><td>5人前後</td></tr>
<tr><td>スポット</td><td colspan="2">石器作りの場・石器置き場</td><td colspan="2">ヒト個人</td></tr>
</table>

図48　環状のムラと集団の構成

ば、一小集団の人数は一〇～一五人となる。その数を拠り所とすると、下触牛伏遺跡第Ⅱ文化層例は、合わせて二三のブロックがあり、およそ一一五人。また、上林遺跡例では、三〇のブロックに二ユニットが加わり、一七〇人程度になろうか。大形の環状ブロック群を残したヒトの数は、いずれも優に一〇〇人をこえ、平均して一五〇人に前後してくる。

こうして、日本列島の旧石器時代にも、世界旧石器標準時間帯の後期に該当する、その当初の第Ⅰ期から、ダンバーのいうヒトが群れる核となる人数一五〇人ほどの集団を見い出すことができる（Dunbar 1996、松浦・服部訳一九九八）。ただし、日本列島各地から約一万カ所の遺跡が発見されている現在（日本旧石器学会二〇一〇）、大形の環状ブロック群を上回る大規模な遺跡は発見されていない。そうした状況下、大形の環状ブロック群をとおして取り出される一五〇人に前後するヒトの群れは、ともに移動の生活をおくった、旧石器時代で最大規模の集団であったと考えてよい。この現代狩猟採集民の氏族にも対比される、大形の環状ブロック群から算出されてくる一五〇人規模のヒトの群れを、大集団とする（安蒜二〇一三）。すなわち、旧移住民は、大集団の単位で日本列島に入り、移動の先々に大形・中形・小形の環状ブロック群を残したのである。

ところで、ブロックはイエの跡であった。したがって、環状ブロック群は、イエが円を描くようにして建ち並ぶムラの跡でもある。それを、環状のムラと呼ぶ（安蒜一九九〇）。この環状のムラこそ、旧移住民が最初に構えた、日本列島最古のムラの姿であった。環状のムラの大きな特徴は、円の並びをかえずに、戸数の多寡に対応できる点だろう。円を大きくすれば戸数を増やせ、円を小さくすれば戸数を減らせる。また、円が大きくなれば中央に広場ができ、円を小さくすれば広場が消える。さらに、イエとムラの向きを定めやすい。イエの入口がみな外側を向く背中合わせのムラ構えは、四方を見据えるうえで都合がよく、どのイエの入口も内側を向く向かい合わせのムラ構えは、共同生活に便利だ。こうした円の並びの特性を最大限に生かしながら、一五〇人規模の大集団が、時に応じて一つになったり幾つかの小集団群ごとに別々に居住する、大・中・小が同じ構図の環状のムラを構えていたのである。

そして、環状ブロック群の成り立ちを動的にとらえると、小形や中形の環状のムラが集まって大形の環状のムラとなり、大形の環状のムラが分かれて小形や中形の環状のムラに戻るという、ムラの組み直しが認められてくる。では、移動のどの時点でムラが組み直されたのか。環状ブロック群が集中する地区に大形の環状ブロック群がないことから、小形や中形の環状ブロック群と大形の環状ブロック群は、残される場所が違っていた。一方、小形や中形の配置Ⅲ やⅣの環状ブロック群は、小形や中形の配置Ⅰ・Ⅱに転入ブロックが加わる、大形の環状ブロック群への過渡的な状態とみられる。

以上の点から、大形の環状のムラを構えていた大集団は、移動元を出る時、幾つかの小集団群に分かれて移動先に向かい、一旦各々が小形や中形の環状のムラを構えた。その後、大集団は、同じ移動先の別の場所に集まり直して大形の環状のムラを構えた。そう考えられる。このように、大集団は、小集団群に分離して移動先に入って居住した後、同じ移動先の別の場所に結集して再び居住するという、移動の先々でムラの規模を二段階方式で構え直した可能性が大きい。第一の段階で組んだ小形や中形の数ヵ所に分かれる環状のムラを先（さき）ムラ、第二の段階で一つに組み直された大形の環状のムラを後（あと）ムラとする（図48の上）。

（二）　環状のムラの消失と旧石器古道

日本列島最古のムラは、環状のムラであった。その環状のムラには、同じ構えながら規模の違う、先ムラと後ムラがあったようだ。この二段階方式のムラが構えられた背景を探ってみたい。日本列島にやってきた旧移住民は、第Ⅰ

期に、先ムラと後ムラという段階を踏んで、移動先に居住した。そこには、新しい土地に入る開拓者としての用意の周到さがうかがえる。だが、そればかりが原因とも考えがたい。すでに旧石器海退が始まっていたとはいえ、日本列島は、まだ文字通りの島で、日本列島への渡来にはフネを必要とした。そして、第Ⅰ期の遺跡の多くが、氾濫原を臨む場所にあった。環状ブロック群が集中する下総台地や赤城山麓は、古東京川水系に沿って延びる旧石器古道太平洋側ルートの出入り口に当る。大集団の移動も、当然、水路を活用したことだろう。

しかし、一五〇人規模の大集団を一度に搬送できるようなフネがあったものかどうか。フネを用いた移動は、大集団を何回かに分けて実施されたに違いない。そのフネで搬送されたヒトの群れごとに、先ムラが構えられたのではなかったか。このフネによる移動が河川漁撈の漁期におこなわれたとすると、共同作業に即応できる後ムラは、大形獣の猟期に合わせて構えられたとも考えられる。先ムラが船着場近辺での漁撈の、後ムラが狩場での狩猟のそれぞれ拠点でもあったとする図式も描けそうだ。

一方、神奈川県津久井城馬込地区（かながわ考古学財団 二〇一〇）や東京都野水遺跡第Ⅳ文化層（調布市遺跡調査会 二〇〇六）から出土した環状ブロック群には、原石の入手に始まって局部磨製石斧を作った一連の作業が留められている。前者の環状ブロック群は中形で配置Ⅱ、後者のそれは中形で配置Ⅳに分類される。どちらも先ムラだ。そして、前述したように、局部磨製石斧には作る場所と使う場所が別々に設けられていた可能性が強い。おそらく、局部磨製石斧は先ムラで作られ、後ムラの段階に船着場の近くで使われフネが仕上げられたのではなかったか。日向林B遺跡Ⅰ文化層の環状ブロックは、その準備が整い局部磨製石斧を集中的に管理した、先ムラの様子をよく示している。局部磨製石斧のみが出土する、フネ造りの場の発見が待たれる。

その局部磨製石斧は、やがて、忽然と消える。立川ローム第Ⅵ層期の出来事で、以後、日本列島の旧石器時代は第

Ⅱ期に入る。第Ⅱ期を迎えて突然姿を消すのは、局部磨製石斧ばかりではない。それは、局部磨製石斧の消失と軌を一にするようにして、ムラの営みが大きくかわる中で消えていった。まず、円を描くブロックの並びが、一斉になくなる。環状のムラ構えが消失してしまうのである。ついで、先ムラと後ムラを区別できなくなる。ムラは、円の並びを解いた先ムラの各々が河川の流域に沿うような構えとなる。大集団は、移動先にどちらも円陣を組んで分散時のムラと集合時のムラを交互に営む方式から、常時分散したままで移動を繰り返えす方式に改めたようだ。

それは、最終氷期の最寒冷期である第Ⅲ期に一歩近づき、大形獣が絶滅しだして、狩猟の対象と猟法が変化しつつあったことを物語っている。この後ムラをやめて先ムラに一本化するムラの営みは、第Ⅲ期の新移住民の渡来を機として本格化する、川辺のムラ構え（安蒜　一九九〇）の下地ともなった。こうしてみると、局部磨製石斧と環状のムラは、旧移住民が日本列島を開拓した象徴的な遺物と遺構であり、その消失は開拓が一段落した証拠といえそうだ。

だが、旧移住民の開拓が一段落したとはいえ、旧石器古道は貫通していない。第Ⅰ期には赤城山麓どまりであった太平洋側ルートの幹線が、中部高地に達したのは、第Ⅱ期になってからのことと推定される。というのも、南関東の諸遺跡から出土する遠隔地産の石材の中心が、第Ⅰ期の赤城山麓産の黒色安山岩・黒色頁岩から、第Ⅱ期には中部高地産の黒耀石へと切り替えられるからである。一方、日向林Ｂ遺跡Ⅰ文化層の環状ブロック群では石材の七割が霧ヶ峰産の黒耀石であるように、旧石器古道の日本海側ルートは、野尻湖周辺を経由して、太平洋側ルートよりも一足早く中部高地に達していた。こうして、日本列島の中央部を横断する旧石器古道の幹線は、第Ⅱ期に完成をみる。その貫通した旧石器古道の幹線は、しかし、水路中心から陸路中心へと行路が変更されたかのようだ。環状ブロック群と局部磨製石斧の消失に、それがよく映し出されている。そして、ヤリの穂先のナイフ形石器もまた、尖刃と平刃から、斜刃へと移行した。

第Ⅶ章　新移住民の足跡

第一節　新移住民の展開

（一）南方系の新移住民と大規模な石器作り

第Ⅲ期は、地球規模で気候が寒冷化し極限を迎えた、最終氷期の最寒冷期に当る。狩猟の対象は、絶滅が相次ぐ大形獣から、中・小形獣へと移り変わった。第Ⅲ期の九州では、杉久保・茂呂・台形系のナイフ形石器がこぞって作られ、尖刃・斜刃・平刃のヤリの穂先を総動員するかたちで、この環境変化に対応しようとしていた。そこに突如として、剝片尖頭器（朝鮮式ナイフ形石器、スムベチルゲ）が登場し、遺跡数が急増する。環日本海旧石器文化回廊を反時計回りに伝い、朝鮮半島から南方系の新移住民が大挙して渡来したのである。そして、その剝片尖頭器は、九州のナイフ形石器と接触すると共伴し、たちまちのうちにナイフ形石器作りに組み込まれたかにみえる。

しかし、その一方、剝片尖頭器は、在来のナイフ形石器とは違って狩場ばかりではなく、より大掛りに安山岩の原産地でも作られていた。佐賀県多久・小城遺跡群に、その実例がある（小畑・岩永 二〇〇五）。同遺跡群の一つ岡本遺跡がそれで、剝片尖頭器の典型的な大規模製作址である（富永 二〇〇四）。だが、剝片尖頭器作りは瞬く間に姿を消す。と同時に、九州の遺跡数が半減する。そればかりか、以後の九州では、第Ⅴ期の矢出川系細石器作りに至るまでの間、大規模な石器作りが一切みられなくなる。大規模な石器作りの消失が、九州からの人口の流出を招いたかのようだ。それにかわって、第Ⅲ期以降、本州の西南部と中央部で、大規模な石器作りが展開しだす（図49）。

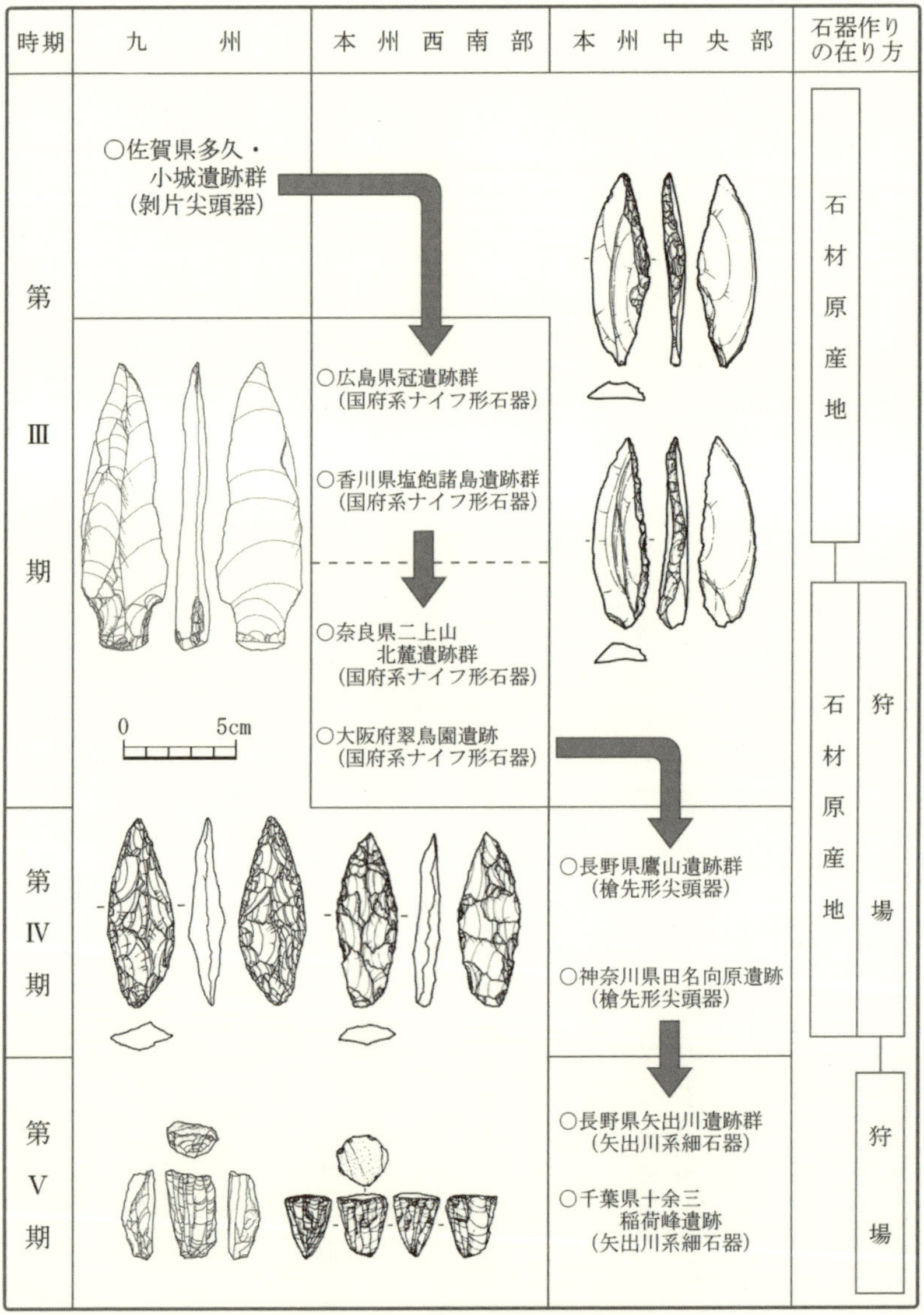

図49　大規模な石器作りの展開

大規模な石器作りは、まず、第Ⅲ期に本州の西南部に舞台を移し、繰り広げられた。広島県冠高原遺跡群（沖二〇〇五）、香川県塩飽諸島遺跡群（松本 一九八三）、大阪府翠鳥園遺跡（羽曳野市遺跡調査会・京都大学文学部考古学研究室 一九九五）、奈良県二上山北麓遺跡群（佐藤 二〇〇五）などがそれで、国府系ナイフ形石器が量産される。そして、さらに本州を北上し、第Ⅳ期には、鷹山第Ⅰ遺跡S地点（鷹山遺跡群調査団 一九九一）や神奈川県田名向原遺跡の住居状遺構（相模原市教育委員会 二〇〇四）、それに埼玉県横田遺跡（埼玉県埋蔵文化財調査事業団 一九九五）など、本州の中央部で槍先形尖頭器が大掛かりに作られるようになる。その本州の中央部では、第Ⅴ期にも、長野県矢出川第Ⅰ遺跡（明治大学考古学研究室 一九八〇）や千葉県十余三稲荷峰遺跡第6文化層（千葉県文化財センター 二〇〇四）など、矢出川系細石器の量産がつづく。

そうした北上の途次で、大規模な石器作りは、大きく変貌する。それは、第Ⅲ期の本州西南部で起こり、二上山北麓遺跡群と翠鳥園遺跡との違いとなって表面化した。前者は安山岩の原産地で、後者は安山岩を原産地から狩場に運び込んで、それぞれ大規模に国府系ナイフ形石器が作られている。大規模な石器作りが広域化する中、石器石材原産地直結型から、石器石材原産地離脱型の石器の量産が派生してくるのである。これと相似た在り方が、本州の中央部でも生じる。第Ⅳ期になると、大規模な槍先形尖頭器作りが、中部高地の黒耀石原産地と関東平野の狩場とでおこなわれるのである。鷹山第Ⅰ遺跡S地点が二上山北麓遺跡群に該当し、田名向原遺跡や横田遺跡が翠鳥園遺跡に相当する。だが、石材は安山岩ではなく、黒耀石一色。しかも、その黒耀石の入手地は、原産地にあっても一地点ではなく数カ所におよぶ。そして、第Ⅴ期には、黒耀石の入手地をより多方面化させながら、大規模な矢出川系細石器作りの全てが狩場でおこなわれるようになるのである。

さて、九州から本州中央部へと場所をかえて進展した大規模な石器作りには、注目すべき現象が起きている。第一に、杉久保系と台形系それに茂呂系のナイフ形石器という、旧移住民の用いた在来のヤリの穂先は、一度として量産されなかったのである。いいかえると、杉久保系・台形系・茂呂系のナイフ形石器は、専ら狩場で作り使われたといういい方もできる。第二に、南方系新移住民の渡来後に始まる剝片尖頭器の大規模な石器作りが、国府系ナイフ形石器・槍先形尖頭器・矢出川系細石器の順で、つぎつぎに新しい石器に生まれ変わる経緯である。その過程を追ってみよう。

最初に、国府系ナイフ形石器が出現した経過をたどる（図50）。スムベチルゲと剝片尖頭器、それと国府系ナイフ形石器の三者は、石器作りの技術上、どう連鎖してくるのか。スムベチルゲと剝片尖頭器は、ともに縦長剝片が素材で、素材用剝片の打瘤部を中心に調整加工が施されている。この素材用剝片と加工部位の在り方は、内側への抉り込みを除けば、基部加工の杉久保系ナイフ形石器と共通する。したがって、最初は、朝鮮半島から九州に入ったスムベチルゲが杉久保系のナイフ形石器と接触し（図50の石器1と2・3）、剝片尖頭器作りが始まったとみてよいだろう。しかし、その剝片尖頭器作りは、横長剝片を素材とし、素材用剝片の打瘤部を中心に調整加工を施す、一側縁加工の国府系ナイフ形石器作りと、技術上のつながりがなさそうにみえる。とはいえ、加工部位に視点を定めて観察すると、どちらも、素材用剝片の打瘤部が中心で国府系ナイフ形石器も基部加工の仲間に入ってくる（図50のB・C）。だが、完成した石器の先端部と基部を結ぶ長軸線は、剝片尖頭器が打瘤部と直交するのに対し、国府系ナイフ形石器は平行し、明らかに違う。

ここで、大分県今峠遺跡でその存在が明らかとなった、今峠型ナイフ形石器に注目したい（図50のD）。今峠型は、元来、横長剝片を素材にしながら基部加工に分類されている、特異なナイフ形石器である（鎌田　一九九九）。石器の長軸線は、素材用剝片の打瘤部と直交も平行もせずに接していて、その打瘤部および打瘤部と対象となる部位に調整

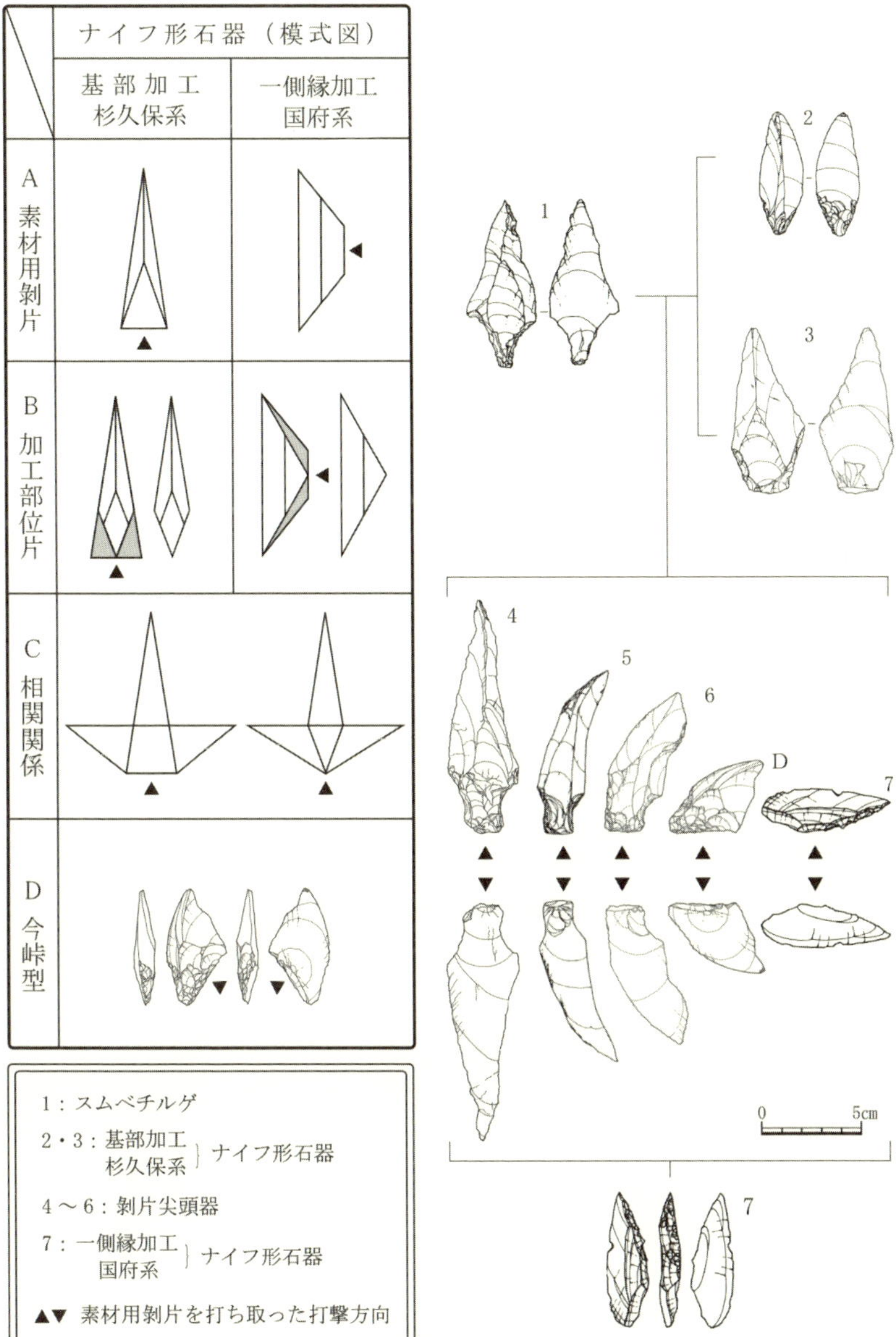

図50　国府系ナイフ形石器の出現

加工が施されている。この今峠型ナイフ形石器を剥片尖頭器と国府系ナイフ形石器との間にはさむことによって、石器の長軸線が直交から水平へ、素材用剥片が縦長から横長へ、加工部位が基部加工から一側縁加工へと、それぞれ移行していく様子を目にできる（図50の石器4～6、D、7）。こうして、スムベチルゲが杉久保系ナイフ形石器と接触して始まった剥片尖頭器作りは、今峠型を介して、国府系ナイフ形石器作りへと進展したのである。第Ⅲ期の九州で起きた、国府系ナイフ形石器の誕生であった。

その九州の第Ⅲ期には、杉久保系・茂呂系・国府系・台形系とナイフ形石器の全種類がある。この四者のナイフ形石器作りは、第Ⅲ期をとおして同じようにつづいたわけではなく、台形系のナイフ形石器作りを軸として変化した。古い方から、はじめは台形系と茂呂系、ついで台形系と杉久保系それに国府系、さらに台形系と杉久保系が、それぞれ主に作られた三つの時期に分かれる。順に、第Ⅲａ期、第Ⅲｂ期、第Ⅲｃ期とする。どの時期にも、横断面が三角形をした三稜尖頭器が共伴していて、第Ⅲｂ期と第Ⅲｃ期には、二面から三面へと調整加工が進み、次第に両面調整の槍先形尖頭器化する過程が認められる（図51）。そして、群馬県上白井西伊熊遺跡第2文化層が裏付けるように、槍先形尖頭器作りは、国府系ナイフ形石器作りとともに本州に入る（群馬県埋蔵文化財調査事業団二〇一〇）。

このように、国府系ナイフ形石器作りと槍先形尖頭器作りは、渡来した南方系の新移住民が、旧移住民と接触し共存しながら融合し、第Ⅲ期から第Ⅳ期にかけて同化していく過程で登場した事実を示してもいる。そして、第Ⅴ期の大規模な石器作りは、ナイフ形石器や槍先形尖頭器のように剥片を打ち欠いてヤリの穂先に仕上げるのではなく、小さな剥片をヤリの穂先の部品化する矢出川系細石器作りへと転じ、本州中央部から北上元の九州へと戻るように広がっていったのである。これにより、九州の遺跡数が増加する。

ただし、矢出川系細石器作りが槍先形尖頭器作りを経由したとする、確たる証拠はない。かといって、双方の技術

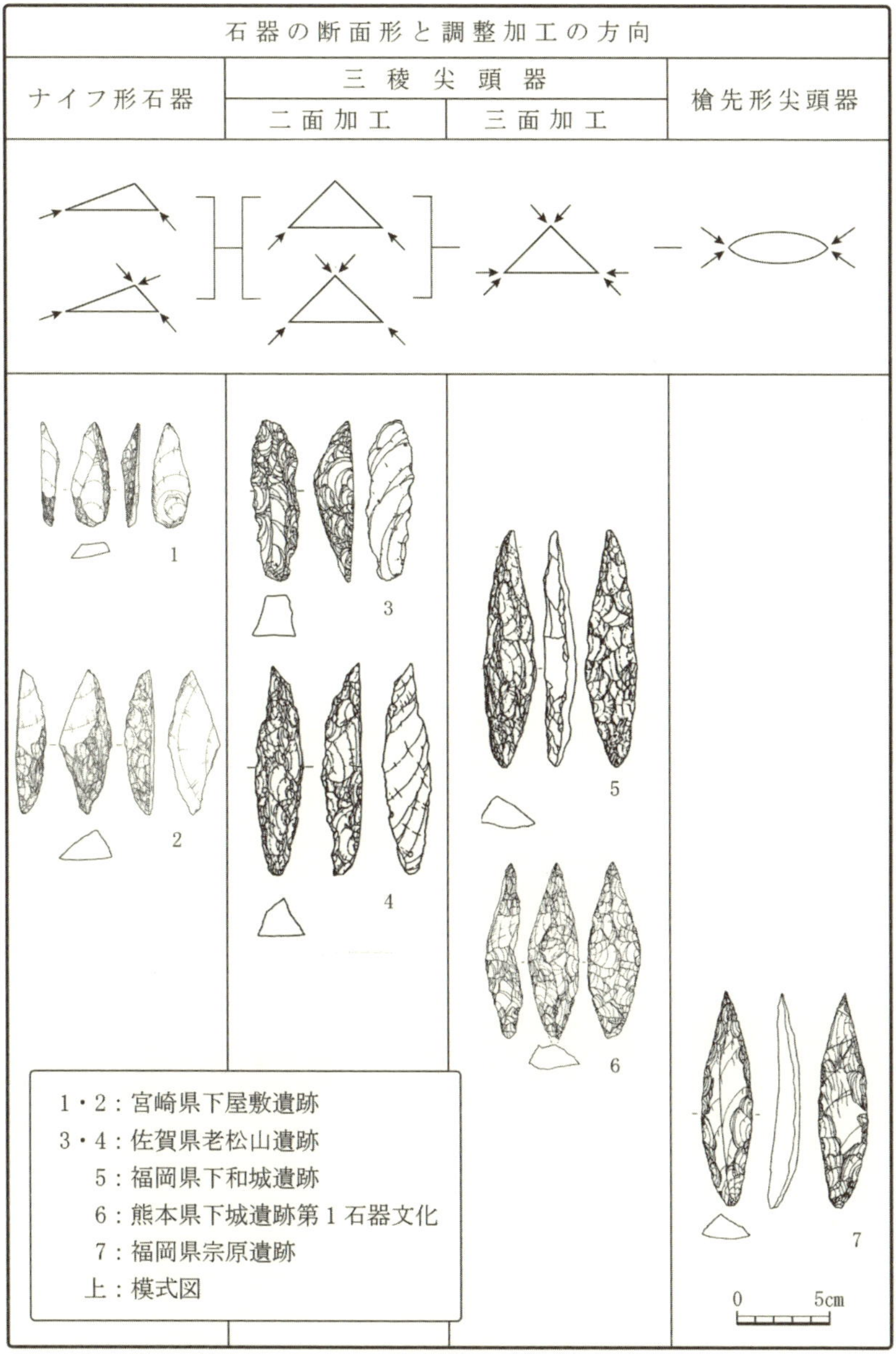

図51　ナイフ形石器作りから槍先形尖頭器作りへ

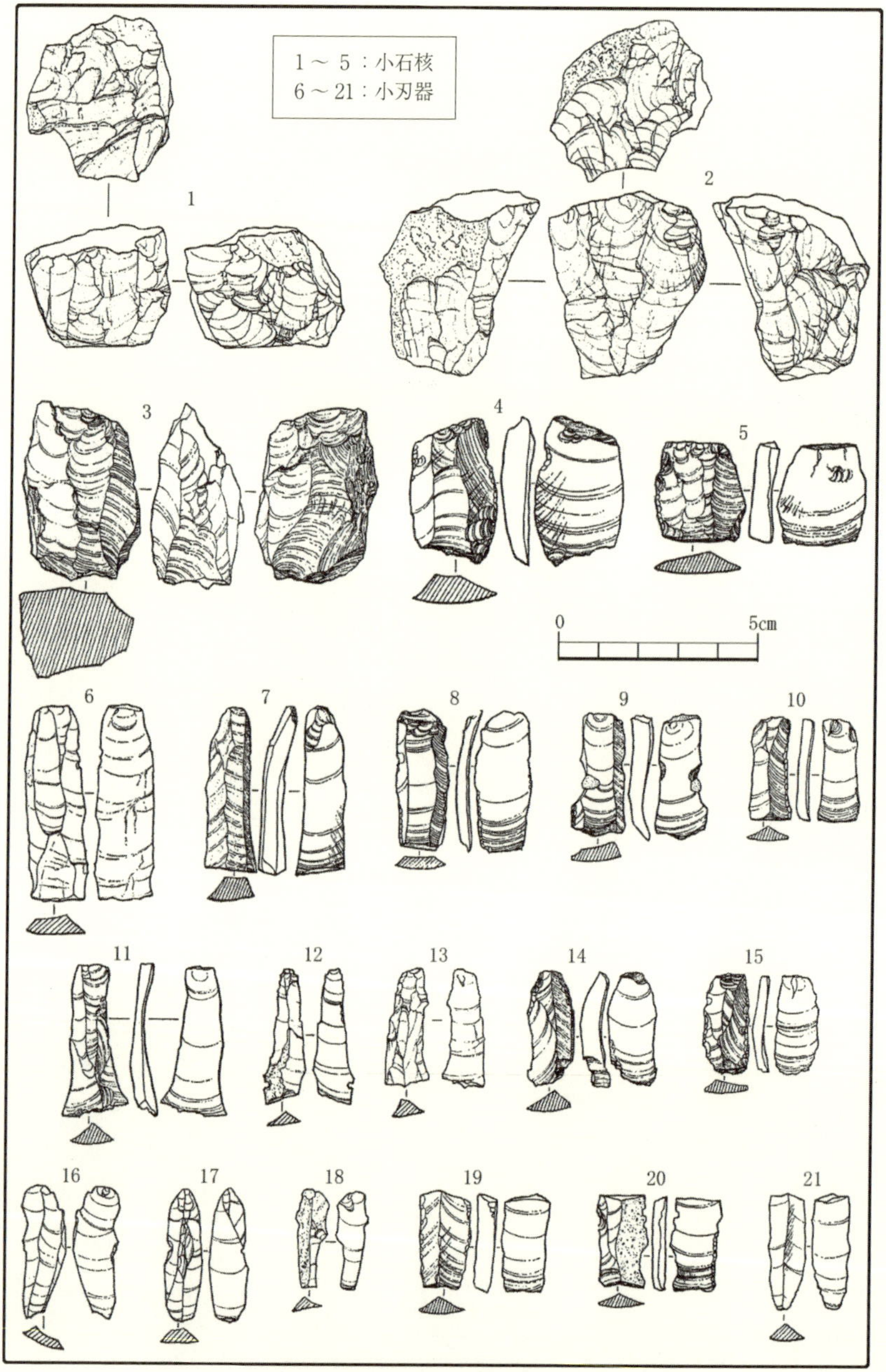

図52　槍先形尖頭器石器群に共伴する小石核と小刃器

上のつながりが全く求められないかといえば、そうではない。実験によれば、槍先形尖頭器は、素材用剝片に対する成形と仕上げの二段階の打ち欠きをとおして、最終的なかたちが作り出される（小菅 二〇〇二）。というのも、成形後の石器の表裏両面は、打ち欠き痕が凹凸をなしているからである。その凸凹を起こしている稜線を押し剝し取ることによって、滑らかな器面が仕上がる。この押圧剝離が細石器作りと共通し、生じる小刃器が細刃器と酷似する。実際、槍先形尖頭器文化期の遺跡からは、数々の類品が出土している（図52）。しかも、一連の小刃器を打ち割った小石核（小残核）の中には、槍先形尖頭器の胴部を模した形態があり（図52の3）、矢出川系細石核の始源と関連しそうだ。ここに、矢出川系細石器作りの系譜がたどれるかも知れない。

（二）北方系の新移住民と組織的な石器作り

九州で南方系の新移住民が剝片尖頭器を量産した第Ⅲ期に、環日本海旧石器文化回廊を時計回りに伝い、北方系の新移住民が北海道に渡来した。北海道に旧移住民の姿がなく、北方系の新移住民は移住元のシベリア大陸と同じ方式で湧別系細石器を作った。湧別系細石器の石器組成は多彩な内容をもち、細石核から打ち割った細刃器（細石核）の他に、尖頭器および荒屋型彫器を代表例とする多種類の彫器や掻器それに船底状の石器を含む各種の削器など、一連の剝片石器が連なり、打製と磨製の石斧も備えていた。

ナイフ形石器は直かに手で持ち手で投げるヤリの穂先で、槍先形尖頭器は投槍器を使って打ち出すヤリの穂先、そして細石器は組み合わせて使い部品の修繕が容易なヤリの穂先であった。そうした観点に立つと、細石器と尖頭器をもつ北方系の新移住民は、仕様が違う二種類のヤリの穂先を手にしていた。これに対して、南方系の新移住民は、ナイフ形石器（日本式ナイフ形石器）をもつ先住の旧移住民のもとに、スムベチルゲ（朝鮮式ナイフ形石器）をもたらせた。同じ仕様のヤリ先を、もう一種類加えたこととなる。

北方系の新移住民は、それらの狩猟具とともに、多種多様な彫器・掻器・削器という様々な工具類を用意し、最終氷期下の環境に対応していた。ところが、この北海道で発達した湧別系細石器の石器組成（北海道型）は、第Ⅳ期で本州の東北部へ、第Ⅴ期には本州の中央部から西南部へと、日本列島を南下する中で様変わりしていく（図31参照）。山形県角二山遺跡では彫器・掻器・削器と打製石斧（宇野・上野 一九七五）、埼玉県白草遺跡からは彫器・掻器・削器（埼玉県埋蔵文化財調査事業団 一九九三）、岡山県恩原2遺跡では彫器・削器（恩原遺跡発掘調査団 一九九六）などが、それぞれ細石核・細刃器とともに出土し、湧別系細石器の石器組成が簡略化した事実を裏付けている（本州型）。しかも、最後まで残る彫器は、全てが荒屋型に統合されている。荒屋型彫器とは、新潟県荒屋遺跡を標式とする彫器の一型式で、湧別系細石器と共伴して、東アジアに広く分布する（芹沢 一九五九）。ちなみに、矢出川系細石器は、常に細石核・細刃器に削器や礫器が伴う、極めて単純な石器の組成をとる。

ところで、普通、石器作りは、礫核石器作りと剝片石器作りとに分けて説明される（図20参照）。剝片石器作りの手順を模式的に示すと、既述のように、同時に進行する二つの過程が認められる。一つは、石器作りの開始から終了までの間の、原石が石核をへて残核となる、原料が消費される過程である。もう一つが、準備された石核から剝片を打ち割る剝片剝離の工程と、得られた剝片に打ち欠きを加えて仕上げをする調整加工の工程とからなる、石器の生産過程である。これと比べ、原石それ自体が石器となる礫核石器作りでは、石器生産過程の剝片剝離の工程がすなわち調整加工の工程であり、しかも石器生産過程がすなわち原料消費過程でもある。

したがって、礫核石器と剝片石器を同時に作り使うとすれば、二個体の原石が必要となる。細刃器は、明確な調整加工の工程を踏まないとはいえ、彫器・掻器・削器類と同じ剝片石器である。ただし、細刃器の大きさは、彫器・掻器・削器類よりもはるかに小さい。では、細刃器と彫器・掻器・削器を一緒に作る場合どうするか。矢出川系細石器作りでは、細刃器と削器とが別々の原石から作り出されている。その細刃器と削器に伴出する礫核石器の礫器が、細刃器および削器とも原石を別にしていることは、いうまでもない。

湧別系細石器作りをみると、細石核が、両面や半両面ないし片面や周縁を打ち欠いて整えた専用の母材から作り出されている。留意すべきは、細石核用の母材が、彫器・掻器・削器などの素材と同じ剝片である点にある。つまり、湧別系細石器作りでは、細刃器を含む剝片石器の一切が、同一原石から生み出される工夫がこらされたかのようだ。あたかも、剝片石器作りにおける原料消費過程の残核を細石核に置き換えたような作業工程表が描かれているのである。この細刃器を含めて剝片石器の全てを同一原石から生み出すという、湧別系細石器作りの構図は、北海道型と本州型という石器組成の違いをこえて一貫している。その証左に、細石核用母材を整える調整剝片を荒屋型彫器をはじめとして掻器や削器に仕上げた事例を示す、接合例の数々が本州各地で報告されている（図31参照）。

このように、湧別系細石器作りを、礫核石器作りと対応させ二分する、剝片石器作りの枠組みで理解することは難しい。というよりも、湧別系細石器作りは、複数の剝片石器作りの工程を合体させた、極めて緻密で組織化された技法構造をもっているのである。それは、北方系の新移住民が成し遂げた、石器作りの一大構造改革であった。新移住民の社会をヒト作りとモノ作りにたとえると、北方系の新移住民は、モノ作りの社会を築いていたといえそうだ。

この湧別系細石器作りが、環日本海旧石器文化回廊を時計回りに伝い、第Ⅳ期に北海道から本州の東北部へと南下したのである。これとは別に、湧別系細石器を携えた北方系の新移住民は、環日本海旧石器文化回廊を反時計回りに伝って朝鮮半島に至り、融合・同化することなく併存し、接触した先住民とスムベチルゲ作りを九州へと押し出した（安蒜 二〇一〇）。それが、スムベチルゲとともに九州に渡来した、南方系の新移住民に他ならない（図24参照）。では、その北方系の新移住民の南下によって、本州の東北部では何が起きたか。第Ⅳ期の本州東北部には、第Ⅰ期以来、伝統的に杉久保系ナイフ形石器を作り使いつづけてきた旧移住民がいた。だが、本州型に移行していた湧別系細石器の石器組成に、杉久保系ナイフ形石器が組み込まれ、共伴することはなかった。したがって、九州に渡来した南方系の新移住民と先住の旧移住民との関係とは違って、東北に入った北方系の新移住民が、先住の旧移住民と接触したのちに融合し同化したとは考えがたい。北方系の新移住民は、朝鮮半島同様、本州東北部の地から先住民を押し出したのだろうか。

九州に目を転じたい。第Ⅳ期の九州はというと、剝片尖頭器は姿を消しており、大規模な石器作りも本州西南部へと移った。当該時期の石器群は、南方系新移住民が渡来する前の組成にほぼ復し、一帯では杉久保系・茂呂系・台形系の各ナイフ形石器が作り使われていた。そうした石器組成の中で、宮崎県野首第2遺跡（宮崎県埋蔵文化財センター二〇〇七）など、本州東北部で著しい発達をみた、杉久保系ナイフ形石器の顕在化が目立つ。ここで、改めて、九州における遺跡数の推移を追ってみる（松本 二〇〇五）。宮崎平野では、第Ⅰ期から微増した第Ⅱ期の遺跡数が第Ⅲ期で激増し、以後、第Ⅳ期で一旦半減するが、再度増加に転じて第Ⅲ期に匹敵する高い水準を保ったまま第Ⅴ期につづく（図53の上）。この宮崎平野の遺跡数増減は、ほぼ九州全体に当てはまりそうだ。

となれば、南方系新移住民の渡来がもたらせた第Ⅲ期の遺跡数激増後の動向を、以下のように解釈できるだろう。第Ⅳ期にみられる遺跡数の一旦半減は九州から本州に移った大規模な石器作りの北上に伴う人口の流出で、逆に後続する遺跡数の再度の増加は他からの人口の流入であったと。その他からの人口流入こそ、本州東北部で生じた北方系新移住民の旧移住民押し出しに由来すると考えられるのである。その証しが、本州の東北部で伝統的に作り使われた杉久保系ナイフ形石器の九州の地での顕在化だ。そして、湧別系細石器作りは、矢出川系細石器作りとも同化する

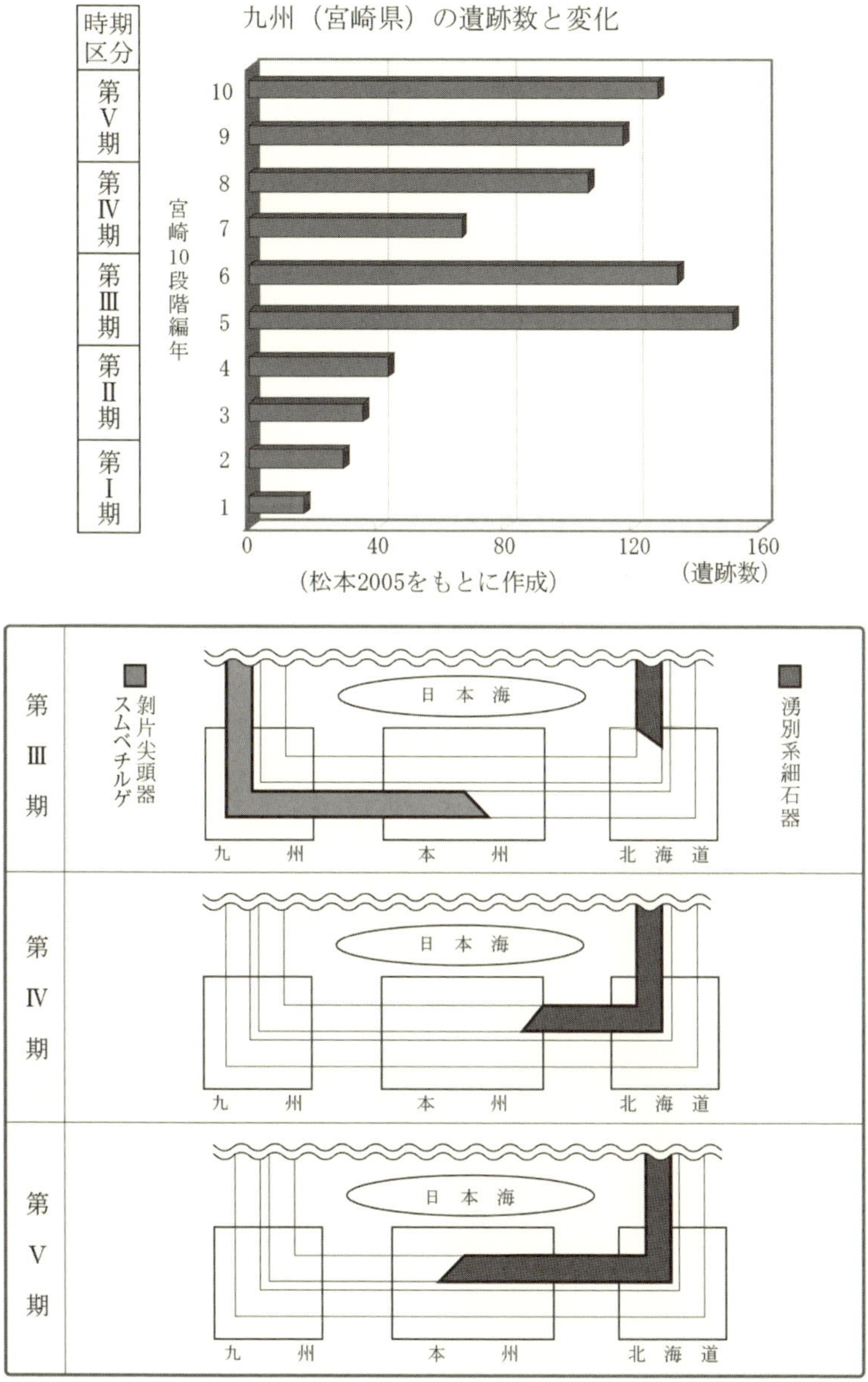

図53　九州における遺跡数の増減と環日本海旧石器文化回廊の推移

ことなく併存し、境界を設けながら、第Ⅴ期には本州の中央部をへて日本海側西南部にまで南下する。これが背景となって、第Ⅴ期の九州では遺跡数の増加がつづいたのである。それはまた、時計回りの環日本海旧石器回廊の延伸でもあった（図53の下）。

第二節　新移住民の社会

（一）石器製作者集団の登場

南方系の新移住民は、旧移住民と接触してのち同化を進める中、第Ⅳ期に本州中央部の黒耀石原産地一帯で、ヤリの穂先を、旧移住民以来のナイフ形石器から槍先形尖頭器へと更新した。ナイフ形石器と槍先形尖頭器は、どちらも一点の石器をシャフト柄の先端に取り付ける点では共通する。だが、槍先形尖頭器は投槍器を用いた場合、直にシャフト柄を手で握って投げるナイフ形石器よりも格段と命中精度と殺傷力が勝り、絶大な効力を発揮したようだ。反面、槍先形尖頭器を作り出すには、ナイフ形石器作りとは比較にならない膨大な労力と時間を要し、おびただしい量の原石が消費された。石器作りの実験が、それをよく示している（小菅 二〇〇二）。

石器作りの実験データにもとづけば、ナイフ形石器を一とする時、槍先形尖頭器作りに費やされる労力は、原石を消費する度合いで約十倍、原石を打ち割る回数も約十倍、作業に必要とする時間はおよそ数十倍にもなる。あらかじめ用意しておいた素材用の剥片から長さ八センチほどの石器を仕上げる場合、熟練者で、ナイフ形石器作りに約一分、表裏両面を丹念に打ち欠く槍先形尖頭器作りにはほぼ三〇分が必要だという。同じヤリの穂先でありながら、一点の槍先形尖頭器を完成させるためには、ナイフ形石器と比べ、原石の大量入手に始まり数百倍もの手間暇をかけていたことになる。

ただし、一口に槍先形尖頭器とはいっても、種類は様々だ（図54）。研究史を振り返ると、槍先形尖頭器の分類には、大きくみて五つの基準がある。第一が打ち欠きの度合いで、調整加工がそれぞれ、素材用剝片の縁辺に限られた周縁調整の槍先形尖頭器（周縁調整尖頭器と略記、以下同）、素材用剝片の表面に止まる片面調整尖頭器、素材用剝片の表面に裏面の一部が加わる半両面調整尖頭器、素材用剝片の表裏両面におよぶ両面調整の四種類。第二は、その打ち欠きが連なる調整加工面が凸凹する階段剝離尖頭器と滑らかな押圧剝離尖頭器、それに滑らかな調整面にさざ波のような波紋が浮かぶ並列剝離尖頭器の三種類。第三は、完成した槍先形尖頭器の断面に素材用剝片の断面形が残る部厚い断面D字状尖頭器と、それが残らない薄手の断面凸レンズ状尖頭器の二種類。第四が全体のかたちの違いで、幅広の木葉形尖頭器と細身の柳葉形尖頭器、さらに中子をもつ有茎尖頭器ないし有舌尖頭器の三種類。第五は完成品の大きさで、長さ五センチ未満の小形尖頭器、五センチ以上一〇センチ未満の中形尖頭器、一〇センチ以上の大形尖頭器の三種類。

このように、槍先形尖頭器の分類は、完成品を異なった基準のもとで観察するという方法でおこなわれてきた。その一方、ナイフ形石器作りにおける杉久保・茂呂・国府・台形の四技法や、細石器作りに認められる湧別・矢出川・ホロカの三技法に対応する、槍先形尖頭器作りにかかわる技法の抽出は進んでいない。これは、両面調整尖頭器の打ち欠きをみればわかるように、完成品から素材用剝片を直接目視できないばかりか、素材用剝片の接合による剝片剝離の観察も難しいという制約があるからである。それに加えて、槍先形尖頭器の全てが剝片石器ではなく、板状の礫から作られるなど、一部が礫核石器であることも、製作技術の研究を妨げる一因となっている。

表９　槍先形尖頭器についての古い型式観

	旧	新
打ち欠きの度合	片 面 調 整	両 面 調 整
調整加工面の状態	階 段 剝 離	押 圧 剝 離
完成品の断面	D 字 状	凸 レ ン ズ 状
全体のかたち	木 葉 形	柳 葉 形
完成品の大きさ	小 形	大 形

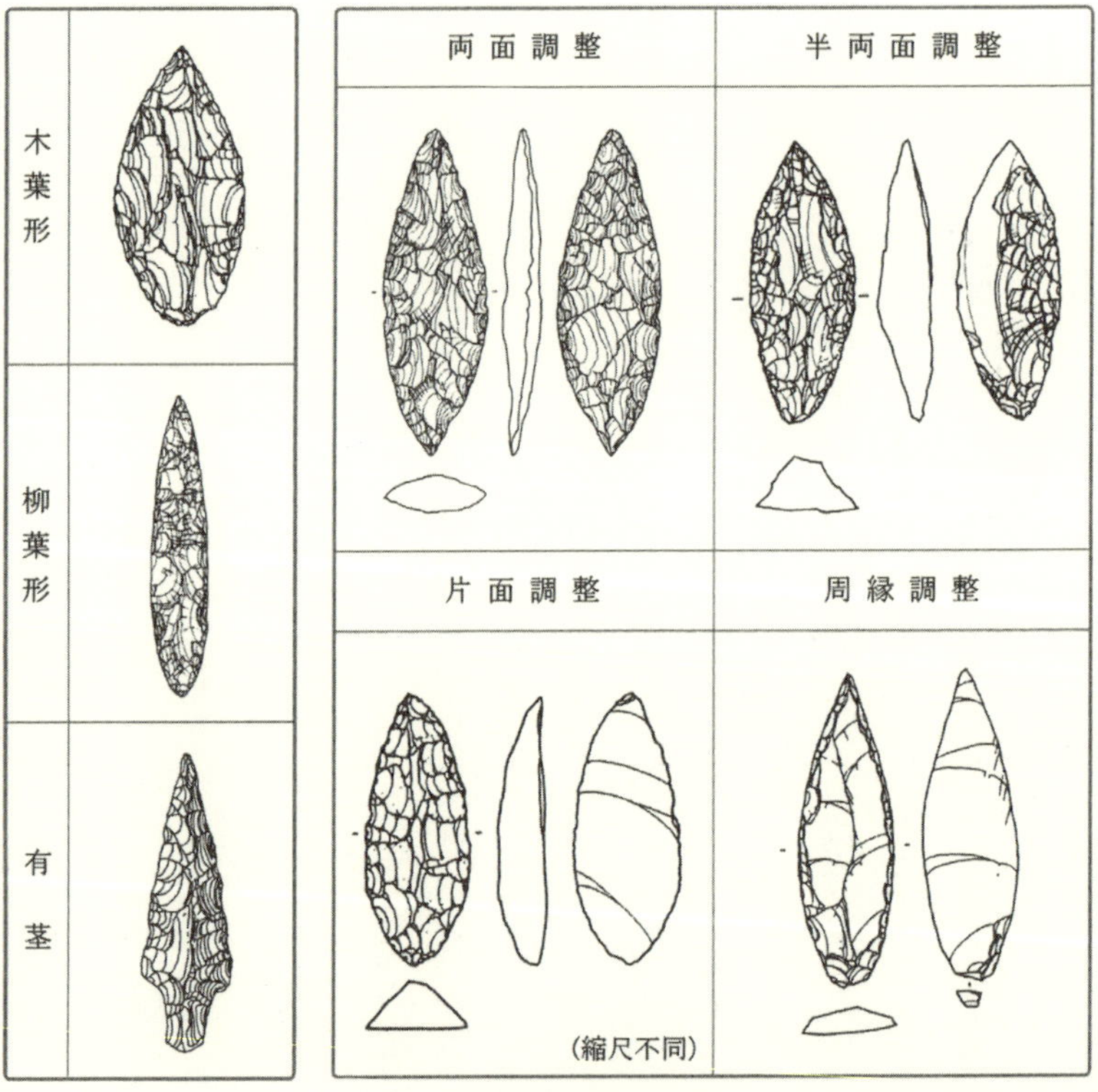

図54　槍先形尖頭器の分類

そうした状況下、かつては、周縁および片面尖頭器・階段剥離尖頭器・断面D字状尖頭器・木葉形尖頭器・小形ないし中形尖頭器が古く、半両面および両面尖頭器・押圧剥離と並列剥離尖頭器・柳葉形や有茎尖頭器・大形尖頭器を新しいとする進化論的な型式観にもとづく新旧が論じられてもきた（表9）。しかし、「野川以後」の重層遺跡が示す層位的な石器群の出土例は、ナイフ形石器作りが槍先形尖頭器作りに吸収されていく経緯を映し出している。

槍先尖頭器は、まず「形状」共通形態、ついで「刃部」共通形態、さらに「素材」共通形態という三段階を踏んで、共伴する茂呂系ナイフ形石器作りの技法要素を順次取り込んでしまう（安蒜 一九八八）。「形状」、「刃部」、「素材」の各共通形態の槍先形尖頭器とは、それぞれ一緒に作られた茂呂系ナイフ形石器と同じシルエットと刃それに素材用剥片をもつ槍先形尖頭器を指す（図55）。形状共通形態と刃部共通形態の槍先形尖頭器は両面調整尖頭器に該当し、素材共通形態の槍先形尖頭器は周縁調整尖頭器に相当する。古い進化論的な型式観は、時系列に逆行するものであった。

さて、そうした槍先形尖頭器作りに要する大量の原石と多大な労力や時間は、一体、どこでどう遣り繰りされたのか。第Ⅳ期の本州中央部では、槍先形尖頭器作りの開始に合わせるかのような、いくつもの新しい動きがでてきた。そこに、どのようにして大量の原石を入手し、膨大な労力と時間を算段できたのかを知る糸口がありそうだ。第Ⅳ期になると、にわかに中部高地の黒耀石原産地地帯に遺跡が群集しだし、長野県鷹山遺跡群（鷹山遺跡群調査団 一九九一）など、随所で大規模な槍先形尖頭器作りが展開する。

鷹山遺跡群の一つ鷹山第Ⅰ遺跡S地点には、径一〇メートルをこえる広大なブロックが一つあり、全て黒耀石製の、残核六八四、各種の剥片類一四、八三一、槍先形尖頭器一三五、ナイフ形石器四四、その他の石器一五六の計一五、九五一点の石器群が出土した（図56上）。その鷹山遺跡群第Ⅰ遺跡S地点のブロックには石器群の他に、入手して手付かずの黒耀石の原石が一、五六九個も残されていた。黒耀石原産地の開発が、原石の大量入手を可能としたの

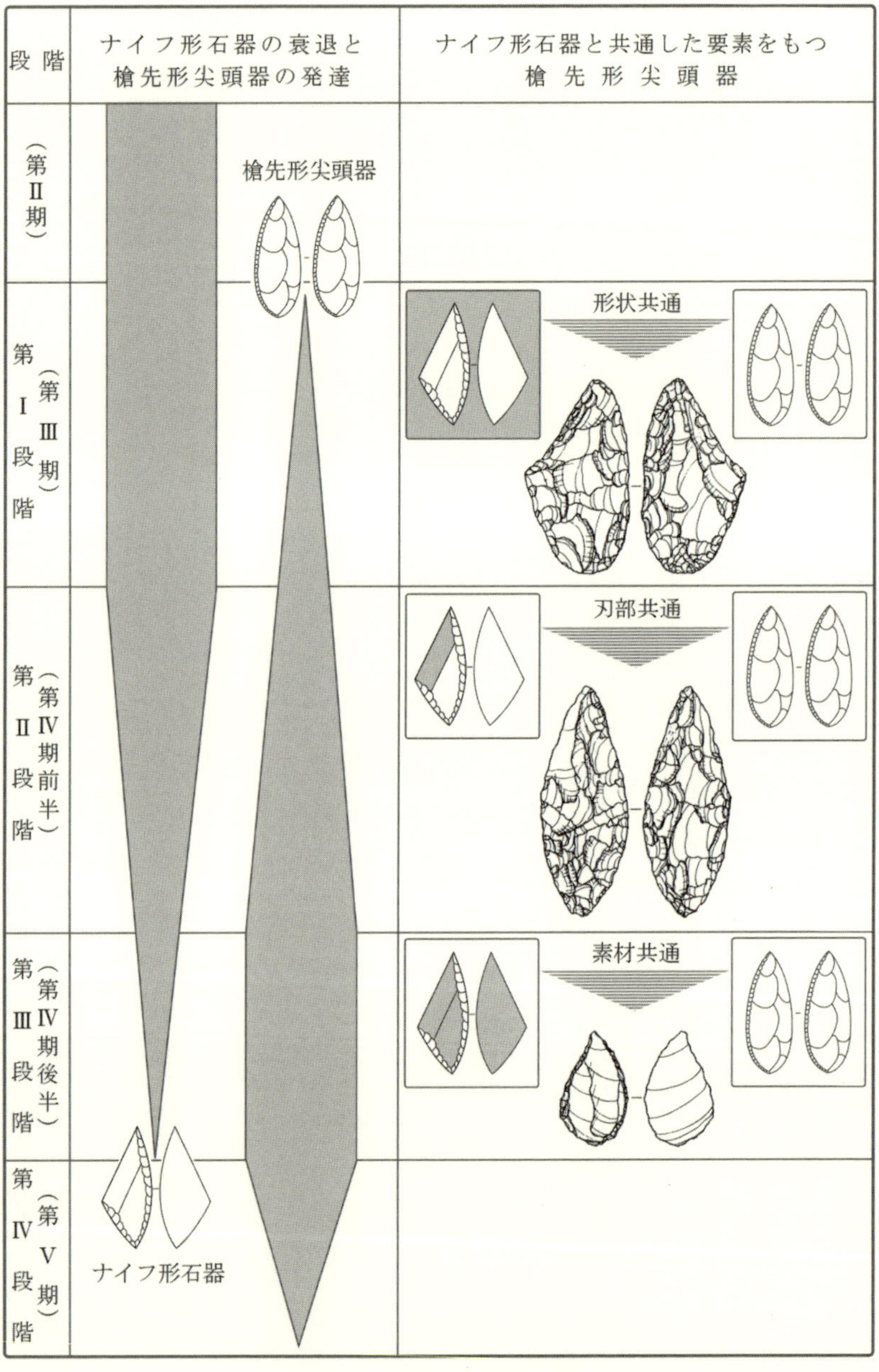

図55　槍先形尖頭器の変遷

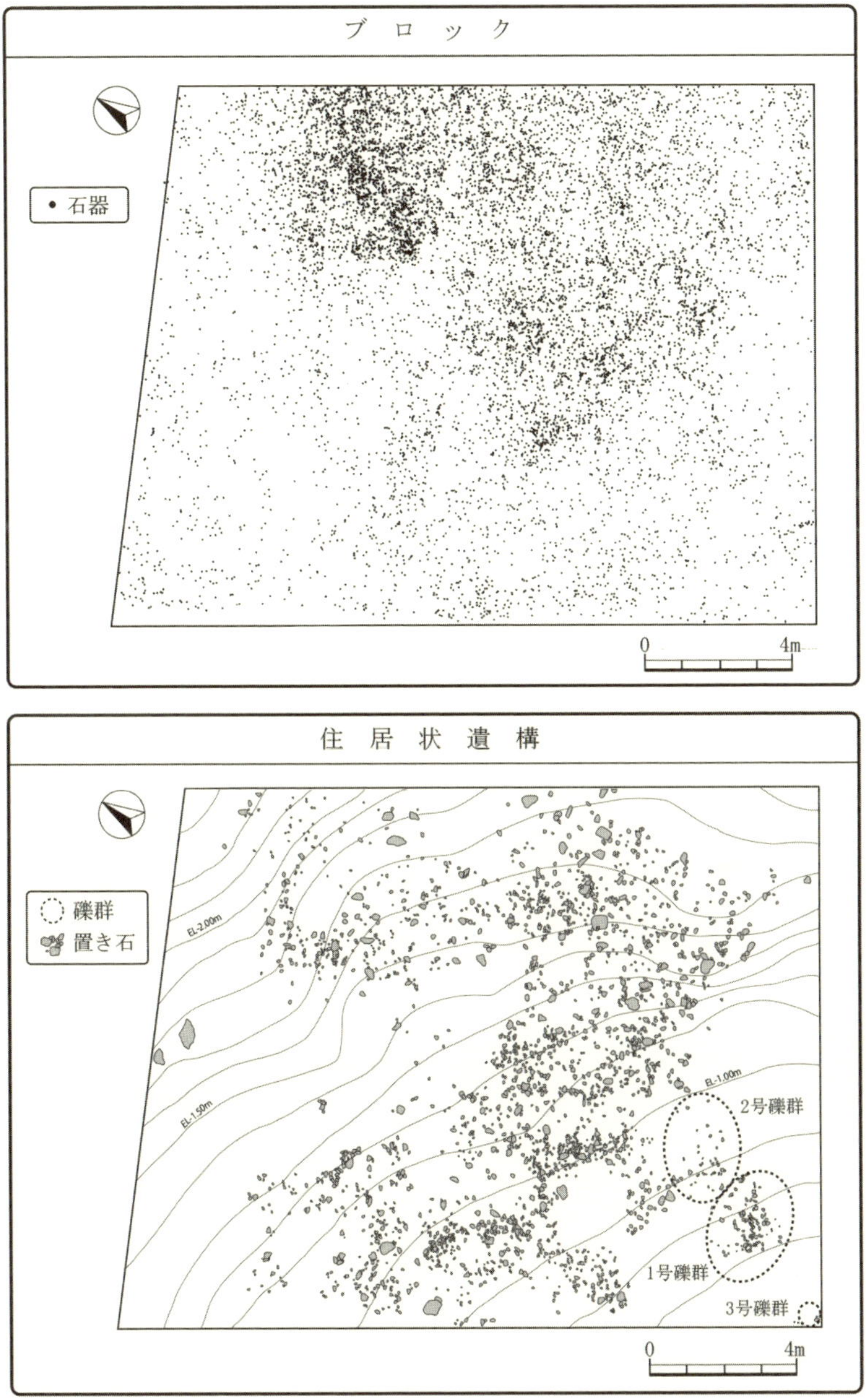

図 56　鷹山第Ｉ遺跡Ｓ地点のブロックと住居状遺構

である。なお、鷹山遺跡群は、黒耀石の産地区分にいう和田エリアの鷹山群直下に残されているが、第Ⅰ遺跡S地点からは、和田・諏訪・蓼科の三エリアにわたる一〇群もの産地が違う黒耀石が出土している（小林 一九九八）。黒耀石原産地の開発が、組織的かつ広域でおこなわれたことを知る。

だが、原石を入手した後の槍先形尖頭器作りに費やされる労力と時間を、狩りの合間の片時に捻出できたものかどうか。狩りと槍先形尖頭器作りの両立は、かないそうにもない。にもかかわらず、第Ⅳ期を迎えるや、相模野台地の神奈川県月見野上野遺跡第1地点第Ⅳ文化層（大和市教育委員会 一九八六）など、中部高地の黒耀石原産地から離れた関東平野の諸台地の狩場に、黒耀石製の槍先形尖頭器が一気に浸透する。どんな対応策を講じて、槍先形尖頭器作りにかかる労力を軽減したのか。

鷹山第Ⅰ遺跡S地点出土の槍先形尖頭器は、礫製と剥片製の二者に分かれる。そして、槍先形尖頭器の素材となった板状礫が二九八点も放置されていた。そのかたわらには、槍先形尖頭器の素材用剥片を打ち取った残核六一三点が残る。後者だけを取り上げてみても、残核に数倍する千点単位の数の槍先形尖頭器や素材用剥片が作られたはずである。しかし、槍先形尖頭器は、礫素材と剥片素材の両方を合わせても、全部で二三五点しかない。しかも、そのうちの一八九点は半完成品。したがって、相当数の槍先形尖頭器の完成品と半完成品それに槍先形尖頭器の素材用剥片が、当該ブロックからの搬出品のリストに名を連ねてくる。誰が、どこに搬出したのか。

関東平野にも、労力を一ブロックに集中し、槍先形尖頭器を量産した遺跡がある。神奈川県田名向原遺跡の住居状遺構が、それである（相模原市教育委員会 二〇〇四）。田名向原遺跡発掘のイエ跡は、中心に炉の跡が二つあり、それを取り囲むように一二カ所の柱を立てた穴が巡り、さらにそれらを囲い込むように外と内を区切る置き石が並ぶ（図37参照）。この堅牢な造りのイエの径一〇メートルという広大な屋内から、残核二七（一四）、各種の剥片類二一、五二一（一、九九一）、槍先形尖頭器一九三（一七一）、ナイフ形石器二一（一六）、その他の石器二一四（一六五）の計二、九七六（二、三五七）点が出土し、二点の敲き石および三点の磨石状円礫が発掘された。

括弧内は黒耀石製で、産地は、長野県下の霧ヶ峰産と北八ケ岳産、神奈川県下の箱根産と湯河原産、静岡県下の柏峠産、栃木県下の高原山産など、東京都の神津島産を除く関東・中部の全域におよぶ。また、敲石と磨石状円礫は、石器作り用の工具だ。なお、この住居状遺構は、輪郭がはっきりした調査の途中で保存が決まり、完全に掘り終わってはいない。全掘すれば、石器群の総数が増え、一ブロック当りとしてはただでさえ多い、槍先形尖頭器出土量の異例さがますます際立つだろう。

その槍先形尖頭器を観察すると、半完成品がなく素材用の剝片が占める割合も小さい。それに、原石の礫を打ち割った痕跡も見当たらない。これは、主に槍先形尖頭器の素材用剝片や半完成品を搬入し、完成品へと仕上げる作業が屋内でおこなわれたことを示している。したがって、搬入品のリストに槍先形尖頭器の素材用剝片と半完成品が名を連ねてくる。となると、鷹山第I遺跡S地点からの搬出品リストと田名向原遺跡の住居状遺構への搬入品リストとが、互いに対応し一致する。

すなわち、石材原産地で大量に原石を入手し、それを素材用剝片と半完成品に仕立てて狩場に持ち込み完成させるという方式で、槍先形尖頭器が量産されていたのである。その背景に、槍先形尖頭器の量産に携わった集団の存在が浮かび上がる。石器製作者の集団である（安蒜　一九九七）。石器製作者集団とは、それまでは石器の使い手であり石器の作り手であったヒトの群れから派生した、より石器作りに専従する性格を強めた一団のヒトを指す。そして、石器製作者集団は、石材原産地と狩場に堅牢な造りのイエを建てた。

田名向原遺跡の住居状遺構は、穴を掘って柱が固定されており、極めて堅牢な造りのイエである。しかも、炉の位置を移し柱の数を増やして、建て増しをしている（安蒜 二〇〇〇）。その建て増し後の置き石が、整然と並ぶ。一方の鷹山第Ｉ遺跡Ｓ地点のブロックは、散乱する置き石と分布が重なって、三基の礫群が残されている（図56の下）。屋内に一基の礫群をもち周囲に置き石が巡る、雪対策を講じた堅牢な造りのイエが、同じ場所に三度建て直しされていたと考えられる（安蒜 二〇〇〇）。この同一カ所でのイエの建て直しにより、以前に置いた古い石は取り片づけられ、新たな石が置かれる。その繰り返しが置き石の数を増やし、見掛け上の並びに、乱雑さをもたらせた。同ブロックに留め置かれた未消費の原料や槍先形尖頭器の半完成品は、イエの建て直しを見越した、計画的な備蓄と繰り越しであった。

このように、石材原産地と狩場の双方に、移動する狩人集団には不向きな堅牢なイエが建った。しかも、建て増しされ、建て直されている。これは、住居状遺構が、かなり長期間にわたり定期的に再居住された住まいだったことの証しとなる。その屋内で、石器製作者集団が、大規模に槍先形尖頭器を作り、狩場内を周回する狩人集団へ供給していた。南方系の新移住民は、ヒトの群れを石器の作り手と石器の使い手で構成する、集団の組織構造改革に着手していたのである。すなわち、南方系の新移住民は、旧移住民と接触したのちに同化し、モノ作り社会を築いた北方系新移住民とは対照的な、ヒト作りの社会に向かっていたことがわかる。

(二)　イエの自立

石器製作者集団の登場は、食糧調達のための狩りと狩りに必要な石器（ヤリの穂先）作りを、一人の石器の使い手兼作り手から狩人と石器製作者という二人の手へと分離させた。これにより、狩人の集団は、常に狩場内を周回しながら狩りに専念しだし、石器製作者の集団は、石材原産地と狩場の間を往復して原料の入手と石器作りに専従することが可能となったのである。その結果、石器製作者集団は、狩人集団が狙う動物の動きに即応できる簡便な造りのイエに居住したのに対し、石材原産地と狩場の双方に何回も住める耐久性の高い堅牢な造りのイエを建てた。

この石器製作者集団の登場は、分業の起源にもつながる歴史的な出来事であった。ただし、住居状遺構の発見例の少なさが端的に物語るように、石器製作者と狩人が半々にかつ完全に分離していたわけではない。石器製作者集団も自ら作った石器を使って狩りをおこない、狩人集団もまた狩場内に産出する石材を原料として随時石器を作った。だが、石器製作者集団の登場を機に、誰もが石器を作り使う段階の、協同して石器作りと狩りの作業を分担し、完成した石器と射止めた獲物を共有し分配する社会は、徐々に変質していく。そして、まず、イエの性格がかわる。

旧石器時代の遺跡からは、イエ跡であるブロックの他に、焼け礫がまとまる礫群と炉跡それに炭化物の集中などが出土する。礫群は幾つかの種類に分かれ、それぞれに、異なる機能と用途があったと推定されている。ここでいう礫群は、加熱した石の余熱効果を利用した設備で、食物を焼く・煮る・蒸すなどした、厨房用品を指す。炉は囲炉裏で、炭化物集中は焚き火の跡。そのうちの礫群と炉跡が、イエの性格にかかわる変化をみせる。本州中央部では、南方系新移住民が九州に渡来して始まった大規模な石器作りが北上し、第Ⅳ期に石器製作者集団が登場し槍先形尖頭器を量産した。その石器製作者集団の住まいが残る田名向原遺跡には、住居状遺構と隣り合わせて、それとは別にブロックが二つある（相模原市教育委員会二〇〇三）。この住居状遺構と同じ時期のブロックの分布と重なって、双方には一基づつ礫群があるのである（図57）。

旧移住民が居住した遺跡では、例外もあるが、およそ礫群はブロックの分布とは重ならない。しかも、礫群の数とブロックの数も一致しない。礫群とブロックが一対一で対応しないのは、個々の礫群が、どこかのブロックに所属するものではなく、複数のブロックで共用されていたためとみられる。それが南方系新移住民の影響下、田名向原遺跡

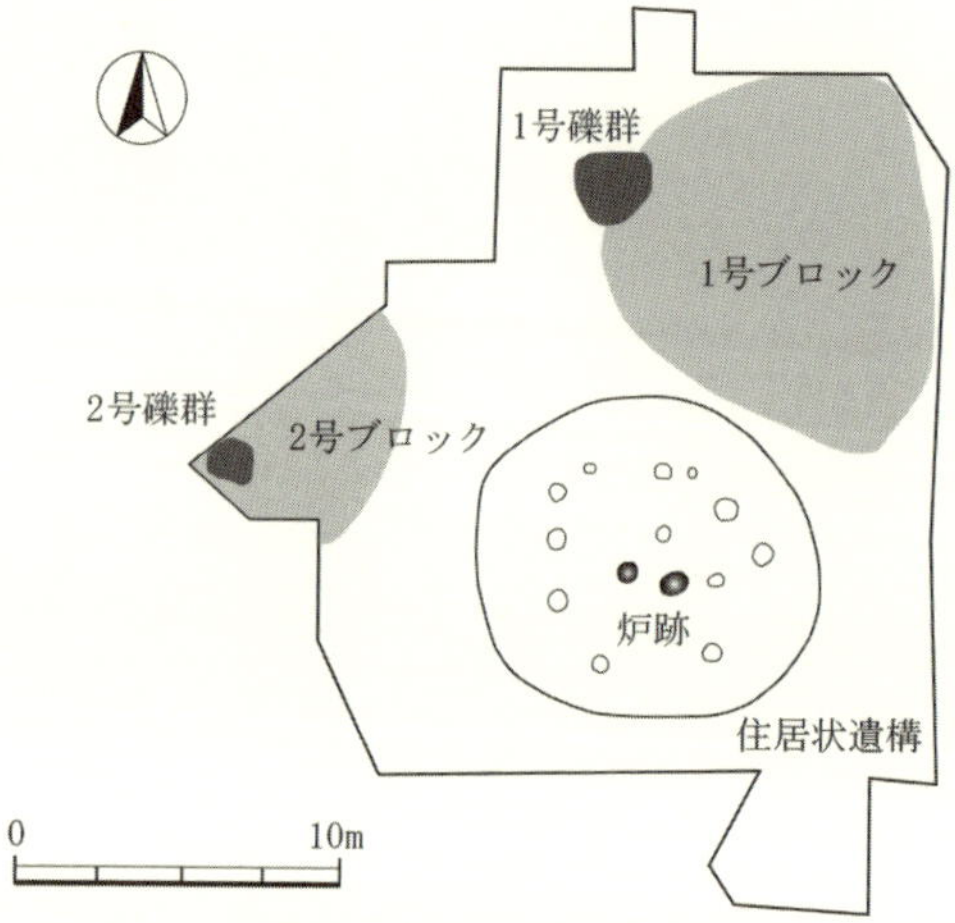

図 57　田名向原遺跡の礫群を備えたブロック

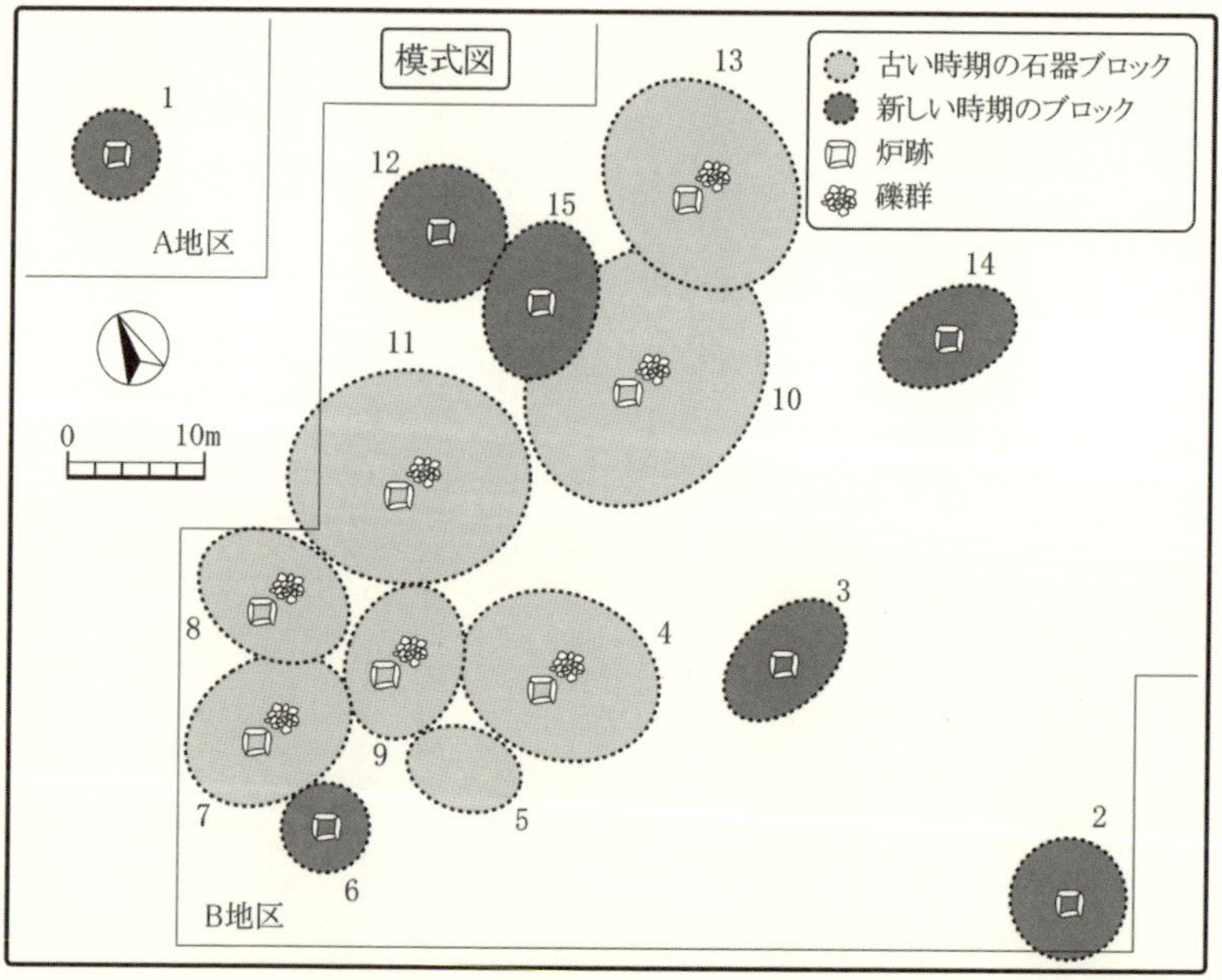

図 58　柏台 1 遺跡のブロックと礫群・炉跡

例のように、ブロックと礫群の分布が相互に重なり合ってくるわけだ。それまでは屋外にあった礫群が、明らかにイエの中に置かれるかたちに変化しているのである。

さらに、槍先形尖頭器作りが細石器作りへと転じた第Ⅴ期になると、静岡県休場遺跡例（杉原・小野 一九六五）のように、イエの中に礫群ではなく炉が備えられる。その礫群が炉と入れ替わる様子（図58）を、北海道柏台1遺跡から知ることができる（北海道埋蔵文化財センター 一九九九）。柏台1遺跡には、全部で一五カ所のブロックが残されている。そのうちの一四カ所のブロックの中央部に、炉が据え付けられていた。そして、七カ所のブロックには礫群があった。柏台1遺跡のブロックは、新旧の二時期に分かれ、古い時期のブロックには炉があり、しかも礫群がある。一方新しい時期のブロックには、礫群はなく炉跡のみがある。つまり、初めはイエの屋内に礫群と炉があって、その後の屋内は炉だけとなってくる。柏台1遺跡は、第Ⅲ期の遺跡である。すなわち、北方系新移住民は北海道に渡来した時点で、南方系新移住民よりも一足先にイエの中に礫群や炉を置いていたとわかる。

さて、そうした礫群と炉がイエの屋内施設化していく状況を、本州中央部における文化階梯の時系列に沿って整理しておこう（図59）。旧移住民が営んだナイフ形石器文化では、礫群とイエは場所が重ならないうえ数も一緒ではなく、礫群は複数の住まいの間で共用されていた段階にある。つぎの槍先形尖頭器文化になると、イエと礫群の位置が重なり、礫群が屋内に取り込まれてくる。さらに細石器文化の段階には、屋内で礫群と炉が併用されたとみられ、やがて礫群が姿を消して炉が残る。こうして、個々のイエが段々と屋内に専用施設を持ち込み、住まいが一軒ごとに自立化してきた経緯を跡付けることができる。イエが自立化するにつれ、ムラも変容する。

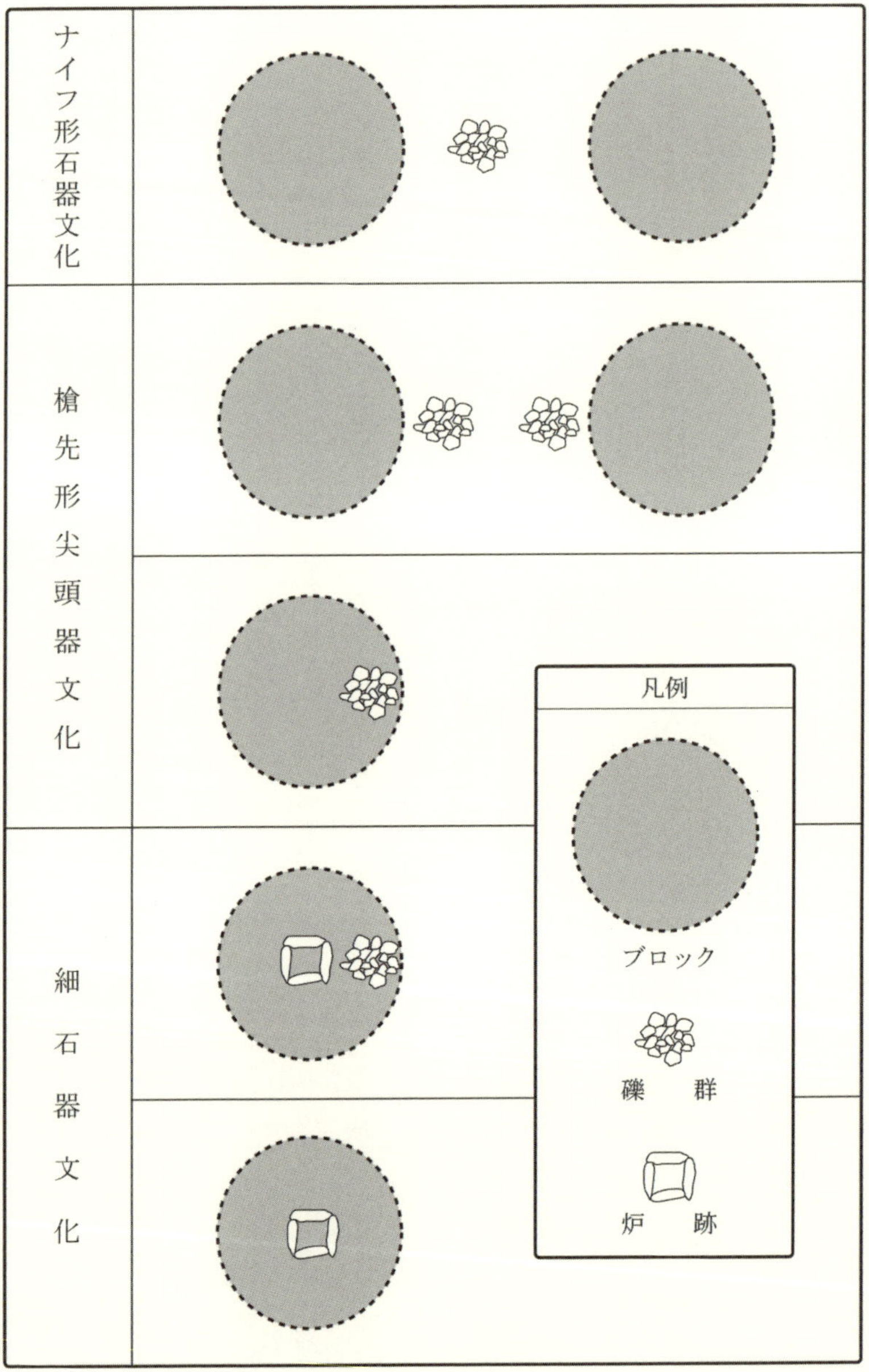

図 59　イエの自立

（三）　ムラの小形化

身近にある考古学関係の辞書を引いてみると、遺跡群という言葉がなかなかみつからない。まだ、用語が熟してはいないようだ。遺跡群とは、一般に、遺跡がまとまって分布する状況を指す。だが、遺跡の分布をどう括るかについては、様々なとらえ方がある。そこで、まずは、旧石器時代の遺跡を地図に落としてできる分布のまとまりを、遺跡群として押さえる。それは、時の経過とともに増えたり減ったりした遺跡分布の積み重ねで、累積遺跡群ともいえる。そして、ともに遺跡群研究の端緒となった月見野遺跡群と野川流域遺跡群がそうであるように、旧石器時代の遺跡は、河川の流域に沿ってまとまりをみせる。そうした単位の遺跡群には、遺跡の数が累積遺跡群に近い状態にまで一気に増えて密集する時期がある。その特定の一時期を仮に群集期とすると、月見野遺跡群は第Ⅳ期を群集期とした遺跡群で（安蒜 一九八五）、野川流域遺跡群の群集期は月見野遺跡群よりも一時期早い第Ⅲ期となる（下原 二〇〇六）。このように、遺跡群には、通常、群集期が認められる。その群集期にまとまる一連の遺跡を、累積遺跡群と区別して、共時遺跡群（共時流域遺跡群）と呼んでもよいだろう。

さて、日本列島の旧石器時代には、いずれも簡便な造りのイエが建ち並ぶ、構えの違う二種類のムラがあった。大形の環状ブロック群と共時流域遺跡群がそのムラ跡の、環状のムラと川辺のムラの二者である。前者は、大集団下の諸小集団が一堂に集まり、数十軒ものイエを同じ場所に建て連ねて居住したムラ構え。一方の後者は、大集団が幾つかの小集団群に分かれて居住し、それぞれのイエのまとまりが、同じ川筋に間隔をおいて並ぶ構えのムラ。後者の場合は、したがって、一つ一つの遺跡はムラそのものではなく、川辺のムラの一部分ということになる。

環状のムラは、第Ⅰ期に顕著な存在を示す日本列島最古のムラ構えで、その先ムラと後ムラからなる二段構えの営みは、海を渡ってやってきた旧移住民がいかに水運を巧みに活かしたかを垣間見せている。大集団の規模と単位で日本列島に渡来した旧移住民は、移動の先々に同じように円陣を組みイエを環状に連ねる先ムラと後ムラを構えた。先ムラは、大集団が幾つかの小集団群に分かれて移動先近くの船着場周辺に営んだ小形や中形の環状のムラで、後ムラは、移動先で大形獣の猟期に大集団が一堂に会して営んだ大形の環状のムラであった。その環状のムラが、第Ⅱ期にはなくなる。第Ⅱ期になると、大形獣が減る環境下で後ムラが衰退し、陸路の開発も進み漁場の確保も兼ねて、先ムラが川沿いに並んだ。こうして環状のムラが、川辺のムラへと移行した。以来、日本列島の各地では、川辺のムラが営まれ始め、ナイフ形石器と槍先形尖頭器、それに細石器の三文化階梯をとおして、日本旧石器時代が終る第Ⅴ期までつづく。

その川辺のムラは、しかし、イエが自立しだすと、一つの遺跡が一つのムラへと変貌していく。住まいの自立化が、大集団を組むヒトの群れを、小集団ごとに分かち、川辺のムラの跡地に各々二、三軒のイエが建つような、小さなムラが幾つも構えられてくる。そうした経過をへて、環状のムラから川辺のムラへと向かった旧石器時代のムラは、住まいの自立化と連動して、小さなムラへと構えを転じた（図60）。そこには、集合から分散へと進んだ大集団の居住様式が、住まいの自立化と歩調を合わせて、小集団ごとに個別化していった経緯が投影されていそうだ。ここで改めて、一体、何が住まいを自立へと導いたのかを確認しておきたい。

まず、石器製作者集団が登場する前の、大集団を組むヒトの群れが、みな一様に石器の作り手であり石器の使い手であった段階。大集団は、共同で石器を作り、仕上げたヤリを手に狩りに出て、仕留めた獲物を分け合っている。石器作りに必要な原石から食糧に至る、あらゆる生活資材の全てが、大集団の共有品であった。礫群もまた、その例外ではなく、各イエ・世帯の共用設備として、屋外に置かれていた。まだ、個々の住まいに、自立性を見い出せる段階

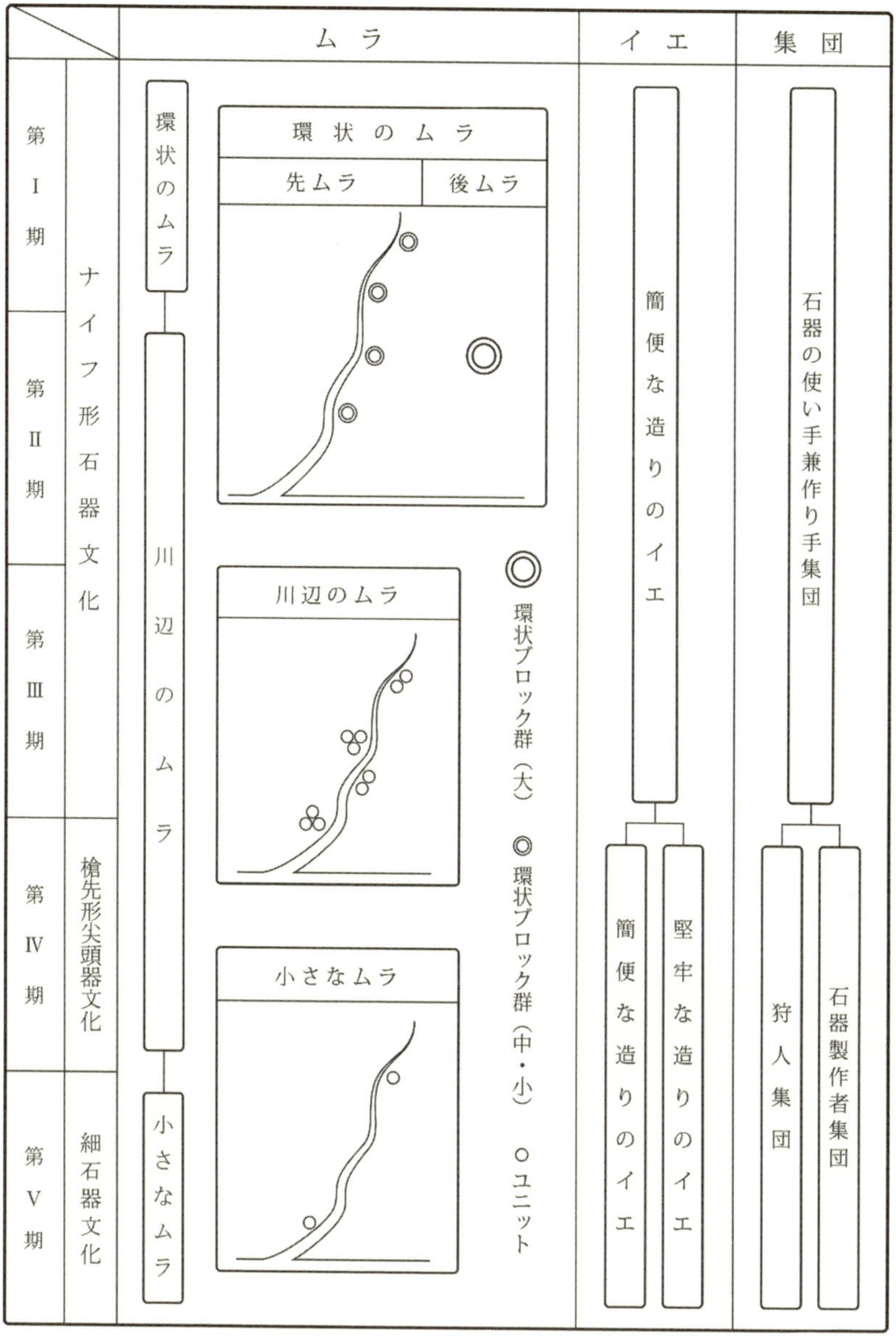

図60　ムラの推移（関東の事例）

ではない。

やがて、石器作りと狩りの仕事が分離され、大集団内に石器製作者の集団と狩人の集団とを区別できる段階を迎える。すでに、石器作りと狩りの共同を前提とした、ヤリと獲物の共有関係は崩れ出している。そうした状況下、石器製作者集団が狩猟具を、狩人集団が食糧を、それぞれ専有する体制が進み、双方の需給が交換によって満たされるようになったと考えられる。ここに、イエと世帯が生産と消費の最も小さい単位として、大集団内に自立をみたようだ。礫群は専用物化して屋内設備となり、移動生活下で群れの単位でありつづけてきた小集団は、小さなムラを構え旧石器時代の社会と経済の単元にもなろうとしていた。縄文時代も、間近であった。

第Ⅷ章　日本旧石器時代文化の生成

第一節　日本旧石器時代の起源

（一）　中期旧石器時代の存否

岩宿遺跡の発掘から始まった日本列島の旧石器時代研究は、三つの分野を中心に進められてきた。石器の編年研究と遺跡の構造研究それに方法と理論の研究の三分野で、それぞれを石器考古学と遺跡考古学それに理論考古学といいかえてもよい。石器の編年研究は、石器群の古さを探り、その変遷と発展の諸段階および地域差を明らかにする目的をもつ。遺跡の構造研究は、遺跡から出土する石器群の具体的な分析結果にもとづいて、旧石器時代人の生活と社会の復元を目差す。方法と理論の研究は、石器の編年研究ならびに遺跡の構造研究の成果を統合して、日本列島の旧石器時代を正しく叙述するための確かな視座を模索している。そしていま、三分野が歩んだ道程をたどると、研究に節目をもたらせた重要な局面があったとわかる。

石器の編年研究は、一九六九年から翌一九七〇年にかけておこなわれた東京都野川遺跡の発掘以後（小林ほか一九七一）、重層遺跡における石器群の層位的な出土例を軸として進展した。遺跡の構造研究は、一九六八年に刊行された埼玉県砂川遺跡A地点の報告書で提唱され（戸沢　一九六八）、一九七四年刊行の同遺跡F地点の報告書で実践例が提示された（所沢市教育委員会　一九七四）。石器の編年研究は立川ロームの層序区分の確定（鈴木・小野　一九七一）、遺跡の構造研究は個体別資料分析法の開発（安蒜　一九七四）が、それぞれの転機となっている。一方、方法と理論の研究には、二〇〇〇年に発覚した捏造事件を教訓として、歴史の改竄を未然に防ぐ有効な検証手段としての役割が託されている。明らかなように、石器の編年研究と遺跡の構造研究に訪れた、一九七〇年に前後する約一〇年間の転換期は、岩宿遺跡の発見から二〇年目をはさむ約一〇年間にも相当する。この一〇年間こそ、日本旧石器時代研究史上の一大画期であった。

その画期を目安とする時、日本旧石器時代の研究史は、三つの段階に区分されてくる。古い順に、岩宿遺跡の発掘から画期前までの研究史の第一期、画期である一九七〇年に前後するほぼ一〇年間の研究史の第二期、画期後の現在に至るまでの研究史の第三期の、合わせて三段階である。片や、方法と理論の研究は、二〇〇〇年に発覚した捏造事件が契機となって本格的に始動した。そこで、二〇〇〇年をもって、第三期を前後二つの段階に区切り、後半を研究史の第四期とする。

このように、岩宿遺跡を出発点とする日本列島の旧石器時代研究は、四つの段階を踏んだ。各段階を意義付けると、研究史の第一期は岩宿遺跡に象徴される第一の発見期で、研究史の第二期は石器の編年研究と遺跡の構造研究の土台が築かれた第一の体系期であった。また、研究史の第三期は第二の発見期で捏造工作を長期化させる土壌を生んだ（安蒜 二〇一〇）。そして、研究史の第四期は、環日本海旧石器文化回廊（安蒜 二〇〇五）やオブシディアン・ロード（安蒜 二〇〇八）など、日本旧石器時代を東アジア史の中に位置付ける視点の数々が提示された、第二の体系期という評価が与えられそうだ（安蒜 二〇一〇）。

さて、石器の編年研究と遺跡の構造研究の枠組みが定まった研究史の第二期は、杉原仮説が口火を切り（杉原 一九六七）、芹沢が主張する「前期旧石器時代」（芹沢 一九七二）の存否を巡り、二度にわたる誌上での論争が起きた時期に当っている。この「前期旧石器時代」の存否論争は、石器の編年研究および遺跡の構造研究と一見して別々の動向のようだが、実は互いに深くかかわっていたのである。研究史の第三期を迎え、日本人類文化の起源が捏造資料によって年々古く遡る中、杉原と芹沢の論争は表面上鎮静化したかにみえた。そうした状況下、石器の編年研究と遺跡の構造研究は、杉原・芹沢両説の実質的な検証に取り掛っており、明解な結論を導こうとしていたのである。

石器の編年研究は関東の諸台地を中心に先行し、一九七〇年代の武蔵野台地を皮切りに、一九八〇年代には下総台地、一九九〇年代には相模野台地で、それぞれ立川ローム層下底部の第X層に達し石器群の出土をみた。ところが、以後、それより下層の武蔵野ローム層中からは一向に石器が発見されないまま今日に至る。それは、極めて異常な現象であった。というのも、隣接する朝鮮半島南部の韓国との差があまりにも大きすぎるからだ。第Ⅲ章で述べたように、韓国では約三割の遺跡で後期旧石器時代と中期以前の初期旧石器時代の石器群が出土しているのに、日本列島では全てが立川ローム期の遺跡で武蔵野ローム期に遺跡はない。日本列島の武蔵野ローム期に旧石器時代が存在しないことは、もはや明白となっていたのである。立川ローム層と武蔵野ローム層が「堆積間隙の少ない連続的な風成堆積物であるのに、立川ロームの特定層準から下位に遺物が見い出されないことは、日本列島の人類史にとって特定の意味をもつと考えざるを得ない」との断が、地質学の側から下されて久しい（町田 二〇〇三）。

遺跡の構造研究は、研究史の第三期をとおして、遺跡から発見される石器群が分布の階層的な構造性を帯びていることを明らかにしていった。ちなみに、ブロックは一九七〇年代、ユニットは一九八〇年代（安蒜 一九八六）、スポットは一九九〇年代（安蒜 一九九〇）に、それぞれ命名された。遺跡の中の石器群は、スポットが重なってできたブロックと、ブロックがまとまってできるユニットという、分布の構造をもっているのである。したがって、当然、そこが遺跡であれば階層性を帯びて分布する石器群が存在する。逆に、そこが遺跡でなければ、分布の階層性は認められず石器群もない。ただし、遺跡が災害を受けたりして、旧石器時代に残された状態が保たれていない場合は、崩された分布と階層性の復元が必要となる。そして、ここに、個々の石器から自然石か人工品かを観察するのではなく、遺跡の中の石器群として分析する視点がある。この観点から、「珪岩製旧石器」石器群の出土状況を吟味したらどうか。「珪岩製旧石器」に、スポットーブロックーユニットの存在が指摘された例しはない。答えは、自明の理だ。

こうして、石器の編年研究と遺跡の構造研究は、二〇〇〇年代までに準備を整え、武蔵野ローム期に石器群はなく、「珪岩製旧石器」は人工品ではなく自然石だとする、芹沢説の実質的な検証を終えていたのである。それに合わせたかのように、二〇〇〇年に捏造事件が発覚する。研究史の因縁を感じる。そこで、改めて、杉原・芹沢両説が検証済みであることを確認しておきたい。芹沢説で検証すべき要件は、二つある。一つは、長崎県福井洞穴（鎌木・芹沢 一九六六）と栃木県星野遺跡（芹沢 一九六六）の層位的な石器群の出土例から組み立てられた、「日本旧石器時代の縦の系統図」（芹沢 一九六七）の確かさである。芹沢は、福井洞穴からは立川ローム期から武蔵野ローム期にわたる石器群、星野遺跡からは武蔵野ローム期から下末吉ローム期におよぶ石器群が、それぞれ出土するとした。また一つが、武蔵野ローム期以前の礫層から発掘され出土する、板状剥離で打ち割られた「珪岩製旧石器」を、人工品か自然石かに峻別できるかどうかの問題だ。

石器の個別的な観察から、それが人工品か自然石かを論じると、感性も交わり混乱に陥る。そのうえ、板状剥離でできる髭状フィッシャーが自然破砕でも生じることから、「珪岩製旧石器」を人工品とみる研究者は少ない（山田 二〇一四）。したがって、「珪岩製旧石器」が自然石だとなると、「日本旧石器時代の縦の系列」を組み立てている二本の柱のうちの一つである、星野遺跡の層位的な石器の出土例が消えてしまう。一方、もう一本の柱である、福井洞穴の九層と一五層にある石器群（図61）は武蔵野ローム期の「前期旧石器時代」ではなく（図13参照）、後期旧石器時代末の細石器文化の階梯におさまる可能性が大きい（佐世保市教育委員会 二〇一六）。そして、現に、武蔵野ローム期

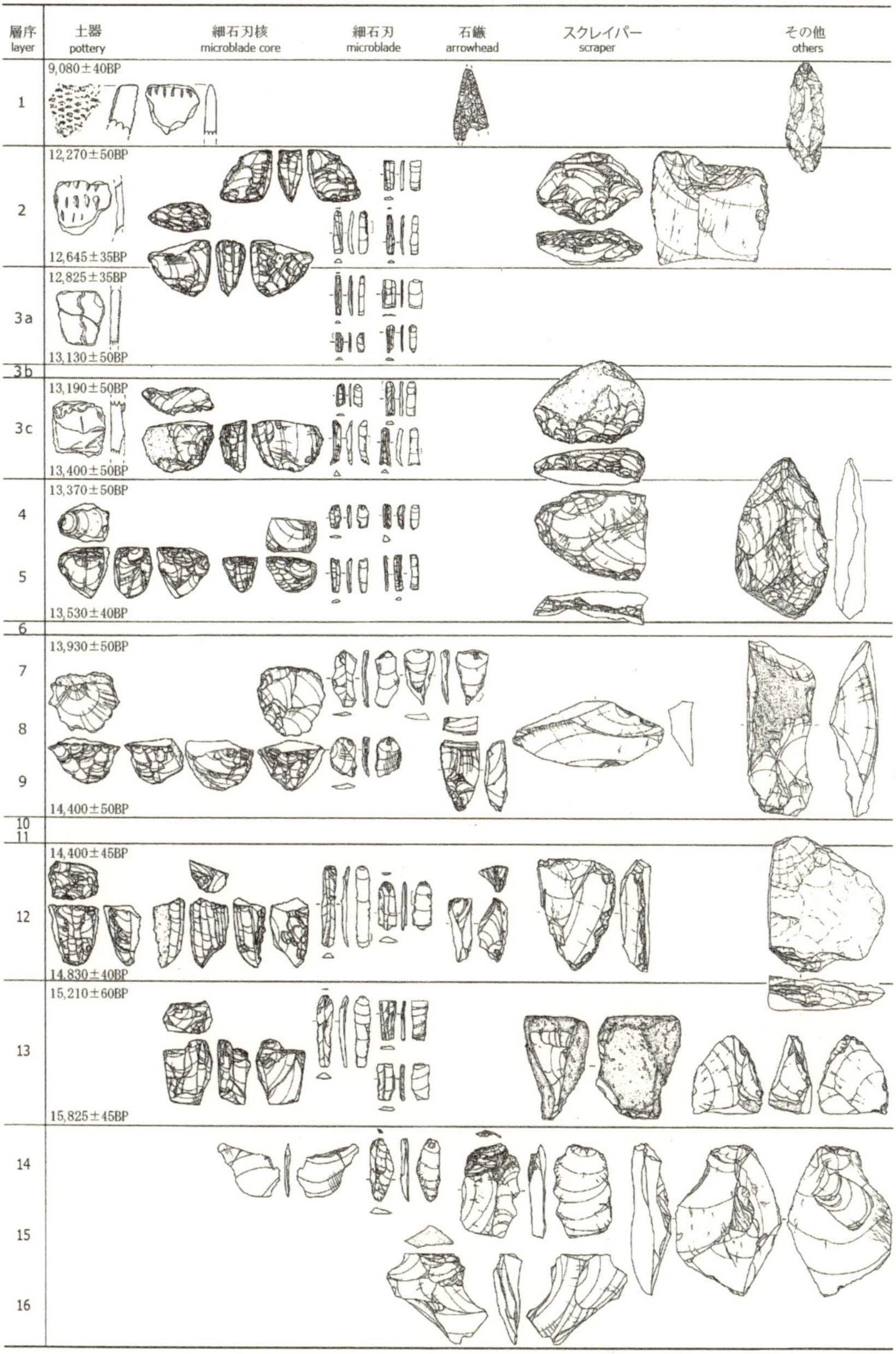

図 61　福井洞穴の層位と石器群

とも日本列島に世界旧石器標準時間帯の中期に該当する石器群はないとの結論が導かれる。
の遺跡は日本列島に実在しない。武蔵野ローム期は、芹沢の前期旧石器時代の後半期に相当する。すなわち、少な

（二）　日本列島最古の住人

では、芹沢説は敗れ去り、杉原説の正しさが立証されたのか。確かに、日本列島の武蔵野ローム期に遺跡はなく、立川ローム期には遺跡が存在している。立川ローム層第Ⅹ・Ⅸ層相当期の遺跡は、旧移住民が印した最初の足跡だ。関東にやってきた旧移住民は、伊豆半島の南端から約五〇キロ離れた海上に浮かぶ、神津島産出の黒耀石を陸上げし、石器の原料に用いている。また、旧移住民は、尖刃と平刃のナイフ形石器を穂先に取り付けたヤリをもち、石斧を携えていた。ナイフ形石器は狩猟具で、局部磨製石斧はフネ造りの工具。すなわち、旧移住民にとって、フネは生活の一部であり重要な交通手段であった。当該時期、大陸と陸つづきであった北海道と、九州・四国とともに一つの島となっていた本州との間は海峡で、その本州と朝鮮半島との間にも陸橋はなかった（町田・新井 二〇〇三）。旧移住民は、渡海術に長けており、海を渡って日本列島に渡来してきたのである。

となると、杉原説についても再検証する必要がでてくる。というのも、杉原説には、「日本と大陸との間にかけられた陸橋によってはじめて人間が移住できた」とする、大前提があるからだ（杉原 一九七四）。そして、大陸と日本列島の間にかかった陸橋として、新人の時代（後期旧石器時代　安蒜注　以下同）の新橋Ⅰ・Ⅱと旧人の時代（中期旧石器時代）の中橋それに原人の時代（前期旧石器時代）の古橋を想定した。そのうえで、新橋Ⅰを伝った新人の渡来をもって、日本旧石器時代の開始つまり第Ⅰ期の始まりとする。だが、旧移住民は海を渡っており、この前提は最早成り立たない。

なお、杉原説は、中橋と古橋を設定しながら、日本列島に中期と前期の旧石器時代が存在しないとするが、それを裏付ける説明を欠いていた。この点に関しては、どうか。武蔵野ローム期の日本列島には、旧石器時代の遺跡が存在しない。これは、まぎれもない事実だ。だが、朝鮮半島には、初期旧石器時代の遺跡がある。同じ世界旧石器標準時間帯の中期に、日本列島にはヒトがおらず、朝鮮半島にはヒトがいたわけだ。何故か。現生人類が渡った海を、先行人類は渡らなかった。つまり、新人が渡れた海を、旧人は渡ることができなかった。そう仮定してみる。その場合、中期旧石器時代に杉原のいう中橋はなく、旧石器海退前の海進期であったことになる。だとすれば、朝鮮半島にヒト（旧人）がいながら、海を渡れないため移住できず、日本列島にヒトがいなかった原因の一つを説明できそうだ。となると逆に、中期旧石器時代の日本列島は、大陸から切り離された状態に置かれていたことにもなる。

こうして、前・中期旧石器時代の存否を巡って対立した、芹沢説と杉原説を検証してくると、両説を支えている根拠が失われつつある現況がわかる。と同時に、中期旧石器時代の日本列島には、ヒトがいなかったことが確認されてくる。そうなると、残る争点は、前期旧石器時代の存否だ。果して、前期旧石器時代の日本列島に、ヒトはいたのか。中期旧石器時代の海進を遡ると、日本列島が大陸の一部であった前期旧石器時代にたどりつく。杉原が想定した古橋の時代である。いまや、その世界旧石器標準時間帯に位置する、多摩ローム期の徹底的な踏査が必要とされている。ここに、芹沢説が存在を主張した前期と中期から、実在しない中期を取り去り、杉原説が存在を否定した前期と中期から、未確認状態の前期を残し置くかたちで、「日本列島には中期はないが、後期に先立ち前期旧石器時代があった」という、新たな仮説を提出しておきたい。そのまだみぬ前期旧石器時代人こそ、日本列島最古の住人ではなかったか。

第二節　日本旧石器時代の系譜

（一）ナイフ形石器作りの系譜

日本列島の旧石器時代には、文化階梯の指標となる三つの示準石器がある。ナイフ形石器と槍先形尖頭器それに細石器で、いずれも剝片石器。剝片石器作りは、礫核石器作りでは一体化している、原料を消費する過程と石器を生産する過程とが別々に進行する。石器の生産過程は剝片剝離と調整加工の二工程を踏み、素材用剝片が石器へと仕上げられている（図20参照）。では、ナイフ形石器作り・槍先形尖頭器作り・細石器作りの三者は、同じ剝片石器作りとして、相互にどのように影響したりつながり合っているのか。

最初に、ナイフ形石器作りを観察する。ナイフ形石器作りには、ナイフ形石器の系列分類図（図27の左下参照）が示すように、互いに素材用剝片と加工部位の結び付きが異なる四つの系列がある。縦長剝片に基部加工を施こす杉久保系ナイフ形石器作りと横長剝片に一側縁加工を施こす国府系ナイフ形石器作り、および縦長剝片に二側縁加工を施こす茂呂系ナイフ形石器作りと横長剝片に二側縁加工を施こす台形系ナイフ形石器作りの四者だ。この四者は、ナイフ形石器作りの系列相関図（図62）にみるように、杉久保・茂呂両系が縦長剝片を、国府・台形両系が横長剝片を、茂呂・台形両系が二側縁加工を、それぞれ共通項としている。

さらに四者を、そうした相関関係をこえて、二群に類型化することができる。それは、完成したナイフ形石器と完成前の素材用剝片のかたちを見比べると、一目瞭然となる。杉久保系は縦長剝片で国府系は横長剝片と素材用剝片が異なるうえ、杉久保系が基部加工で国府系が一側縁加工と加工部位も違うのに、どちらもナイフ形石器と素材用剝片のかたちがよく似ている。一方、茂呂系は縦長剝片で台形系は横長剝片と素材用剝片が異なるものの、ともに二側縁加工で加工部位が一緒でありながら、双方のナイフ形石器と素材用剝片のかたちは似ても似つかない。

上記二群の差が生じているのは、杉久保系と国府系のナイフ形石器作りの調整加工が、素材用剝片のかたちを大きくかえていないからであり、茂呂系と台形系のナイフ形石器作りの調整加工が、素材剝片のかたちを大幅にかえてしまうためだ。杉久保・国府系ナイフ形石器作りの仕上げ方を形状保持的な調整加工といい、茂呂・台形系ナイフ形石器作りの仕上げ方を形状修正的な調整加工と呼んでいる（安蒜　一九八四）。剝片剝離から調整加工へと工程が進む剝片石器作りの石器生産過程において、形状保持的な調整加工はより剝片剝離に労力を割き、逆に形状修正的な調整加工はより調整加工に労力の比重をかけていることがわかる。

こうしたナイフ形石器作りの在り方を、槍先形尖頭器作りおよび細石器作りと比較してみよう（表10・11）。槍先形尖頭器作りでは、周縁調整・片面調整・半両面調整・両面調整の順で、調整加工の度合いが高まる。両面調整尖頭器では、石器の表裏にわたり全面が打ち欠きで覆われ、素材用剝片は元のかたちの片鱗すらもない。両面調整を典型とする槍先形尖頭器作りでは、調整加工に最大限の労力の比重がかけられているためだ。槍先形尖頭器作りの対極に位置するのが、細石器作り。素材用剝片に打ち欠きの痕はなく、調整加工が全く施されていないのである。素材用剝片すなわち細刃器で、細石器作りの労力は全比重が剝片剝離に注がれているとみてよい。したがって、石器作りの労力が剝片剝離と調整加工のどちらに比重をおいているかという観点から分類すると、槍先形尖頭器作りの調整加工型と細石器作りの剝片剝離型とに分別される。

したがって、ナイフ形石器作りは、槍先形尖頭器作りと細石器作りの中間の、剝片剝離・調整加工均衡型ともいうべき位置を占めている。ナイフ形石器作りは、しかし、どちらかというと、剝片剝離に比重をかけた杉久保系と国府系の一群と、反対に調整加工に比重をおく茂呂系と台形系の一群とに分かれる。前者を剝片剝離・調整加工均衡型の

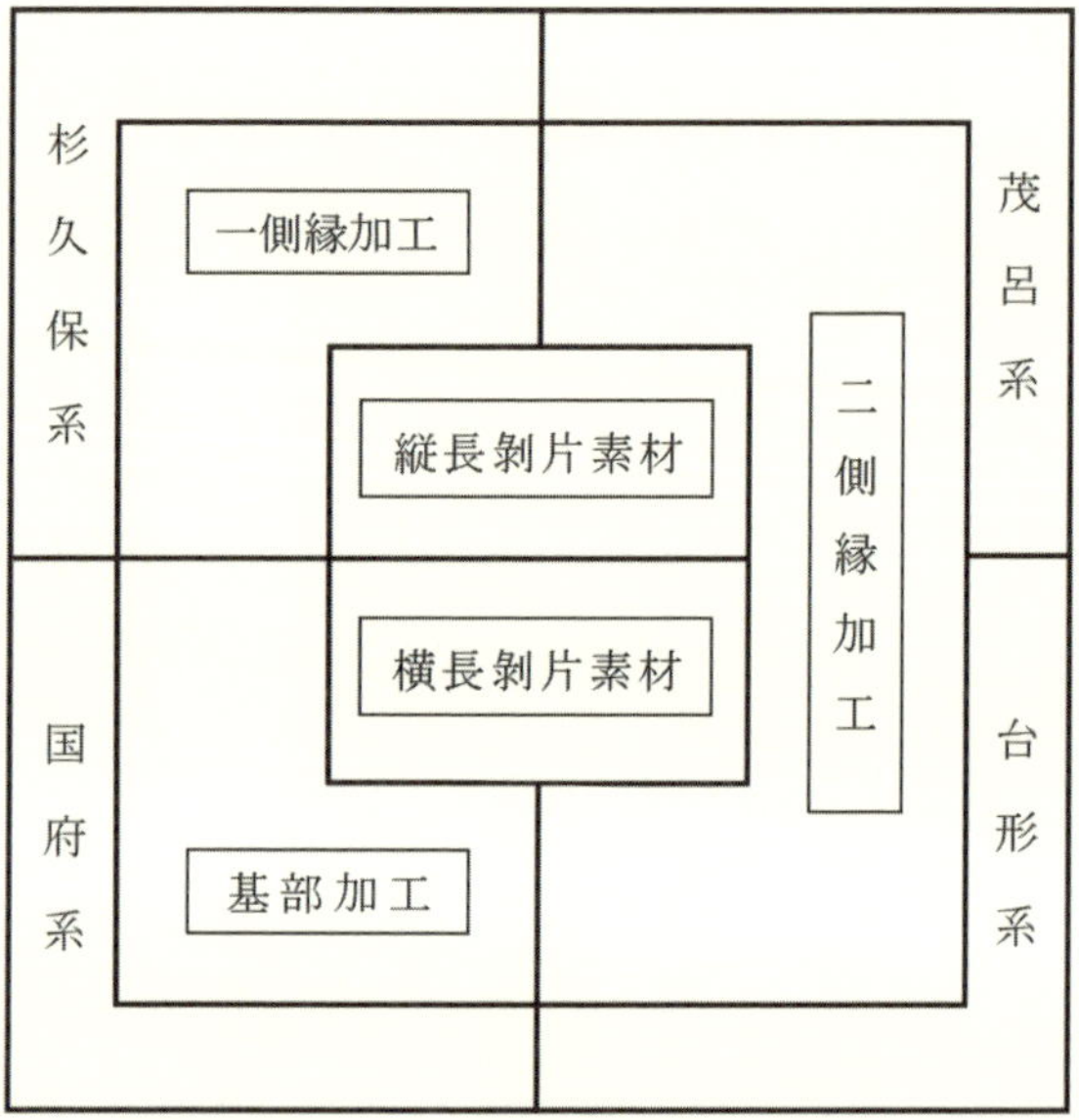

図 62　ナイフ形石器作りの系列相関図

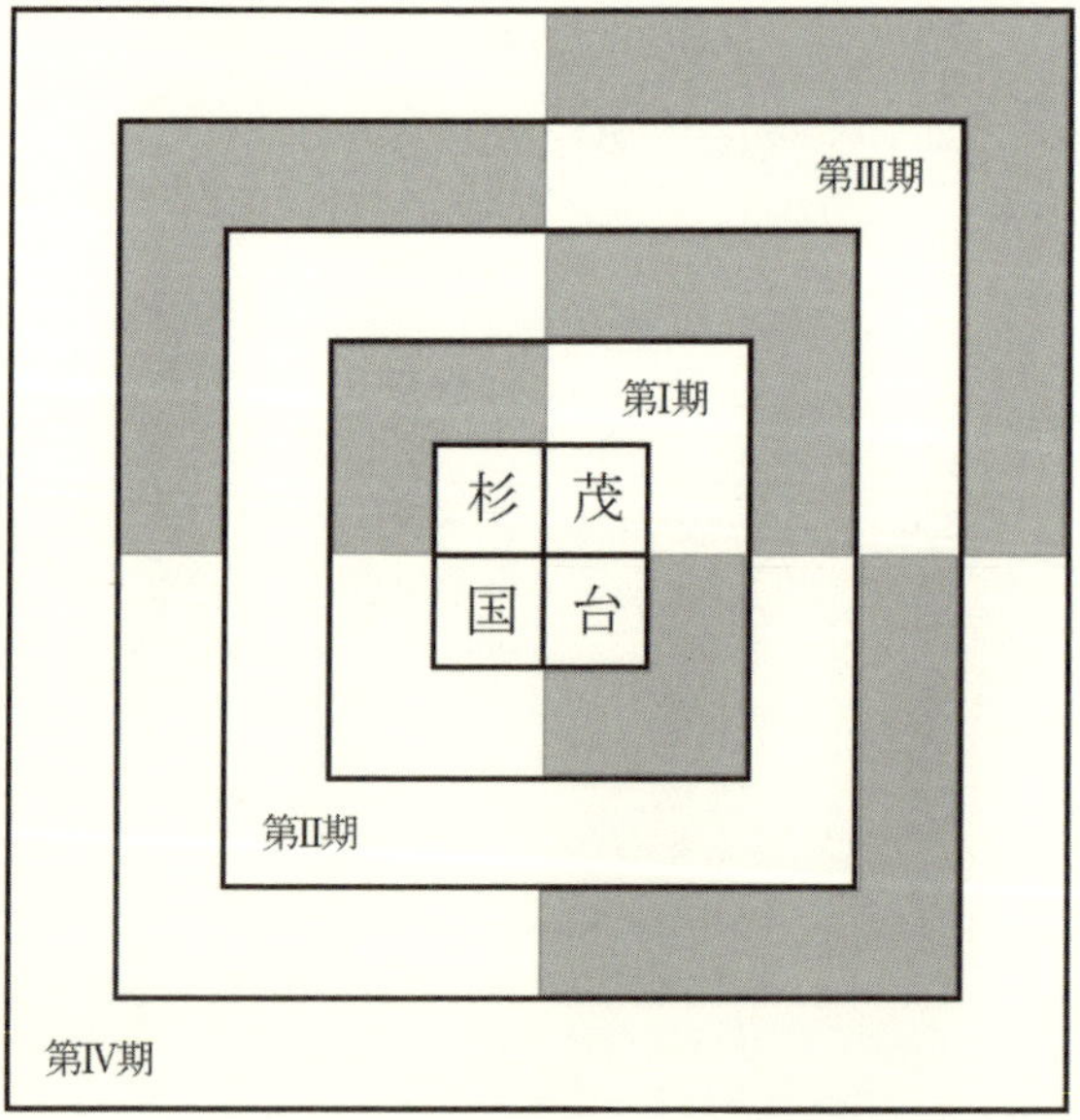

図 63　ナイフ形石器作りの系列変遷盤

表10　剥片石器作りと技術の相関関係

<table>
<tr><td colspan="2" rowspan="2"></td><td colspan="8">小　⇦　調整加工の度合　⇨　大</td></tr>
<tr><td>無加工</td><td>基部加工</td><td>一側縁加工</td><td>二側縁加工</td><td>周縁調整</td><td>片面調整</td><td>半両面調整</td><td>両面調整</td></tr>
<tr><td rowspan="2">素材用剥片</td><td>縦長剥片</td><td>細石器</td><td>ナイフ形石器（杉久保系）</td><td></td><td>ナイフ形石器（茂呂系）</td><td></td><td></td><td></td><td></td></tr>
<tr><td>横長剥片</td><td></td><td></td><td>ナイフ形石器（国府系）</td><td>ナイフ形石器（台形系）</td><td>槍先形尖頭器</td><td>槍先形尖頭器</td><td>槍先形尖頭器</td><td>槍先形尖頭器</td></tr>
</table>

表11　素材の変形からみた剥片石器作りの区分

<table>
<tr><td rowspan="3">細石器
（細刃器）</td><td colspan="2">ナイフ形石器</td><td rowspan="3">槍先形尖頭器</td></tr>
<tr><td>素材用剥片の形状を保持する調整加工</td><td>素材用剥片の形状を修正する調整加工</td></tr>
<tr><td>杉久保・国府系</td><td>茂呂・台形系</td></tr>
<tr><td>剥片剥離型</td><td colspan="2">剥片剥離・調整加工均衡型</td><td>調整加工型</td></tr>
<tr><td>剥片剥離型</td><td>剥片剥離傾斜群</td><td>調整加工傾斜群</td><td>調整加工型</td></tr>
</table>

剥片剥離傾斜群とし、後者をその調整加工傾斜群とする。

このように、同じ剥片石器作りとはいっても、ナイフ形石器作りと槍先形尖頭器作りそれに細石器作りとでは、工程に振り分ける労力に差異が生まれているのである（安蒜 二〇一一）。本州の中央部では、示準石器がナイフ形石器から槍先形尖頭器へ、槍先形尖頭器から細石器へと移り変わる。すなわち、本州中央部には、剥片剥離・調整加工均衡型から調整加工型の方向へ移行したのち逆の方向の剥片剥離型へと転じた、剥片石器作りが歩んだ大きな道筋が記録されている。つぎに、その本州中央部で進展した、ナイフ形石器作りの系譜を追いかけたい。

まず、ナイフ形石器作りの系列相関図を中心に置いて、外側に層序区分（時期区分）の枠を重ねる（図63）。ついで、このナイフ形石器作りの系列変遷盤に、杉久保系が、第Ⅹ・Ⅸ層（第Ⅰ期）と第Ⅴ・Ⅳ下層（第Ⅲ期）で国府系が第Ⅴ・Ⅳ下層（第Ⅲ期）、茂呂系がⅦ・Ⅵ層（第Ⅱ期）と第Ⅳ上・Ⅲ下層（第Ⅳ期）で台形系が第Ⅹ・Ⅸ層（第Ⅰ期）と第Ⅴ・Ⅳ下層という、各々が発達した層序を記入する。すると、ナイフ形石器作りの系列が、第Ⅰ期の杉久保・台形両系から第Ⅱ期の茂呂系へ、そして第Ⅲ期の杉久保・台形両系をへて第Ⅳ期前半の茂呂系へと変化した骨格がはっきりする。

茂呂系のナイフ形石器は、一方で素材用剥片が縦長剥片である点で杉久保系のナイフ形石器と、また一方で加工部位が二側縁加工である点で台形系のナイフ形石器と、それぞれ互いに共通する相関関係で結ばれている。そうした意味で、本州中央部で展開したナイフ形石器作りには、杉久保系と台形系が茂呂系にまとまる段階と、茂呂系が杉久保系と台形系とに分かたれる段階とがあり、双方の段階が規則正しく繰り返されていたことになる。それは、あたかも茂呂系を軸とした、ナイフ形石器作りの歴史的な律動であったかのようだ。さて、そうだとなれば、第Ⅰ期の前により古い茂呂系ナイフ形石器作りの段階があったとの想定が成り立つかも知れない。その日本列島にはない、最古の段階こそ、ヨーロッパ大陸式と朝鮮半島式そして日本列島式に分岐した、ナイフ形石器作りの起源を探る糸口となるに違いない。

（二）　槍先形尖頭器作りと矢出川系細石器作りの系譜

南関東諸台地にみられる茂呂系を軸としたナイフ形石器作りの律動は、これを以下のようにいいかえることができる。剥片剥離傾斜群と調整加工傾斜群とに分かれていた第Ⅰ期のナイフ形石器作りは、第Ⅱ期で調整加工傾斜群にまとまり、第Ⅲ期で剥片剥離傾斜群と調整加工傾斜群に分かれ、第Ⅳ期で調整加工傾斜群にまとまるかたちで展開した。そして、第Ⅲ期以降のナイフ形石器が、槍先形尖頭器と共伴する。槍先形尖頭器作りは調整加工型の剥片石器作りであり、調整加工傾斜群のナイフ形石器作りからの移行すなわちナイフ形石器文化から槍先形尖頭器文化への移行は、極めて連続かつ円滑に進んだとみられる。実際、既述したように、ナイフ形石器と共通した特徴をもつ槍先形尖頭器の出現が、それを裏付けている（図55参照）。

最初に、ナイフ形石器と同じ形状のシルエットをもつ、左右非対称形の槍先形尖頭器が作られる。ついで、ナイフ形石器と同じ刃がついた槍先形尖頭器が作られた。そればかりか、最後には、ナイフ形石器と同じ素材用剥片からも槍先形尖頭器が作られるようになる。それらナイフ形石器と共通した特徴をもつ三者を、順に形状共通形態・刃部共通形態・素材共通形態の槍先形尖頭器と呼ぶ（安蒜　一九八八）。形状共通形態の槍先形尖頭器は、鷹山遺跡群（安蒜ほか　二〇〇三）など第Ⅲ期に中部高地の黒耀石原産地地帯に登場する。刃部共通形態と素材共通形態の槍先形尖頭器は広く日本列島の中央部でみられ、前者は第Ⅳ期の前半、後者はその後半に作り使われた。したがって、三形態の槍先形尖頭器の存在は、刺突形ナイフ独特の形態的な要素が、まずはじめに形状、ついで刃部、さらに素材という順で、槍先形尖頭器作りの中に転移していった経緯を示しているとみてよい。逆に、そうした経緯をたどれる本州中央部を、槍先形尖頭器文化の発祥地と見做すことができるだろう。

槍先形尖頭器文化期の石器群は、時が下るにつれ、共伴するナイフ形石器と槍先形尖頭器の数量比がかわる。槍先形尖頭器は徐々に増え、ナイフ形石器が段々減る傾向を示す。そして、その置換は、ナイフ形石器および槍先形尖頭器の作り分けと使い分けを繰り返すかたちで進行したようだ（図64）。というのも、本州中央部の諸台地には、ナイフ形石器だけあるいはナイフ形石器に数点の槍先形尖頭器が加わる石器群と、逆に槍先形尖頭器だけないしは槍先形尖頭器に数点のナイフ形石器が加わる組成の石器群が、共存し同居しているからに他ならない。埼玉県砂川遺跡は、当該時期におけるナイフ形石器だけをもつ組成の石器群である（所沢市教育委員会 一九七四）。一方、ナイフ形石器と槍先形尖頭器の置換が進む中、ナイフ形石器は決して大規模に作られることはなく、常に狩場で定量が作られつづけた。これに対して、槍先形尖頭器は、石材原産地に始まり、次第に狩場に場所を移して量産されるようになる（図49参照）。槍先形尖頭器を量産したのは、石器製作者集団であった。

第Ⅴ期になると、本州中央部の諸台地に細石器作りが登場する。だが、槍先形尖頭器作りと細石器作りの間には、ナイフ形石器作りと槍先形尖頭器作りの相互に観察できるような、技術的要素の転移はない。確かにそうみえるが、槍先形尖頭器作りは、意外な副産物をもたらせたようだ。槍先形尖頭器は、成形と仕上げの手順を踏んで完成する。その成形時に石器の表裏に凸凹が生じ、仕上げでそれを取り去るとき様々な小剥片が飛び散る。この時、細刃器と似た一群ができる（図50参照）。小刃器がそれだ。

槍先形尖頭器の量産は、当初石材原産地で成形し狩場で仕上げる方式で開始された。その結果、狩場に副産物の小刃器が蓄積され、南下してきた湧別系細石器作りと接触する中、細刃器作りの量産へと転じたのではなかったか。矢

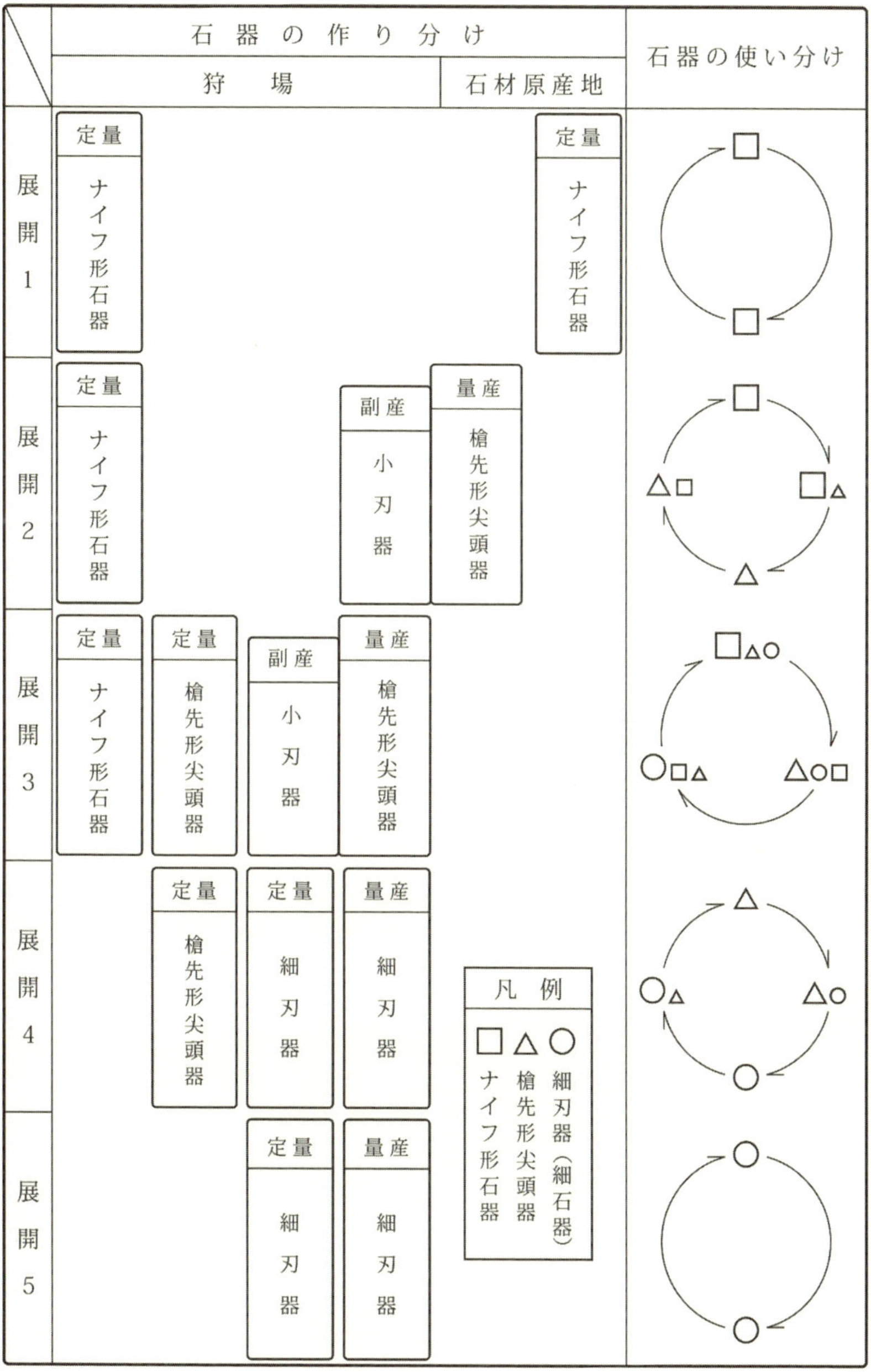

図64　石器の作り分けと使い分けの展開

出川系細石器作りの起源を、ここに求めたい（図64の展開2〜4）。そして、槍先形尖頭器文化期でナイフ形石器作りと槍先形尖頭器作りが別立てでおこなわれた双方が共存する在り方が、細石器文化期にも引き継がれているのである。これにより、石器の作り分けと使い分けも継続した（図64参照）。その模様を、相模野台地で観察してみよう。

ナイフ形石器作りと槍先形尖頭器作りの別立ては、神奈川県県営高座渋谷団地内遺跡第Ⅴ文化層（小池 一九九五）など、B2U層から始まる。一方、槍先形尖頭器作りと矢出川系細石器作りの別立ては、神奈川県代官山遺跡Ⅱ（神奈川県立埋蔵文化財センター 一九八六）など、L1H層に始まっている。したがって、L2層とB1層の時点で、ナイフ形石器作りから槍先形尖頭器作りが枝分かれし、槍先形尖頭器作りから矢出川系細石器作りが派生したと考えられる。また、L1H・B0・L1S層中には、B2U・L2・B1層中におけるナイフ形石器と槍先形尖頭器と同様、槍先形尖頭器と矢出川系細石器を別々にもつ石器群が同一狩場内に共存している。なお、矢出川系細石器は、千葉県十余三稲荷峰遺跡第6文化層（新東京国際空港公団・千葉県文化財センター 二〇〇四）などが狩場内で大規模に作られ、石材原産地で細石器が量産されることはなかった（安蒜 二〇〇八）。それは槍先形尖頭器作りの副産物である小刃器が、仕上げ時の狩場で発生した経緯と関連しそうだ。

ところで、本州中央部の槍先形尖頭器作りは、B2U層からL1S層にわたる、旧石器時代の後半期をとおしておこなわれた。それは、ナイフ形石器作りだけがつづいた前半期とともに、日本列島の旧石器時代をほぼ二分するほどの長期間におよんでいる。この期間を、広義の槍先形尖頭器文化期として意義付けられるかも知れない。従来は、ナイフ形石器作りと槍先形尖頭器作りが、また槍先形尖頭器作りと細石器作りとが、それぞれ別立てでおこなわれた期間を槍先形尖頭器文化期および細石器文化期と呼び習わしてきたわけだ。さて、その間の剝片石器作りは、剝片剝離・調整加工均衡型（ナイフ形石器作り）が、最初に調整加工型（槍先形尖頭器作り）と共伴しながら、つぎに剝片剝離型（細石器作り）とも共伴し、のちに剝片剝離・調整加工均衡型（ナイフ形石器作り）は姿を消して、調整加工型（槍先形尖頭器作り）と剝片剝離型（細石器作り）とが共伴する段階に至るという経過をたどってきた。

その経緯は、ナイフ形石器作りから槍先形尖頭器作りが枝分かれし、槍先形尖頭器作りから矢出川系細石器作りが派生した道程でもある。この系譜の確かさは、剝片尖頭器（スムベチルゲ）を起点とする大規模な石器作りが、国府系ナイフ形石器・槍先形尖頭器・細石器の順に連なることで裏付けられる。ただし、ここでいう細石器とは、あくまでも矢出川系細石器を指し、湧別系細石器を含まない。矢出川系細石器作りと湧別系細石器作りが共伴し併存した例はなく、互いは併存し境界を設けて向かい合う。その湧別系細石器作りには、ナイフ形石器作りや槍先形尖頭器作りそれに矢出川系細石器作りとはまた別の、シベリアの地という起源と系譜がある。

（三）　日本人類文化の系譜

日本列島の旧石器時代は、海をも渡って世界各地へと拡散した、現生人類の渡来に始まる。当該時期の日本列島は、九州・四国・本州が一つの島で、北海道は大陸に連なる半島であった。ナイフ形石器を作り使った旧移住民は、第Ⅰ・Ⅱ期に日本列島を本州の中央部で横断し、日本海と太平洋を結ぶ旧石器古道の開拓を足掛りとして、北海道を除く日本列島の各地に住み着いた。やがて、地球規模の寒冷化が頂点を迎える第Ⅲ期になると、環日本海旧石器文化回廊を伝い、九州と北海道の二手に分かれた新たな移住民が、陸橋を渡ってやってきた。南方の新移住民はスムベチルゲを、北方の新移住民は湧別系細石器を、それぞれ携えていた。南方系新移住民のスムベチルゲ作りは、旧移住民のナイフ形石器作りと接触すると共伴して同化し、北上した本州中央部で第Ⅳ期の槍先形尖頭器作りへ、さらに同地で第Ⅴ期の矢出川系細石器作りへと進展した。

一方、無人の北海道に入った北方系新移住民と湧別系細石器作りは、第Ⅳ期に本州東北部に南下し杉久保系のナイフ形石器作りと接触するが共伴せずに併存し、境界を設けて先住の旧移住民を域外に押し出しながら、なおも南下をつづけて本州中央部で槍先形尖頭器作りと再び接触する。だが、湧別系細石器作りは槍先形尖頭器作りとも共伴しないまま対峙し、併存し境界を敷き別々に住み分けた。奇しくも、その境界線は、旧石器古道と重なっている。第Ⅴ期を迎え、槍先形尖頭器作りは矢出川系細石器作りに移行するが、湧別系細石器作りは、その矢出川系細石器作りと接触しても依然として共伴することはなかった。そればかりか、湧別系細石器作りは日本海側の境界をこえ、そのまま日本海沿いに本州の西南端まで南下する。一帯から押し出された矢出川系細石器作りは九州に入り、同地の遺跡数は三度目の増加をみた（図53参照）。ちなみに、九州の遺跡数増加は、第Ⅲ期のスムベチル作りと第Ⅳ期の杉久保系ナイフ形石器作りそれと第Ⅴ期の矢出川系細石器作りの、各受け入れ時に生じた（松本 二〇〇五）。

ところで、現生人類がアフリカを出て日本列島に至るには、アラビア半島とイラン高原を経由したあと、ヒマラヤ山脈の南を回って東南アジアに向かうか、パミール高原をとおりシベリアに出るかが、最初の分岐点となる（小田・馬場 二〇〇一）。つぎに、ヒマラヤ山脈の南を選べば、インドシナ半島とフィリピン諸島のどちらを北上するかが第二の分岐点となりそうだ。そうした、現生人類が世界各地へと拡散した経路が想定されている状況下、朝鮮半島のスムベチルゲ作りと日本列島のナイフ形石器作りとは、互いに朝鮮半島式ナイフ形石器あるいは日本列島式スムベチルゲといってもよいほどの大きな共通点をもち合わせている。そのうえ、どちらも世界旧石器標準時間帯の後期初頭に揃って登場してくる。

これは、朝鮮半島と日本列島に渡来した現生人類が、第二の分岐点以後まで一緒に行動していた可能性が高いことを示している。また、湧別系細石器の起源はシベリアに求められる（小畑 二〇〇五）。となれば、北方系の新移住民と旧移住民は、すでに第一の分岐点で別行動をとっていたものとみられる。したがって、分岐の古さを基準にとれば、日本列島の旧移住民と朝鮮半島におけるスムベチルゲ作りの担い手との間は、旧移住民と北方系新移住民との間よりも、より近くて強い親縁関係で結ばれていることとなる。では、旧移住民と南方系新移住民との間、また南方系新移住民と北方系新移住民との間はどうか。

まずは、朝鮮半島の後期旧石器時代を概観しておこう。朝鮮半島の旧石器時代は、初期と後期に分けられる。初期は敲打器文化で特徴づけられ、後期は前半のスムベチルゲ文化と後半の湧別系細石器文化の二階梯が認められる。敲打器文化は、朝鮮半島における最古の住民の文化である。スムベチルゲ文化と湧別系細石器文化は、世界拡散を背景に朝鮮半島に移り住んできた現生人類の文化で、前者と後者は第一の分岐点で分離したと考えてよい。その意味で、スムベチルゲ文化と湧別系細石器文化の担い手は、同じ現生人類とはいえ、相対的により遠くより弱い親縁関係にあった。そして、それを物語るかのように、両文化の接触後、互いの石器作りは共伴することがなく、併存して境界を設けたのち、湧別系細石器文化人がスムベチルゲ文化人を朝鮮半島から押し出してしまう（図24参照）。

日本列島に渡来した南方系の新移住民とは、その湧別系細石器文化人によって朝鮮半島を押し出されたスムベチルゲ文化人に他ならない（安蒜 二〇一五）。日本列島の旧移住民とスムベチルゲ人は、元をただせば、現生人類の世界拡散路上における第二の分岐後も行動をともにしていた、仲間同士であった。それだけに、旧移住民と南方系新移住民との親縁関係の近さと強さが、双方の石器作りを共伴させ同化を促進させたようだ。逆にいうと、朝鮮半島の場合、スムベチルゲ文化人と湧別系細石器文化人の間の親縁関係の遠さと弱さが、後者が前者を押し出すという、両者接触後の激しい交代劇を招いたわけである。そして、日本列島に渡来した北方系新移住民こそ、朝鮮半島からスムベチルゲ文化人を押し出した湧別系細石器文化人の仲間であった。湧別系細石器文化人は、シベリアを起点に、環日本海旧石器文化回廊を反時計回りに伝って朝鮮半島に入るとともに、時計回りに伝って日本列島に渡ったのである。

その日本列島へ渡来した湧別系細石器文化人は、第Ⅲ期に無人の北海道に入った後、第Ⅳ期に本州東北部でナイフ形石器文化と接触する。ナイフ形石器文化の担い手は、スムベチルゲ文化人と親縁関係が近くて強い、旧移住民であった。湧別系細石器文化人は、朝鮮半島と同様に日本列島でも、そのナイフ形石器文化の担い手を本州中央部以南へと押し出していく。その後、湧別系細石器文化人は、本州の中央部で槍先形尖頭器文化と接触することとなる。槍先形尖頭器文化は、旧移住民と同化が進む南方系新移住民が担っていた。この段階で、日本列島の中央部に、槍先形尖頭器文化と湧別系細石器文化が対峙する境界線が現出したのである。

つぎの第Ⅴ期、同じ区割りの中、湧別系細石器文化人は、矢出川系細石器文化と接触する。矢出川系細石器文化は、槍先形尖頭器文化と同じ、旧移住民と同化した南方系新移住民が担っていた。そうした状況下で、湧別系細石器文化人は、日本海側の旧石器古道をこえ、旧移住民と同化した南方系移住民を域外に押し遣るようにして、本州西南端まで展開する。このように、湧別系細石器文化人すなわち北方系新移住民は、最後まで旧移住民および旧移住民と同化した南方系新移住民と併存し、境界を敷きつづけながら、日本列島を東西に分かつ二つの細石器文化圏をもたらせたのである。

したがって、日本列島の旧石器時代人類史は、住民の系譜が違う三つの段階に分かれる。まず、北海道以外の日本列島に一様に旧移住民がいた第Ⅰ・Ⅱ期の段階。ついで、九州から本州にかけては旧移住民と同化した南方系の新移住民、北海道には北方系の新移住民が、それぞれいた第Ⅲ期の段階。そして、旧移住民と同化した南方系の新移住民と、北方系の新移住民が、日本列島を二分して住み分けるまでの第Ⅳ・Ⅴ期の段階。

こうしてみると、明らかなように、旧移住民が純粋なかたちで生存したのは、第Ⅰ期と第Ⅱ期の二時期であった。

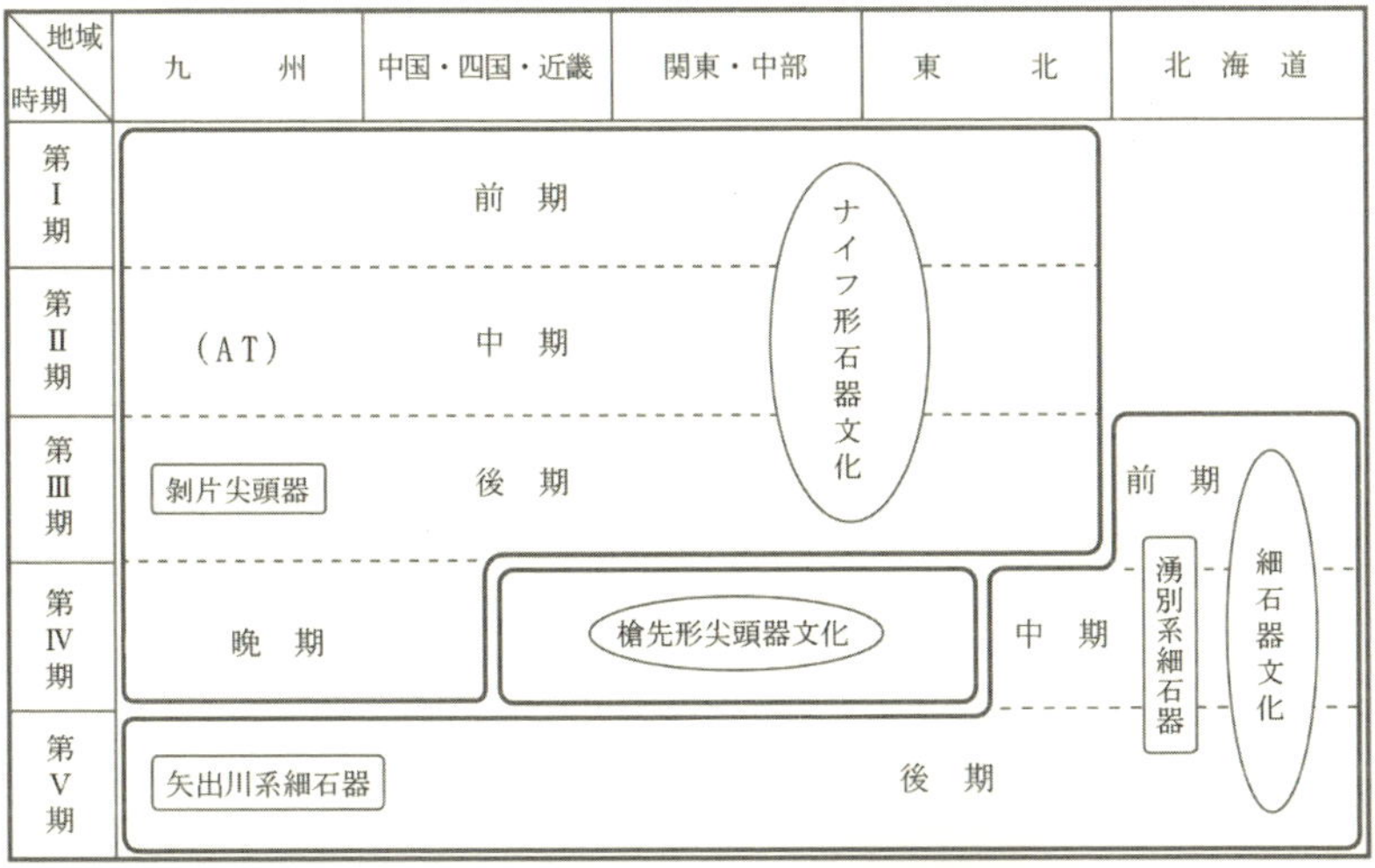

港川人

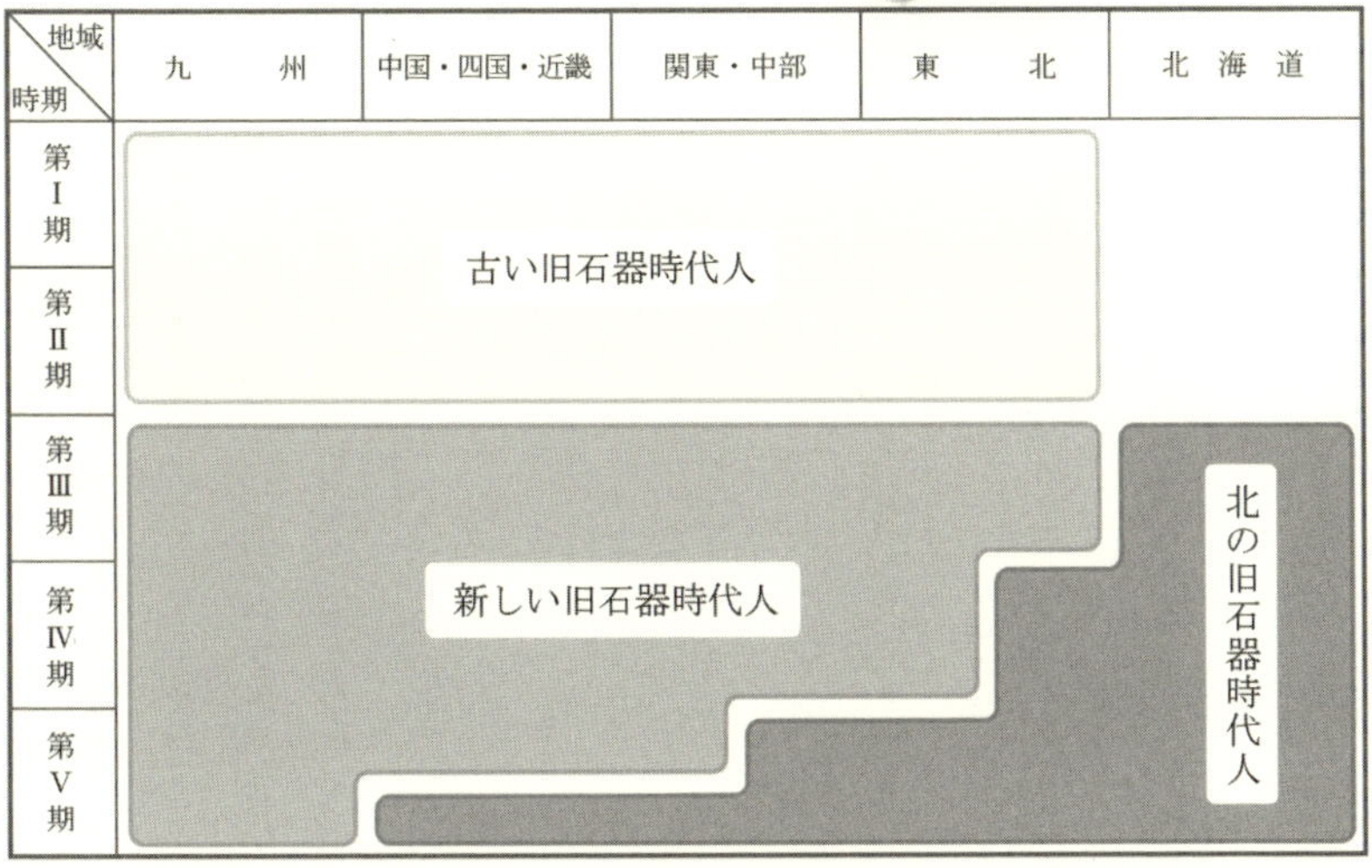

図65　日本列島の旧石器時代人

この日本列島最古の住人を「古い旧石器時代人」と呼んでおきたい。同様に、第Ⅲ期から第Ⅴ期には、北方系の新移住民が純粋なかたちで生存していた。「北の旧石器時代人」とする。一方、北の旧石器時代人と対応する、南方系の新移住民が純粋なかたちで生存した地域と時期については、これを認めがたい。南方系の新移住民は、旧移住民である「古い旧石器時代人」と同化して「新しい旧石器時代人」となった。すなわち、日本列島の旧石器時代史は、古い旧石器時代人と新しい旧石器時代人それに北の旧石器時代人が、ナイフ形石器文化と槍先形尖頭器文化および矢出川系細石器文化と湧別系細石器文化を築いたという、人類文化の起源と系譜でひもとかれてくるのである（図65）。

［参考文献］

◆第Ⅰ章

安蒜政雄「環日本海旧石器文化回廊とオブシディアン・ロード」『駿台史学』135号　駿台史学会、二〇〇九年

岡本　勇「一九四九年九月一一日のこと―岩宿遺跡予備調査の手記」『考古学手帖』2号　塚田　光、一九五八年

小田静夫・伊藤富治夫・C.T. Keally・重住　豊『高井戸東遺跡』高井戸東遺跡調査会、一九七七年

小田静夫・C.T. Keally『日本先土器時代の編年』Occasional Papers Number 2　国際基督教大学考古学研究センター、一九七五年

貝塚爽平「地形の変化」『日本の考古学Ⅰ　先土器時代』河出書房新社、一九六五年

柏ケ谷長ヲサ遺跡調査団『柏ケ谷長ヲサ遺跡―相模野台地における後期旧石器時代遺跡の調査』一九九七年

関東ローム研究グループ『関東ローム』築地書館、一九六五年

喜田貞吉「南河内郡古代遺蹟に就て」『大阪府史蹟調査委員会報告』4号、一九一七年

工藤雄一郎「旧石器時代の年代と広域編年対比」『日本旧石器学会第11回講演・研究発表シンポジウム予稿集』日本旧石器学会、二〇一三年

小林達雄・小田静夫・羽鳥謙三・鈴木正男「野川先土器時代遺跡の研究」『第四紀研究』10巻4号　日本第四紀学会、一九七一年

佐原　真『日本人の誕生』（『大系日本の歴史』1　小学館）一九八七年

白石浩之・加藤千恵子編『吉岡遺跡群Ⅱ　旧石器時代1　AT降灰以前の石器文化』かながわ考古学財団調査報告7　かながわ考古学財団、一九九六年

杉原荘介「日本における石器文化の階梯について」『考古学雑誌』39巻2号　日本考古学会、一九五三年

杉原荘介「縄文文化以前の石器文化」『日本考古学講座3　縄文文化』河出書房新社、一九五六年

杉原荘介『群馬県岩宿発見の石器文化』（『明治大学文学部研究報告』考古学第1冊　明治大学）一九五六年

杉原荘介「第四氷期と先土器時代の日本」『第四紀研究』2巻2・3号　日本第四紀学会、一九六二年

杉原荘介「先土器時代の日本」『日本の考古学Ⅰ　先土器時代』河出書房新社、一九六五年

杉原荘介「敲打器文化」『日本の考古学Ⅰ　先土器時代』河出書房新社、一九六五年

杉原荘介『長野県上ノ平の尖頭器石器文化』(『明治大学文学部研究報告』考古学第3冊 明治大学) 一九七三年
杉原荘介『群馬県武井における二つの石器文化』(『明治大学文学部研究報告』考古学第5冊 明治大学) 一九七七年
杉原荘介・吉田 格・芹沢長介「東京都茂呂遺跡における関東ローム層中の石器文化」『駿台史学』9号 駿台史学会、一九五九年
鈴木遺跡調査団『鈴木遺跡Ⅰ』鈴木遺跡刊行会、一九七八年
鈴木正男・小野 昭「先史時代遺跡出土黒耀石の原産地推定―水和層測定とその先史人類活動復元への応用」『第25回日本人類学会・日本民族学会連合大会抄録』20 一九七一年
芹沢長介「関東及中部地方に於ける無土器文化の終末と縄文文化の発生とに関する予察」『駿台史学』4号 駿台史学会、一九五四年
芹沢長介「信濃・矢出川遺跡の調査」『日本考古学協会第14回総会研究発表要旨』日本考古学協会、一九五四年
芹沢長介「旧石器時代の諸問題」『岩波講座 日本歴史1 原始および古代1』岩波書店、一九六二年
千葉県文化財センター『八千代市権現後遺跡―萱田地区埋蔵文化財調査報告書Ⅰ』一九八四年
千葉県文化財センター『元割・聖人塚・中山新田Ⅰ―常盤自動車道埋蔵文化財調査報告書Ⅳ』一九八六年
直良信夫「播磨国西八木海岸洪積層中発見の人類遺品」『人類学雑誌』46巻5・6号 日本人類学会、一九三一年
日本旧石器学会『日本列島の旧石器時代遺跡―日本旧石器(先土器・岩宿)時代遺跡のデータベース』二〇一〇年
日本考古学協会『日本考古学年報』7(昭和29年度) 誠文堂新光社、一九五八年
日本考古学協会『日本考古学年報』13(昭和35年度) 誠文堂新光社、一九六五年
日本第四紀学会『日本第四紀地図』東京大学出版会、一九八七年
濱田耕作『河内国府石器時代遺蹟発掘報告』京都帝国大学、一九一八年
町田 洋・新井房夫「広域に分布する火山灰―始良Tn火山灰の発見とその意義」『科学』46巻、一九七六年
明治大学考古学研究室・月見野遺跡群調査団『概報 月見野遺跡群』一九六九年
明治大学校地内遺跡調査団『「野川流域の旧石器時代」フォーラム―明治大学調布付属校用地の遺跡調査から 講演会公開シンポジウム資料集』調布市教育委員会・三鷹市教

育委員会・明治大学校地内遺跡調査団、二〇〇六年
矢島國雄・鈴木次郎「相模野台地における先土器時代研究の現状」『神奈川考古』1号 神奈川考古同人会、一九七六年
八幡一郎『日本の黎明』有斐閣、一九五三年
André Leroi-Gourhan, Gérard Bailloud, Jean Chavaillon et Annette Laming-Emperaire, *La Préhistoire*, PRESSE UNIVERSITAIRES DE FRANCE, 1966
Christian Jurgensen Thomsen, *Ledetraad til Nordisk Oldkyndighed*, 1836
Edward Sylvester Morse, *Japan day by day*, 1917（石川欣一訳「日本　その日その日」創元社、一九三九年）
Henri Breuil, *La question aurignacienne, Etude critique de stratigraplie comparée*, Revue préhistorique, 1907
Glyn Daniel, *A hundred Years of Archaelogy*, 1950
Lord Avebury（=John Lubbock）, *Pre-historic Times*, 1865
Niel Gordon Munro, *Prehistoric Japan*, 1911

◆第Ⅱ章

安蒜政雄「『岩宿報告』についての海外からの論評―ブリュイ氏とボルド氏の考え」『駿台史学』36号 駿台史学会、一九七五年
安蒜政雄「『石器』研究の不在を自戒」『毎日新聞』朝刊〈21世紀〉の視点 毎日新聞社、二〇〇〇年
安蒜政雄「二〇一〇年 節目の年」『旧石器研究』6号 日本旧石器学会、二〇一〇年
金関丈夫・山内清男・佐藤達夫「大分県丹生遺跡の旧石器」『日本考古学協会第28回総会研究発表要旨』日本考古学協会、一九六二年
鎌木義昌・芹沢長介「長崎県福井岩陰遺跡」『考古学集刊』3巻1号 東京考古学会、一九六五年
古代學協會『大分丹生遺跡群の研究』古代學研究所研究報告第3輯、一九九二年
杉原荘介「日本における石器文化の階梯について」『考古学雑誌』39巻2号 日本考古学会、一九五三年
杉原荘介「青森県金木砂礫層出土の偽石器」『INQUA 日本支部連絡誌』No.7、一九五四年（杉原荘介『日本先土器時代の研究』講談社、一九七四年 所収）
杉原荘介『群馬県岩宿発見の石器文化』（『明治大学文学部研究報告』考古学第1冊 明治大学）一九五六年
杉原荘介「第四氷期と先土器時代の日本」『第四紀研究』2巻2・3号、一九六二年
杉原荘介『日本の考古学Ⅰ 先土器時代』河出書房新社、一九六五年

杉原荘介「"SUGIHARA'S HYPOTHESIS"を破ってほしい」『月刊考古学ジャーナル』8号　ニュー・サイエンス社、一九六七年

杉原荘介『日本先土器時代の研究』講談社、一九七四年

杉原荘介「前説」『日本先土器時代の研究』講談社、一九七四年

石器文化談話会『座散乱木遺跡―考古学と自然科学との連携』座散乱木遺跡発掘調査報告書Ⅲ、一九八三年

芹沢長介「関東及中部地方に於ける無土器文化の終末と縄文文化の発生とに関する予察」『駿台史学』4号　駿台史学会、一九五四年

芹沢長介「旧石器時代の諸問題」『岩波講座　日本歴史1　原始および古代1』岩波書店、一九六二年

芹沢長介「大分県早水台における前期旧石器の研究」『東北大学日本文化研究所研究報告』1集、一九六五年

芹沢長介『栃木市星野遺跡第1次発掘調査報告』栃木市教育委員会　ニュー・サイエンス社、一九六六年

芹沢長介「日本における旧石器の層位的出土例と^{14}C年代について」『東北大学日本文化研究所研究報告』3集、一九六七年

芹沢長介「(連載講座)日本の旧石器(特論)―前期旧石器の諸問題」『月刊考古学ジャーナル』9号　ニュー・サイエンス社、一九六七年

芹沢長介「珪岩製旧石器と東京湾」『東北大学日本文化研究所研究報告』4集、一九六八年

芹沢長介「日本の石器時代」『科学』39巻1号　岩波書店、一九六九年

芹沢長介「前期旧石器に関する諸問題」『第四紀研究　日本旧石器特集』10巻4号　日本第四紀学会、一九七一年

角田文衞「大分県丹生台地発見の石器類」『日本考古学協会第28回総会研究発表要旨』日本考古学協会、一九六二年

角田文衞「賀川論文に対する論評」『賀川光夫：西日本における礫器の問題」第四紀研究日本旧石器特集』10巻4号　日本第四紀学会、一九七一年

日本考古学協会『前・中期旧石器問題の検証』二〇〇三年

日本第四紀学会『第四紀研究　日本旧石器特集号』10巻4号、一九七一年

山内清男・佐藤達夫「日本先史時代概説」『日本原始美術I　縄文式土器』講談社、一九六四年

André Leroi-Gourhan, Gérard Bailloud, Jean Chavaillon et Annette Laming-Emperaire, *La Préhistoire*, PRESSE UNIVERSITAIRES DE FRANCE, 1966

François Bordes, *The Old Stone Age*, World University Library, 1968

François Bordes, *Du Paléolithique au Japon?* L'ANTHROPOLOGIE, 62-3・4, 1958

Henri Breuil 1957（安蒜政雄「『岩宿報告』についての海外からの論評―ブリュイ氏とボルド氏の考え」『駿台史学』36号　駿台史学会、一九七五年）

Movius, H.L. Jr. *The Lower Palaeolithic Cultures of Southern and Eastern Asia*. Transactions of the American Philosophical Society, 38, 1948

Glyn Daniel, *Hundred and Fifty Years of Archaelogy*. 1950

◆第Ⅲ章

麻生　優「細石器文化」『日本の考古学Ⅰ　先土器時代』河出書房新社、一九六五年

安蒜政雄「石器の形態と機能」『日本考古学を学ぶ（2）原史・古代の生産と生活』有斐閣、一九七九年

安蒜政雄「日本の細石核」『駿台史学』47号　駿台史学会、一九七九年

安蒜政雄『旧石器時代の日本列島史』学生社　二〇一〇年

安蒜政雄「『前期旧石器時代』の存否と日本列島最古の石器群」『旧石器時代研究の諸問題―列島最古の旧石器を探る　日本旧石器学会第8回講演・研究発表シンポジウム予稿集』、二〇一〇年

安蒜政雄「調査と研究の目的　課題A　石器群の分布とその構造性」『概報　武井遺跡群Ⅱ―群馬県桐生市武井遺跡群第2次調査概要報告書』武井遺跡群調査団、二〇一一年

安蒜政雄「調査と研究の目的　課題D　武井遺跡と武井遺跡群」『概報　武井遺跡群Ⅴ―群馬県桐生市武井遺跡群第5次調査概要報告書』武井遺跡群調査団、二〇一五年

安蒜政雄「日本列島の細石器文化と朝鮮半島」『高野晋司氏追悼論文集』高野晋司氏追悼論文集刊行会、二〇一五年

安蒜政雄「流域と旧石器時代遺跡群の成り立ち―『房』構造と筑後川モデル」『九州旧石器』19号　九州旧石器文化研究会、二〇一五年

李　隆助「丹陽　수양개　舊石器遺跡発掘調査報告」『忠州댐　水没地區文化遺蹟延長発掘調査報告書』忠北大學校博物館、一九八五年

李　憲宗「全南地域中期舊石器時代　에　對한　最近研究成果」『수양개와　그　이웃들』丹陽郡廳・（社）丹陽郷土文化研究會・韓國古代學會、二〇〇〇年

大谷　薫「韓半島の旧石器文化」『季刊考古学』126号　雄山閣、二〇一四年

大塚宣明・金成太郎・鶴丸俊明「常呂川流域採集の細石刃核の検討―細石刃石器群研究の新たな視点」『考古学集

刊』9号　明治大学文学部考古学研究室、二〇一三年
奥村　輔・下岡順直「ルミネッセンス年代測定を開始するための心得—日本における年代研究の現状を中心に」『地質科学』1巻、二〇一一年
小野爾良・加藤晋平・鶴丸俊明「北海道訓子府町増田遺跡の第一次調査」『月刊考古学ジャーナル』71号、一九七二年
金　正培『韓国の旧石器文化』六一書房、二〇〇五年
木村英明「余市川・赤井川流域の先土器石器群について」『北海道考古学』14譚、一九七八年
洪　美瑛・金　起兌『南楊州好坪洞舊石器遺蹟』韓國土地公社・京畿文化財団・畿甸文化財研究院、二〇〇八年
國立文化財研究所『韓國考古學專門事典—舊石器時代篇』二〇一三年
清水宗昭「剝片尖頭器について」『古代文化』25巻11号　古代學協會、一九七三年
杉原荘介・戸沢充則『北海道白滝服部台における細石器文化』(『明治大学文学部研究報告』考古学第5冊　明治大学)一九七五年
石壮里博物館：석장리박물관『일본 구석기의 시작 이와주쿠』、2013
孫　寶基「石壯里の旧石器文化層」『韓國史研究』1　韓國史研究會、一九六八年
張　龍俊『韓國 後期舊石器의 製作技法과 編年研究』學研文化社、二〇〇七年
鶴丸俊明「北海道地方の細石器文化」『駿台史学』47号　駿台史学会、一九七九年
日本旧石器学会『日本列島の旧石器時代遺跡—日本旧石器(先土器・岩宿)時代遺跡のデータベース』二〇一〇年
橋爪　実・鶴丸俊明『北栄40遺跡—北海道常呂郡訓子府町—北栄40遺跡発掘調査報告書』一九九〇年
北海道埋蔵文化財センター『今金町美利河1遺跡』一九八五年
北海道埋蔵文化財センター『千歳市柏台1遺跡』一九九〇年
吉崎昌一「札滑遺跡—北海道におけるSmall blade industryの発見」『北海道学芸大学考古学研究室連絡紙』18号、一九五九年
吉崎昌一「白滝遺跡と北海道の無土器文化」『民族学研究』26巻1号、一九六一年
屈浦里遺跡の調査：도유호「조선의 구석기 시대 문화인 굴포 문화에 대하여」『고고민속』、1964
손보기「층위를 이룬 석장리구석기 문화」『역사학보』35.36　1964
垂楊介遺跡第1地点：李隆助「丹陽 수양개 舊石器 遺

跡　発掘調査報告」『忠州댐　水没地區　文化遺蹟　延長発掘　調査　報告書』忠北大學校博物館、一九八五年

新北遺跡：이기길「장흥　신북유적의　발굴　성과와　앞날의　과제」『동북아시아의　후기구석기문화와　장흥　신북유적』전라남도　장흥군・장흥　신북　구석기유적　보존회・조선대학교　박물관、2004

月坪遺跡：이기길『순천　월평유적』조선대학교　박물관・전라남도・순천시、2002

垂楊介遺跡Ⅵ地区：이승원・안주현・한승철・장형길「단양　수양개　Ⅵ지구　구석기유적」『제주도의　구석기　연구　현황과　성과』한국구석기학회・국립제주박물관、2015

홍미영・김종헌『남양주　호평동　구석기유적』Ⅰ・Ⅱ、한국토지공사・경기문화재단　기전문화재연구원　2008

ジングヌル遺跡：이기길「진안　진그늘유적의　슴베찌르개　연구—제작기법、형식、크기를　중심으로—」『韓國上古史學報』73　韓國上古史學會、二〇一一年

François Bordes, *Le Paléolithique dans le mond*, Hachette,1968（芹沢長介・林謙作訳『旧石器時代』平凡社、一九七〇年）

Henry de Lumley, Yung-Jo Lee, Young-Chul Park et Kidong Bae, *Les industries du Paléolithique ancien de la Corée du Sud dans leur contexte stratigraphique et Paléocologique, Leur place parmi les cultures du Paléolithique ancien en Eurasie et en Afrique*, CNRS EDITIONS, 2012

Michel Brézillon, *dictionnaire de la Préhistoire*. LIBRAIRIE LAROUSSE, 1969

Morlan R.E. *The Preceramic Period of Hokkaido: An Outline*, Arctic Anthropology 4-1, 1967

Movius' H.L. Jr. *The Lower Palaeolithic Cultures of Southern and Eastern Asia*. Transactions of the American Philosophical Society, 38, 1948

◆第Ⅳ章

赤星純平「旧石器時代初頭における石斧製作と移動生活の復原的研究」『駿台史学』154号　駿台史学会、二〇一五年

安蒜政雄「石器の形態と機能」『日本考古学を学ぶ（2）原始・古代の生産と生活』有斐閣、一九七九年

安蒜政雄「先土器時代の石器と地域」『岩波講座　日本考古学5　文化と地域性』岩波書店、一九八六年

安蒜政雄「旧石器時代の狩猟」『考古学による日本歴史2　産業Ⅰ　狩猟・漁業・農業』雄山閣出版、一九九六年

安蒜政雄「環日本海の旧石器時代の石器作りの広がり」『日

本海学の新世紀5　交流の海』角川学芸出版、二〇〇五年

安蒜政雄「日本旧石器時代の系譜」『芹沢長介先生追悼　考古・民族・歴史学論叢』芹沢長介先生追悼論文集刊行会　六一書房、二〇〇八年

安蒜政雄「本州の細石器文化と大規模な石器の製作―矢出川系細石器石器群と湧別系細石器石器群」『石器に学ぶ』10号　石器に学ぶ会、二〇〇八年

安蒜政雄『旧石器時代の日本列島史』学生社、二〇一〇年

安蒜政雄・勅使河原彰『日本列島　石器時代史への挑戦』新日本出版社、二〇一一年

安蒜政雄『旧石器時代人の知恵』新日本出版社、二〇一三年

安蒜政雄「日本列島の細石器文化と朝鮮半島」『高野晋司氏追悼論文集』高野晋司氏追悼論文集刊行会、二〇一五年

稲田孝司『遊動する旧石器人』岩波書店、二〇〇一年

大谷　薫「韓半島の旧石器文化」『季刊考古学』126号　雄山閣、二〇一四年

小田静夫・馬場悠男『日本はるかな旅展　図録』ＮＨＫプロモーション、二〇〇一年

小野有五「北の陸橋」『第四紀研究』29巻3号　日本第四紀学会、一九九〇年

加藤博文「シベリアの旧石器時代」『季刊考古学』126号　雄山閣、二〇一四年

工藤雄一郎「旧石器時代の年代と広域編年対比」『日本旧石器学会第11回講演・研究発表シンポジウム予稿集』日本旧石器学会、二〇一三年

島　五郎・山内清男・鎌木義昌「河内国府遺跡略報」『日本考古学協会第20回総会研究発表要旨』日本考古学協会、一九五七年

清水宗昭「剝片尖頭器について」『古代文化』25巻11号　古代學協會、一九七三年

白滝団体研究会『白滝遺跡の研究』一九六三年

杉原重夫・小林三郎「考古遺物の自然科学的分析に関する研究―黒耀石産出データベース」『明治大学人文科学研究所紀要』55、二〇〇四年

杉原荘介『群馬県岩宿発見の石器文化』（『明治大学文学部研究報告』考古学第1冊　明治大学）一九五六年

杉原荘介・吉田　格・芹沢長介「東京都茂呂遺跡における関東ローム層中の石器文化」『駿台史学』9号　駿台史学会、一九五九年

芹沢長介・麻生　優「北信・野尻湖底発見の無土器文化（予報）」『考古学雑誌』39巻2号　日本考古学会、一九五三年

鶴丸俊明「北海道常呂川流域の遺跡群—遺跡の特徴と居住の類型—」『探訪先土器の遺跡』有斐閣、一九八三年

所沢市教育委員会『埼玉県所沢市砂川先土器時代遺跡—第2次調査の記録』一九七四年

冨田幸光・伊藤丙雄・岡本泰子『新版　絶滅哺乳類図鑑』丸善株式会社、二〇一一年

長沼　孝「〈日本列島の黒曜石原産地〉北海道 白滝」『季刊考古学』126号　雄山閣、二〇一四年

日本旧石器学会『日本列島の旧石器時代遺跡—日本旧石器（先土器・岩宿）時代遺跡のデータベース』二〇一〇年

春成秀爾「骨製スクレイパーから刃部磨製石斧へ—葛生町大叶出土の骨器」『旧石器考古学』53号　旧石器文化談話会、一九九六年

町田　洋・新井房夫『新編　火山灰アトラス—日本列島とその周辺』東京大学出版会、二〇〇三年

松本　茂「宮崎県の旧石器時代遺跡一覧・関連文献一覧」『九州旧石器』9号　九州旧石器文化研究会、二〇〇五年

山中一郎「技術形態学と機能形態学」『月刊考古学ジャーナル』167号　ニュー・サイエンス社、一九七九年

吉崎昌一「白滝遺跡と北海道の無土器文化」『民族学研究』26巻1号、一九六一年

張　龍俊『韓國　後期舊石器의　製作技法과　編年研究』學研文化社、二〇〇七年

垂楊介第Ⅰ地区：李隆助「丹陽　수양개　舊石器遺跡発掘調査報告」『忠州댐　水没地區文化遺蹟延長発掘調査報告書』忠北大學校博物館、一九八五年

ジングヌル遺跡：이기길「진안 진그늘유적의 슴베찌르개 연구—제작기법、형식、크기를 중심으로—」『韓國上古史學報』73 韓國上古史學會、二〇一一年

龍湖洞遺跡：한창균「대전 용호동 구석기유적」『전곡리 구석기유적 기념 국제학술세미나』연천군・한양대학교 문화재연구소・한국구석기학회、2002

禾岱里遺跡：崔福奎・柳惠貞『抱川　禾岱里　쉼터舊石器遺蹟』江原考古學研究所、二〇〇五年

Henri Breuil, *Les subdivisions du Paléolithique Supérieur et leur signification.Comptes Rendus de Congrès International* d'Anthropologie et d'Archéologie préhistorique, Geneva, 1912

◆第Ⅴ章

安蒜政雄「砂川遺跡についての一考察—個体別資料による石器群の検討」『史館』2　史館同人会　市川ジャーナル社、一九七四年

安蒜政雄「砂川遺跡についての一考察―個体別資料による石器群の検討（2）」『史館』9　史館同人会　市川ジャーナル社、一九七七年

安蒜政雄「先土器時代と砂川遺跡―砂川遺跡における遺跡の構造的な研究」『砂川遺跡発掘20周年のつどい講演要旨』砂川遺跡発掘20周年のつどい実行委員会、一九八六年

安蒜政雄「先土器時代人の生活空間―先土器時代のムラ」『日本村落史講座2　景観Ⅰ　原始・古代・中世』日本村落史講座編集委員会　雄山閣出版、一九九〇年

安蒜政雄「旧石器時代のイエ―関東・中部地方における上部旧石器時代のイエと石器製作者集団」『大塚初重先生頌寿記念考古学論集』東京堂出版、二〇〇〇年

安蒜政雄「遺跡の形成過程―遺跡間のモノとヒトの動き」『千葉県の歴史　資料編　考古4』千葉県史料研究財団、二〇〇四年

安蒜政雄『旧石器時代人の知恵』新日本出版社、二〇一三年

上峯篤史・菊池強一・渡辺満久・朝井琢也・松藤和人「偽石器の変異と成因―青森県五所川原市金木地区における事例研究」『旧石器考古学』81号　旧石器文化談話会、二〇一六年

ゲルハルト・ボジンスキー著／小野　昭訳『ゲナスドルフ―氷河時代狩猟民の世界』六甲出版、一九九一年

相模原市教育委員会『田名向原遺跡Ⅱ―史跡田名向原遺跡保存整備事業に伴う埋蔵文化財発掘調査報告及び研究調査報告』二〇〇四年

杉原荘介「青森県金木砂礫層出土の偽石器」『INQUA　日本支部連絡誌』No.7、一九五四年（杉原荘介『日本先土器時代の研究』講談社、一九七四年　所収）

所沢市教育委員会『埼玉県所沢市砂川先土器時代遺跡―第2次調査の記録』一九七四年

日本旧石器学会『日本列島の旧石器時代遺跡―日本旧石器（先土器・岩宿）時代遺跡のデータベース』二〇一〇年

A.Leroi-Gourhan et M. Brézillon, L'habitation magdalénienne no.1 de Pincevent près Montereau (seine-et-Marne), *GALLIA PRÉISTORIE, Tome IX-fascicule2*, 1966

Rabin Dunbar、1996（松浦俊輔・服部清美訳『ことばの起源―猿の毛づくろい、人のゴシップ』青土社、一九九八年）

◆第Ⅵ章

赤星純平「旧石器時代初頭における石斧製作と移動生活の復原的研究」『駿台史学』154号　駿台史学会、二〇一五年

安蒜政雄「先土器時代と砂川遺跡—砂川遺跡における遺跡の構造的な研究」『砂川遺跡発掘20周年のつどい講演要旨』砂川遺跡発掘20周年のつどい実行委員会、一九八六年
安蒜政雄「先土器時代人の生活空間—先土器時代のムラ」『日本村落史講座2　景観Ⅰ　原始・古代・中世』日本村落史講座編集委員会　雄山閣出版、一九九〇年
安蒜政雄「遺跡の形成過程—遺跡間のモノとヒトの動き」『千葉県の歴史　資料編　考古4』千葉県史料研究財団、二〇〇四年
安蒜政雄『旧石器時代人の知恵』新日本出版社、二〇一三年
稲田孝司『遊動する旧石器人』岩波書店、二〇〇一年
かながわ考古学財団『津久井城跡馬込地区—かながわ考古学財団報告249』二〇一〇年
群馬県埋蔵文化財調査事業団『下触牛伏遺跡—身体障害者スポーツセンター建設予定地内埋蔵文化財発掘調査報告書』一九六八年
群馬県埋蔵文化財調査事業団『白倉下原・天引向原遺跡Ⅰ旧石器時代編』一九九四年
群馬県埋蔵文化財調査事業団『天引狐崎遺跡Ⅰ　旧石器時代編』一九九四年
国分寺市教育委員会・恋ヶ窪遺跡調査会『多摩蘭坂遺跡』一九八〇年
小平市教育委員会『鈴木遺跡御幸第1地点』一九八二年
佐野市教育委員会事務局文化課『上林遺跡—佐野新都市開発整備事業に伴う埋蔵文化財発掘調査事業』二〇〇四年
佐原　真『斧の文化史』UP考古学選書　東京大学出版会、一九九四年
澤口　宏「自然　大間々扇状地—社会基盤としての自然環境—」『共同研究　群馬県大間々扇状地の地域と景観—自然・考古・歴史・地理』大間々扇状地研究会、二〇一〇年
柴田　徹「トネ川水系の流路変遷の歴史」『松戸市史　上巻（改訂版）原始・古代・中世』松戸市、二〇一五年
鈴木美保「関東西南部の石斧と石器製作址」『月刊考古学ジャーナル』385号　ニュー・サイエンス社、一九九五年
武井遺跡群調査団『概報　武井遺跡群Ⅲ—群馬県桐生市武井遺跡群第3次調査概要報告書』二〇一二年
武井遺跡群調査団『概報　武井遺跡群Ⅴ—群馬県桐生市武井遺跡群第5次調査概要報告書』二〇一五年
千葉県教育振興財団『柏市大松遺跡　旧石器時代編—柏北部東地区埋蔵文化財発掘調査報告書1』二〇〇七年
千葉県教育振興財団『柏市原山遺跡　旧石器時代編—柏北

部中央地区埋蔵文化財発掘調査報告書2』二〇〇九年
千葉県教育振興財団『柏市農協前遺跡 旧石器時代編―柏北部中央地区埋蔵文化財調査報告書3』二〇一一年
千葉県教育振興財団『流山市市野谷芋久保遺跡―流山新市街地地区埋蔵文化財調査報告書7』二〇一五年
千葉県文化財センター『元割・聖人塚・中山新田Ⅰ―常盤自動車道埋蔵文化財調査報告書Ⅳ』一九八六年
千葉県文化財センター『八千代市坊山遺跡―萱田地区埋蔵文化財調査報告書6』一九九三年
千葉県文化財センター『四街道市出口・鐘塚遺跡―物井地区埋蔵文化財発掘調査報告書2』一九九九年
千葉県文化財センター『松尾町・横芝町四ツ塚遺跡・松尾町千神塚群―千葉県東金道路（二期）埋蔵文化財調査報告書7』二〇〇一年
千葉県文化財センター『袖ヶ浦市関畑遺跡―東関東自動車道（千葉・富津線）埋蔵文化財調査報告書13』二〇〇四年
調布市遺跡調査会『都立武蔵野の森公園埋蔵文化財調査―野水遺跡第1地点―報告書』二〇〇六年
長野県埋蔵文化財センター『日向林B遺跡・日向林A遺跡・七ツ栗遺跡・大平B遺跡 旧石器時代―上信越自動車道埋蔵文化財発掘調査報告書15 信濃町内その1』二〇〇〇年
日本旧石器学会『日本列島の旧石器時代遺跡―日本旧石器（先土器・岩宿）時代遺跡のデータベース』二〇一〇年
沼津市教育委員会『中見代第Ⅰ遺跡調査報告書』一九八九年
橋本勝雄・須田良平「旧石器時代―一九八六年の動向」『月刊考古学ジャーナル』277号 ニュー・サイエンス社、一九八七年
春成秀爾「骨製スクレイパーから刃部磨製石斧へ―葛生町大叶出土の骨器」『旧石器考古学』53号 旧石器文化談話会、一九九六年
明治大学校地内遺跡調査団『「野川流域の旧石器時代」フォーラム―明治大学調布付属校用地の遺跡調査から 講演会公開シンポジウム資料集』調布市教育委員会・三鷹市教育委員会・明治大学校地内遺跡調査団、二〇〇六年
Rabin Dunbar（松浦俊輔・服部清美訳『ことばの起源―猿の毛づくろい、人のゴシップ』青土社、一九九八年）

◆第Ⅶ章

安蒜政雄「先土器時代における遺跡の群集的な成り立ちと遺跡群の構造」『論集日本原史』論集日本原史刊行会 吉川弘文館、一九八五年

安蒜政雄「和泉校地遺跡の性格」『明治大学泉校地遺跡発掘調査報告書』明治大学和泉校地遺跡発掘調査団、一九八八年
安蒜政雄「旧石器時代の集団―南関東移動生業集団と石器製作者集団」『駿台史学』100号　駿台史学会、一九九七年
安蒜政雄「旧石器時代のイエ―関東・中部地方における上部旧石器時代のイエと石器製作者集団」『大塚初重先生頌寿記念考古学論集』東京堂出版、二〇〇〇年
安蒜政雄『旧石器時代の日本列島史』学生社、二〇一〇年
安蒜政雄『旧石器時代人の知恵』新日本出版社、二〇一三年
宇野修平・上野秀一「角二山遺跡」『日本の旧石器文化2　遺跡と遺物（上）』雄山閣出版、一九七五年
沖　憲明「冠遺跡群について」『旧石器考古学』67号　旧石器文化談話会、二〇〇五年
小畑弘巳・岩永雅彦「九州地方における原産地遺跡研究の現状―佐賀県多久・小城安山岩原産地遺跡群を中心として」『旧石器考古学』67号　旧石器文化談話会、二〇〇五年
恩原遺跡発掘調査団『恩原2遺跡』一九九六年
鎌田洋昭「今峠型ナイフ形石器について」『人類史研究』11号　人類史研究会、一九九九年
群馬県埋蔵文化財調査事業団『上白井西伊熊遺跡―旧石器時代編』二〇一〇年
小菅将夫「石槍製作における石材消費に関する実験報告」『岩宿―笠懸野岩宿文化資料館研究紀要』創刊号　笠懸野岩宿文化資料館、二〇〇二年
小林克次「V鷹山遺跡群出土・採集資料の理化学的分析1　蛍光X線分析法による鷹山地区出土・採集黒耀石製石器の原産地推定分析」『鷹山遺跡群Ⅲ』長門町教育委員会、一九九八年
埼玉県埋蔵文化財調査事業団『川本町白草遺跡Ⅰ・北篠場遺跡―川本工業団地関係埋蔵文化財発掘調査報告Ⅲ』埼玉県埋蔵文化財調査事業団報告書129、一九九三年
埼玉県埋蔵文化財調査事業団『横田遺跡―首都圏中央連絡自動車道関係埋蔵文化財発掘調査報告6』一九九五年
相模原市教育委員会『田名向原遺跡Ⅰ―相模原市しおだ土地区画整理事業に伴う旧石器時代発掘調査』二〇〇三年
相模原市教育委員会『田名向原遺跡Ⅱ―史跡田名向原遺跡保存整備事業に伴う埋蔵文化財発掘調査報告及び研究調査報告』二〇〇四年
佐藤良二「近畿における原産地遺跡群研究の現状―二上山北麓遺跡群について」『旧石器考古学』67号　旧石器文化談話会、二〇〇五年
下原裕司「野川流域の旧石器時代遺跡の分布と変遷」『「野川流域の旧石器時代」フォーラム―明治大学調布付属校

用地の遺跡調査から　講演会公開シンポジウム資料集』
調布市教育委員会・三鷹市教育委員会・明治大学校地内遺跡調査団、二〇〇六年
杉原荘介・小野真一「静岡県休場遺跡における細石器文化」『考古学集刊』3巻2号　東京考古学会、一九六五年
芹沢長介「新潟県荒屋遺跡における細石器文化と荒屋型彫刻刀について（予報）」『第四期研究』1巻4号　日本第四紀学会、一九五九年
鷹山遺跡群調査団『長野県小県郡長門町鷹山遺跡群Ⅱ』長門町教育委員会、一九九一年
千葉県文化財センター『十余三稲荷峰遺跡（空港No.67）旧石器時代編―新東京国際空港埋蔵文化財発掘調査報告XX』千葉県文化財センター調査報告書485、二〇〇四年
富永直樹「佐賀県岡本遺跡Loc. Aおよび周辺遺跡出土石器群の再検討」『Stone Sources』4号　石器原産地研究会、二〇〇四年
羽曳野市遺跡調査会・京都大学文学部考古学研究室『翠鳥園遺跡発掘調査報告書　旧石器編』一九九五年
北海道埋蔵文化財センター『柏台1遺跡―一般国道337号新千歳空港関連工事用地内埋蔵文化財発掘調査報告書』北海道埋蔵文化財センター調査報告138、一九九九年
松本　茂「宮崎県の旧石器時代遺跡一覧・関連文献一覧」『九州旧石器』9号　九州旧石器文化研究会、二〇〇五年
松本豊胤「香川県塩飽諸島の遺跡群―瀬戸大橋の島々と先土器時代の石器」『探訪先土器の遺跡』有斐閣、一九八三年
宮崎県埋蔵文化財センター『野首第2遺跡』宮崎県埋蔵文化財センター発掘調査報告書158、二〇〇七年
明治大学考古学研究室『報告・野辺山シンポジウム一九七九』一九八〇年
大和市教育委員会『月見野遺跡群上野遺跡第1地点』大和市文化財調査報告書21、一九八六年

◆第Ⅷ章

安蒜政雄「砂川遺跡についての一考察―個体別資料による石器群の検討」『史館』2　史館同人会　市川ジャーナル社、一九七四年
安蒜政雄「日本の細石器文化」『駿台史学』60号　駿台史学会、一九八四年
安蒜政雄「先土器時代と砂川遺跡―砂川遺跡における遺跡の構造的な研究」『砂川遺跡発掘20周年のつどい講演要旨』砂川遺跡発掘20周年のつどい実行委員会、一九八六年

安蒜政雄「和泉校地遺跡の性格」『明治大学泉校地遺跡発掘調査報告書』明治大学和泉校地遺跡発掘調査団、一九八八年
安蒜政雄「先土器時代人の生活空間―先土器時代のムラ」『日本村落史講座2 景観Ⅰ 原始・古代・中世』日本村落史講座編集委員会 雄山閣出版、一九九〇年
安蒜政雄「環日本海の旧石器時代の石器作りの広がり」『日本海学の新世紀5 交流の海』角川学芸出版、二〇〇五年
安蒜政雄「日本旧石器時代の系譜」『芹沢長介先生追悼 考古・民族・歴史学論叢』芹沢長介先生追悼論文集刊行会 六一書房、二〇〇八年
安蒜政雄「本州の細石器文化と大規模な石器の製作―矢出川系細石器石器群と湧別系細石器石器群」『石器に学ぶ』10号 石器に学ぶ会、二〇〇八年
安蒜政雄「岩宿発掘60年の研究と今後の課題」『考古学集刊』6号 明治大学文学部考古学研究室、二〇一〇年
安蒜政雄「日本列島からみた湖南地域の旧石器時代と文化」(「Splendid Relics of Honam Region from 100,000 Years Ago」) Chosun University Museum, 二〇一〇年
安蒜政雄「日本列島の旧石器時代研究における石器と文化の区分」『石器文化研究』16号第2部シンポジウム予稿集 石器文化研究、二〇一一年
安蒜政雄「日本列島の細石器文化と朝鮮半島」『高野晋司氏追悼論文集』高野晋司氏追悼論文集刊行会、二〇一五年
安蒜政雄・矢島國雄・島田和高・山科 哲・吉田 望・鈴木尚史・川本真由美・及川 穣「鷹山遺跡群星糞峠における旧石器時代遺跡の発掘調査（予報）」『黒耀石文化研究』2号、二〇〇三年
小田静夫・馬場悠男『日本はるかな旅展 図録』NHKプロモーション、二〇〇一年
小畑弘己「削片系細石刃技法の分布圏と日本列島」『月刊考古学ジャーナル』527号 ニュー・サイエンス社、二〇〇五年
神奈川県立埋蔵文化財センター『代官山遺跡』神奈川県立埋蔵文化財センター調査報告11、一九八六年
鎌木義昌・芹沢長介「長崎県福井岩陰遺跡」『考古学集刊』3巻1号 東京考古学学会、一九六五年
小池 聡『神奈川県大和市県営高座渋谷団地内遺跡』県営高座渋谷団地内遺跡発掘調査団、一九九五年
小林達雄・小田静夫・羽鳥謙三・鈴木正男「野川先土器時代遺跡の研究」10巻4号 日本第四紀学会、一九七一年
佐世保市教育委員会『史跡福井洞窟発掘調査報告書』佐世保市文化財調査報告書14集、二〇一六年
新東京国際空港公団・千葉県文化財センター『十余三稲荷

峰遺跡（空港No.67）旧石器時代編―新東京国際空港埋蔵文化財発掘調査報告XX』千葉県文化財センター調査報告書485、二〇〇四年
杉原荘介「"SUGIHARA'S HYPOTHESIS"を破ってほしい」『月刊考古学ジャーナル』8号　ニュー・サイエンス社、一九六七年
杉原荘介『日本先土器時代の研究』講談社、一九七四年
芹沢長介『栃木市星野遺跡第1次発掘調査報告』栃木市教育委員会　ニュー・サイエンス社、一九六六年
芹沢長介「日本における旧石器の層位的出土例と14C年代について」『東北大学日本文化研究所研究報告』3集、一九六七年
芹沢長介「前期旧石器に関する諸問題」『第四紀研究　日本旧石器特集』10巻4号　日本第四紀学会、一九七一年
鷹山遺跡群調査団『長野県小県郡長門町鷹山遺跡郡Ⅱ』長門町教育委員会、一九九一年
所沢市教育委員会『埼玉県所沢市砂川先土器時代遺跡―第2次調査の記録』一九七四年
戸沢充則「埼玉県砂川遺跡の石器文化」『考古学集刊』4巻1号　東京考古学会、一九六八年
町田　洋・新井房夫『新編　火山灰アトラス―日本列島とその周辺』東京大学出版会、二〇〇三年
松本　茂「宮崎県の旧石器時代遺跡一覧・関連文献一覧」『九州旧石器』9号　九州旧石器文化研究会、二〇〇五年
山田しょう「前期旧石器時代存否論争と珪岩製石器」『季刊考古学』126号　雄山閣、二〇一四年

[図・表出典]

① 図・表の出典は、つぎのとおりであるが、判の大きさから改変・削除、あるいは新たな情報を加筆し、組み替えなどをおこなっている。
② 個々の遺物を利用したものは、その出典を省略したものがある。

図1 Lord Avebury (=John Lubbock), *Pre-historic Times*, 1865（第6版 一九〇〇年刊）
図2 安蒜政雄『旧石器時代の日本列島史』学生社、二〇一〇年
図3 François Bordes, *The Old Stone Age*, World University Library, 1968
図4 杉原荘介『群馬県岩宿発見の石器文化』明治大学文学部研究報告考古学1冊、一九五六年 カット：小菅将夫 一九八五年作図
図5 安蒜政雄『旧石器時代の日本列島史』（前掲）
図6 安蒜政雄『旧石器時代の日本列島史』（前掲）
図7 安蒜政雄『旧石器時代の日本列島史』（前掲）
図8 （上）鈴木正男・小野 昭「先史時代遺跡出土黒曜石の原産地推定、水和層測定とその先史人類活動史復原への応用」『第25回日本人類学会・日本民族学会連合大会抄録』20、一九七一年
（下）安蒜政雄『旧石器時代の日本列島史』（前掲）
図9 （上）安蒜政雄「旧石器時代の狩猟」『考古学による日本歴史2 産業Ⅰ 狩猟・漁業・農業』雄山閣出版、一九九六年
（下）安蒜政雄『旧石器時代の日本列島史』（前掲）
図10 杉原荘介『日本先土器時代の研究』講談社、一九七四年
図11 （上）André Leroi-Gourhan, Gérard Bailloud, Jean Chavaillon et Annette Laminq-Emperaire, *La Prehistoire*, PRESSES UNIVERSITAIRES DE FRANCE, 1966
（中・下）坂口 豊・佐藤達夫「大分県丹生台地出土の旧石器の年代について（予報）」『地理学評論』35巻7号、一九六二年
図12 石器文化談話会『座散乱木遺跡―考古学と自然科学の連携―』座散乱木遺跡発掘調査報告書Ⅲ、一九八三年
図13 杉原荘介『日本先土器時代の研究』（前掲）
芹沢長介「日本における旧石器の層位的出土例と^{14}C年代」『日本文化研究所研究報告』3集、一九六七年
芹沢長介『栃木市星野遺跡第2次発掘調査報告』ニュー・サイエンス社、一九六八年
図14 石壮里博物館特別展（二〇一三年）および石壮里世界旧石器祝祭（二〇一四年）のリーフレット
図15 金 恩正作図

図16　安蒜政雄「『前期旧石器時代』の存否と日本列島最古の石器群」『日本旧石器時代研究の諸問題―列島最古の旧石器を探る―』日本旧石器学会第8回講演・研究発表・シンポジウム予稿集、二〇一〇年

図17　Henry de Lumley, Yung-Jo Lee, Young-Chul Park et Kidong Bae, *Les industries du Palélithique ancien de la Corée du Sud dan leur contexte stratigraphique et paléoécologique, Leur place parmi les cultures du Paléolithique ancient en Eurasie et en Atrique.* CNRS EDITIONS, 2012

図18　Henry de Lumley,Yumg-Jo Lee,Young-Chul Park et Kidong Bae, *Les industries du Paléolithihique,Keur place parmi les cultures du Paléolithique ancient en Eurasie et en Afriqur.*（前掲）

図19　安蒜政雄『旧石器時代の日本列島史』（前掲）

図20　安蒜政雄「日本列島の旧石器時代研究における石器と文化の区分」『石器文化研究』16、二〇一一年

図21　杉原荘介『群馬県武井における二つの石器文化』明治大学文学部研究報告考古学7冊、一九七七年

図22　新規作成

図23　安蒜政雄・勅使河原彰『日本列島　石器時代史への挑戦』新日本出版社、二〇一一年

図24　新規作成

図25　小田静夫・馬場悠男『日本人はるかな旅展　図録』NHKプロモーション、二〇〇一年

図26　町田　洋・馬場悠男『新編　火山灰アトラス―日本列島とその周辺』東京大学出版会、二〇〇三年

図27　安蒜政雄「石器の機能と形態」『日本考古学を学ぶ2』有斐閣、一九七九年
安蒜政雄・勅使河原彰『日本列島　石器時代史への挑戦』（前掲）

図28　安蒜政雄「日本旧石器文化と朝鮮半島」『季刊考古学』100号、雄山閣、二〇〇七年

図29　安蒜政雄『旧石器時代人の知恵』新日本出版社、二〇一三年

図30　日本旧石器学会『日本列島の旧石器時代遺跡―日本旧石器（先土器・岩宿）遺跡のデータベース』二〇一〇年

図31　安蒜政雄・勅使河原彰『日本列島石器時代史への挑戦』（前掲）

図32　日本第四紀学会『日本第四紀地図』東京大学出版会、一九八七年

図33　安蒜政雄「日本旧石器文化と朝鮮半島」『季刊考古学』（前掲）

図34　安蒜政雄『旧石器時代人の知恵』（前掲）

図35　安蒜政雄「先土器時代と砂川遺跡—砂川遺跡における遺跡の構造的な研究」『砂川遺跡発掘20周年のつどい講演要旨』砂川遺跡発掘20周年のつどい実行委員会、一九八六年

図36　安蒜政雄『旧石器時代人の知恵』（前掲）

図37　相模原市教育委員会『田名向原遺跡Ｉ—相模原市しおだ土地区画整理事業に伴う旧石器時代発掘調査』二〇〇三年

図38　ゲナハルト・ボジンスキー著／小野昭訳『ゲナスドルフ—氷河時代狩猟民の世界』六興出版、一九九一年

図39　André Leroi-Gourhan et Michel Brézillon, *L'habitation Magdalénienne nol de Pincevent près Montereau* (*Seine-et-Marne*). GALLIA PRE´HISTOIRE, Tome XI -fascicule2, 1966

図40　安蒜政雄『旧石器時代人の知恵』（前掲）

図41　安蒜政雄「遺跡の中の遺物」『季刊どるめん』15号、一九七七年

図42　安蒜政雄「遺跡の中の遺物」『季刊どるめん』（前掲）

図43　下原裕司「野川流域旧石器時代遺跡分布図」『第10回石器文化研究交流会発表要旨』二〇〇四年

新井　悟・石川博行・玉井久雄・野口　淳・平井義敏「明治大学付属明治高等学校・中学校新校舎予定地試掘・確認調査の概要」『明治大学校地内遺跡調査団年報』2、二〇〇五年

明治大学校地内遺跡調査団「東京都調布市・三鷹市　下原富士見町遺跡の調査」『企画展「野川が映した三万年—旧石器時代の暮しを探る—関連講演会要旨」』調布市郷土資料館、二〇〇七年

図44　澤口　宏「自然・大間々扇状地—社会基盤としての自然環境」『共同研究群馬県大間々扇状地の地域と景観—自然・考古・歴史・地理』大間々扇状地研究会、二〇一〇年

図45　杉原荘介『群馬県岩宿発見の石器文化』（『明治大学文学部研究報告』考古学第1冊　明治大学）一九五六年

武井遺跡群調査団『概報武井遺跡群Ⅲ—群馬県桐生市武井遺跡群第3次調査概要報告書』二〇一一年

安蒜政雄「岩宿発掘60年の研究と今後の課題」『考古学集刊』6号、二〇一〇年

図46　群馬県埋蔵文化財調査事業団『下触牛状遺跡—身体障害者スポーツセンター建設予定地内埋蔵文化財発掘調査報告書』一九八六年

小菅将夫『赤城山麓の三万年前のムラ—下触牛状遺跡』（シリーズ「遺跡を学ぶ」）新泉社、二〇〇六年

図47　新規作成

図48　新規作成　カット：笠懸野岩宿文化資料館・岩宿フォーラム実行委員会『第1回フォーラム／シンポジウム「環状ブロック群―岩宿時代の集落の実像にせまる」資料集』一九九三年
図49　安蒜政雄『旧石器時代の日本列島史』（前掲）
図50　安蒜政雄『旧石器時代人の知恵』（前掲）
図51　安蒜政雄『旧石器時代人の知恵』（前掲）
図52　杉原荘介『群馬県武井における二つの石器文化』（『明治大学文学部研究報告』考古学第5冊　明治大学）一九七七年
図53　安蒜政雄「日本旧石器時代の系譜」『芹沢長介先生追悼　考古・民族・歴史学論叢』六一書房、二〇〇八年
図54　安蒜政雄『旧石器時代の日本列島史』（前掲）
図55　安蒜政雄「和泉校地遺跡の性格」『明治大学和泉校地遺跡発掘調査報告書』一九八八年
図56　鷹山遺跡群調査団『長野県小県郡長門町鷹山遺跡群Ⅱ』長門町教育委員会、一九九一年
図57　相模原市教育委員会『田名向原遺跡Ⅰ―相模原市しおだ土地区画整理事業に伴う旧石器時代発掘調査』二〇〇三年
図58　安蒜政雄『旧石器時代の日本列島史』（前掲）
図59　安蒜政雄「旧石器時代の住まい」『住まいの考古学』学生社、二〇〇七年
図60　新規作成
図61　佐世保市教育委員会『史跡福井洞窟発掘調査報告書』佐世保市文化財調査報告書14集、二〇一六年
図62　新規作成
図63　新規作成
図64　新規作成
図65　新規作成　カット：港川人（画：山本輝也／国立科学博物館蔵・提供）

＊　＊　＊

表1　安蒜政雄『旧石器時代の日本列島史』学生社、二〇一〇年
表2　安蒜政雄「『前期旧石器時代』存否論争」『論争と考古学』名著出版、一九九四年
表3　新規作成
表4　安蒜政雄「日本列島の細石器文化と朝鮮半島」『高野晋司氏追悼論文集』高野晋司氏追悼論文集刊行会、二〇一五年
表5　新規作成　カット：赤星純平「旧石器時代初頭における石斧製作と移動生活の復元的研究」『駿台史学』154号

駿台史学会、二〇一五年
表6　安蒜政雄「日本列島の細石器文化と朝鮮半島」『高野晋司氏追悼論文集』（前掲）
表7　安蒜政雄『旧石器時代人の知恵』新日本出版社、二〇一三年
表8　安蒜政雄「砂川遺跡における遺跡の形成過程と石器製作の作業体系」『駿台史学』86号　駿台史学会、一九九二年
表9　新規作成
表10　安蒜政雄・勅使河原彰『日本列島石器時代史への挑戦』新日本出版社、二〇一一年
表11　安蒜政雄「日本列島の旧石器時代研究における石器と文化の区分」『石器文化研究』16、二〇一一年

人名（海外）

［索　　引］

＊ 1次下げの⇒は、関連する項目なので参考にして欲しい。

あとがき

人類が日本列島で盛んに活動し始めるのは、世界旧石器標準時間帯の後期を迎えてからのことであった。海をも渡って、旧移住民がやってきたのである。ついで、後期旧石器時代の中頃、北海道と九州に分かれた新移住民が渡来した。南方系の新移住民は旧移住民と同化し、北方系の新移住民は旧移住民とは同化せず、互いに境界を設けて双方が併存した。この度は、旧移住民を古い旧石器時代人、古い旧石器時代人と同化した南方系の新移住民を新しい旧石器時代人、また北方系の新移住民を北の旧石器時代人、とそれぞれ呼び分けてみた。

古い旧石器時代人は、当初から、大小同じかたちの局部磨製石器を作って使い、イエの軒数を問わずに円陣を組む並びの環状のムラを構えるなどしており、あたかも相似の世界に住んでいた。一方、新しい旧石器時代人は、石器製作者集団を組織したように、ヒト作りに先んじた世界で暮らしていた。他方、北の旧石器時代人は、剝片石器と礫核石器を一つの原石から作り出したように、モノ作りに長けた世界に身を置いていた。このように、日本列島には、担い手の通性が違う、三つの世界が存在していたのである。

そこで、つぎの仕事としては、まず、それぞれの世界をつぶさに検証し、古い旧石器時代人と新しい旧石器時代人それに北の旧石器時代人が営んだ、日本旧石器時代人の生活と社会を復元することが急務となる。そして、この仕事の先にようやく、真の日本列島らしさがとらえられてくるだろう。その時こそ、東アジアにおける日本列島の旧石器時代史を叙述するという目標が視野に入ってくるに違いない。実現に向けて、一層の努力を注ぎたいと思う。

最後に、本書を上梓するにあたり、多くの方々からのご尽力を得た。金恩正・飯田茂雄の両氏には図表の、織笠明子・牛渡愛の両氏には参考文献リストおよび索引の、山田しょう氏には英文の、それぞれ作成をお願いした。金・飯田・織笠・牛渡の諸氏は明治大学の教え子で、山田氏は古くからの学友である。ともども、心より感謝する次第である。また、雄山閣の羽佐田真一氏と児玉有平氏からは、最後の最後まで叱咤激励を頂いた。なお、羽佐田氏と児玉氏は、かつて同じ出版社に勤めた同僚で、同い年とのこと。そして、いま、また同僚。その羽佐田氏と著者は高等学校の同窓生で、児玉氏はかつての出版社で刊行した拙著の編集担当者である。不思議な縁ではあった。

二〇一七年　弥生

安蒜　政雄

continued to separate themselves from the Old Immigrants and Southern New Immigrants without assimilation, and the two microlith cultural spheres were formed, dividing the Japanese Archipelago into East and West.

Therefore, Paleolithic human history of the Japanese Archipelago is divided into three stages with populations of different genealogy. The first one comprises Phases I and II when only the Old Immigrants inhabited the Japanese Archipelago, excluding Hokkaido. The next corresponds to Phase III when the Southern New Immigrants whose assimilation with the Old Immigrants was in progress in the area of Kyushu through central Honshu, while the Old Immigrants inhabited northeastern Honshu, and Northern New Immigrants, Hokkaido. The last stage comprises Phases IV and V when the Southern New Immigrants who were assimilated with the Old Immigrants and Northern New Immigrants divided the Japanese Archipelago: the former inhabited Kyushu and southwestern Honshu as well as in the Pacific side of central Honshu, while the latter expanded from Hokkaido down to the southwestern tip of Honshu.

As has been shown, it was in Phases I and II when the genuine Old Immigrants existed. This oldest inhabitants of the Japanese Archipelago can be called the "Ancient Paleolithic Population." Likewise, the genuine Northern New Immigrants who lived in Phases III through V, are called the "Northern Paleolithic Population." However, it is difficult to recognize the region and phase where the genuine Southern New Immigrants lived. The Southern New Immigrants were assimilated with *the Old Immigrants* to become "New Paleolithic Population." Therefore, Paleolithic human history on the Japanese Archipelago can be understood in terms of the origins and genealogy of human culture in which Ancient Paleolithic Population, New Paleolithic Population, and Northern Paleolithic Population respectively established the Backed-Knife Culture, the Spear-point Culture, and the Yubetsu-type Microlith Culture.

of their stone tool productions. Conversely, in the case of the Korean Peninsula, the distant and weaker kin relationship between the *Seumbe Chirug* Culture population and the Yubetsu-type Microlith Culture population caused a rapid replacement after their contact, resulting in the expulsion of the former by the latter. The Northern New Immigrants to the Japanese Archipelago, therefore, were the same *Yubetsu*-type Microlith Culture population who pushed out the *Seumbe Chirug* Culture population from the Korean Peninsula. Starting from Siberia, the *Yubetsu*-type Microlith Culture population migrated to Japan by a clockwise motion, as well as entering the Korean Peninsula by a counter-clockwise motion, through the Paleolithic Cultural Corridor around the Sea of Japan.

The *Yubetsu*-type Microlith Culture population migrated to Japan contacted the Backed-Knife Culture of northeastern Honshu in Phase Ⅳ after entering uninhabited Hokkaido in Phase Ⅲ. The bearer of the Backed-Knife Culture belonged to the Old Immigrants who had a closer and stronger kin relationship with the *Seumbe Chirug* Culture population. The *Yubetsu*-type Microlith Culture population pushed out the Backed Knife Culture population to the south of central Honshu, as they did previously on the Korean Peninsula. Subsequently, the *Yubetsu*-type Microlith Culture population contacted the Spear-point Culture population on central Honshu. The Spear-point Culture belonged to the Southern New Immigrants who were highly assimilated with the Old Immigrants. At this time, a boundary emerged where Spear-point Culture and the *Yubetsu*-type Microlith Culture faced each other.

In the subsequent Phase Ⅴ, the *Yubetsu-type* Microlith Culture population faced the *Yadegawa*-type Microlith Culture population in the same region. The *Yadegawa*-type Microlith Culture was that of the Southern New Immigrants who were assimilated with the Old Immigrants. Under these circumstances, the *Yubetsu*-type Microlith Culture population crossed over the Paleolithic Ancient Route along the coastline of the Sea of Japan, and expanded to the southwestern tip of Honshu, by repulsing the local Southern New Immigrants who had assimilated with the Old Immigrants in the region. The *Yubetsu*-type Microlith Culture population, that is, Northern New Immigrants, thus already diverged at the first bifurcation point. Therefore, in terms of the timing of divergence, it can be said that the kin relationship between the Old Immigrants and the *Homo sapiens* who initiated the *Seumbe Chirug* production in the Korean Peninsula was closer and tighter than that between the Old Immigrants and the Northern New Immigrants (i.e., *Yubetsu*-type microlith makers). Then, what about a relationship between the Old Immigrants and the Southern New Immigrants, as well as a relationship between the Southern New Immigrants and the Northern New Immigrants?

Before we investigate this dilemma, let us consider an overview of the Late Paleolithic Period on the Korean Peninsula. The Paleolithic Period on the Korean Peninsula is divided into the Ancient and Late periods. The Ancient period temporally parallels the Middle Paleolithic in the standard European chronology but features a pebble tool culture that prevailed in the European Lower Paleolithic. The Late period consists of two phases: *Seumbe Chirug* Culture in the early half and *Yubetsu*-type Microlith Culture in the latter half. The Pebble Tool Culture represents a culture of the oldest inhabitants of the Korean Peninsula. It is believed that the *Seumbe Chirug* Culture and *Yubetsu*-type Microlith Culture are cultures of modern *Homo sapiens* migrated to the Korean Peninsula by their global expansion, and that the two diverged at the first bifurcation point. In this sense, the bearers of *Seumbe Chirug* Culture and *Yubetsu*-type Microlith Culture enjoyed a relatively distant and weak relationship, even though they both belonged to modern *Homo sapiens*. This appears to be demonstrated in the fact that, after their contact, the two cultures never associated with each other, but remained separate and that the *Yubetsu*-type Microlith Culture population subsequently pushed out the *Seumbe Chirug* Culture population from the Korean Peninsula.

The Southern New Immigrants who arrived in Japan were none other than the *Seumbe Chirug* Culture population repulsed from the Korean Peninsula. The Old Immigrants of the Japanese archipelago and the *Seumbe Chirug* Culture population were originally cohorts who remained after the second bifurcation point on the global diffusion route of modern *Homo sapiens*. For this reason, the close and strong kin relationship between the two appears to have accelerated the association population did not associate with the spear-point makers, but faced them, based at their own territory. The frontier line curiously coincided with the Paleolithic Ancient Route developed in Phases I and II. Entering Phase V, the spear-point production shifted to the *Yadegawa*-type microlith production, but the *Yubetsu*-type microlith production still did not associate itself with the *Yadegawa*-type microlith production, even after their contact. Not only that, they went beyond the frontier on the coastline of the Sea of Japan, moving further south along the coast to reach the southwestern tip of Honshu. The *Yadegawa*-type microlith makers who were expelled from the area took refuge on Kyushu; this resulted in the increase of archaeological sites in the region. This marked the third increase in archaeological sites in Kyushu, following the first one in Phase III that took place with the migration of the Seumbe Chiruga makers and the second, with the *Sugikubo*-backed knife makers in Phase IV.

During the migration route of modern *Homo sapiens* out of Africa to the Japanese Archipelago, the first bifurcation point must have come after passing the Arabian Peninsula and the Iranian Highlands: whether to go south of the Himalayas to reach Southeast Asia or to pass the Pamiris en route to Siberia. If choosing the southern route, the next bifurcation point is whether moving north via the Indochinese Peninsula or via the Philippine Archipelago.

Under such circumstances of global modern human expansion with these supposed routes, the *Seumbe Chiruga* production of the Korean Peninsula and the backed knife production of the Japanese Archipelago largely have a shared feature so that they can be recategorized as the backed knife production of the Korean Peninsula and the *Seumbe Chiruga* production of the Japanese Archipelago. In addition, both emerged simultaneously at the beginning of the Late Paleolithic Period.

This suggests a strong possibility that the modern *Homo sapiens* who migrated to Japan, the Old Immigrants, and the *Seumbe Chirug* of the Korean Peninsula makers have a common ancestry that goes back to the second bifurcation point. On the other hand, the origins of the *Yubetsu*-type microlith production are believed to be in Siberia. Then, it can be deduced that the New Immigrants and the Old Immigrants had

ORIGINS AND GENEALOGY OF THE JAPANESE PALEOLITHIC

AMBIRU Masao
(School of Arts and Letters, Meiji University)

Summary

The Paleolithic Period of the Japanese Archipelago began with the migration of the modern *Homo sapiens* who expanded into the world even by traveling over sea. For the Japanese archipelago in this period, Kyushu, Shikoku, and Honshu constituted one large island, while Hokkaido was a part of a separate peninsula connected to the Eurasian continent. In Phases I and II, the first immigrants who created and exploited lithic-backed knives developed an ancient route linking the Sea of Japan and the Pacific Ocean, crossing the central part of Honshu, and gradually settling in each region of Japan, excluding Hokkaido. Later in Phase III when the global cooling reached its peak, two waves of immigrants arrived on Kyushu and on Hokkaido, by crossing a strait or a land bridge, through the Paleolithic Cultural Corridor around the Sea of Japan. The southern new immigrants were equipped with *Seumbe Chirugae* (a type of tanged point), while the northern new immigrants were equipped with *Yubetsu*-type microliths. The production of *Seumbe Chiruga* by the southern immigrants merged with the production of backed knives by the previous immigrants after their contact. It later developed into the spear point production in central Honshu as it moved north in Phase IV, and eventually in the same region, developed into the *Yadegawa*-type microlith production in Phase V.

On the other hand, the northern immigrants with *Yubetsu*-type microlith production who had stepped onto the uninhabited lands of Hokkaido, now moved south to northeastern Honshu in Phase IV and came into contact with *Sugikubo*-type knife production. However, they did not associate with the Sugikubo population, but remained distinct. They continued to move southward, establishing their own territories by pushing out the indigenous populations, and contacting the bearer of spear-points when they reached central Honshu. However, the *Yubetsu* microlith

YUZANKAKU. Inc., 2017
2-6-9 FUJIMI CHIYODAKU, TOKYO, JAPAN
PHONE : 03-3288-1708 FAX : 03-3288-1707

ORIGINS AND GENEALOGY OF THE JAPANESE PALEOLITHIC

AMBIRU Masao

Table of Contents

■著者紹介

安蒜　政雄（あんびる まさお　AMBIRU Masao）

1946年生まれ。
明治大学大学院文学研究科博士課程終了。
明治大学文学部教授。
文学博士。

《主要著書》
『旧石器時代の日本列島史』学生社、2010年
『日本列島　石器時代史への挑戦』新日本出版社、2011年（共著）
『旧石器時代人の知恵』新日本出版社、2013年

2017年3月31日　初版発行　《検印省略》

日本《にほん》旧石器《きゅうせっき》時代《じだい》の起源《きげん》と系譜《けいふ》

ORIGINS AND GENEALOGY OF THE JAPANESE PALEOLITHIC

著　者　安蒜政雄
発行者　宮田哲男
発行所　株式会社 雄山閣
東京都千代田区富士見2-6-9
TEL　03-3262-3231 / FAX　03-3262-6938
URL　http://www.yuzankaku.co.jp
e-mail　info@yuzankaku.co.jp
振　替：00130-5-1685

印刷・製本　株式会社ティーケー出版印刷

ISBN978-4-639-02473-6 C3021
N.D.C.210　256p　22cm

同時発売

安蒜政雄先生古希記念論文集

旧石器時代の知恵と技術の考古学

安蒜政雄先生古希記念論文集刊行委員会 編

B5 判・上製・カバー／384 頁／定価（本体 18,000 円＋税）